VERRÜCKT

Zu diesem Buch

Berlin in den zwanziger Jahren: Tanz am Rande des Abgrunds, aber auch Zentrum der Avantgarde und Eldorado der Frauen, die es in ein neuartiges, aufregendes Leben drängte. Vicki Baum und Gabriele Tergit, Helen Hessel und Dinah Nelken, Hannah Höch, Anita Berber, Marlene Dietrich oder Claire Waldoff, Charlotte Wolff, Valeska Gert, Trude Hesterberg wie so viele andere berühmte, vergessene und unbekannte Frauen prägten in der Weimarer Republik das Bild der «Neuen Frau», die mit Bubikopf, kniekurzem Rock oder Smoking die Metropole eroberte. Sie verdienten Geld, fuhren Auto und trieben Sport; ihre Nächte verbrachten sie in den legendären Clubs, ihre Geliebten – gleich welchen Geschlechts – wählten sie selbst.

Wie lebten sie? Was dachten sie? Wie sah ihr Alltag aus, in Redaktionsstuben und Ateliers, am Bühneneingang und im Gerichtssaal? Unser Streifzug zeigt: Schon damals versuchten sich Frauen in «freier Liebe», mühten sie sich, Karriere und Kinder zu vereinbaren, bekämpften sie den Paragraphen 218. Ute Scheub schuf das Porträt einer Frauengeneration, die etwas mehr als eine Dekade lang Berlin auch zu einer «Stadt der Frauen» machte, bis ihr 1933 die Nationalsozialisten ein jähes Ende bereiteten.

Die Autorin

Ute Scheub, geboren 1955, studierte Politikwissenschaft, war Mitbegründerin der taz, schrieb mehrere Bücher und setzte ein Kind in die Welt. Sie lebt als freie Publizistin in Berlin.

Inhalt

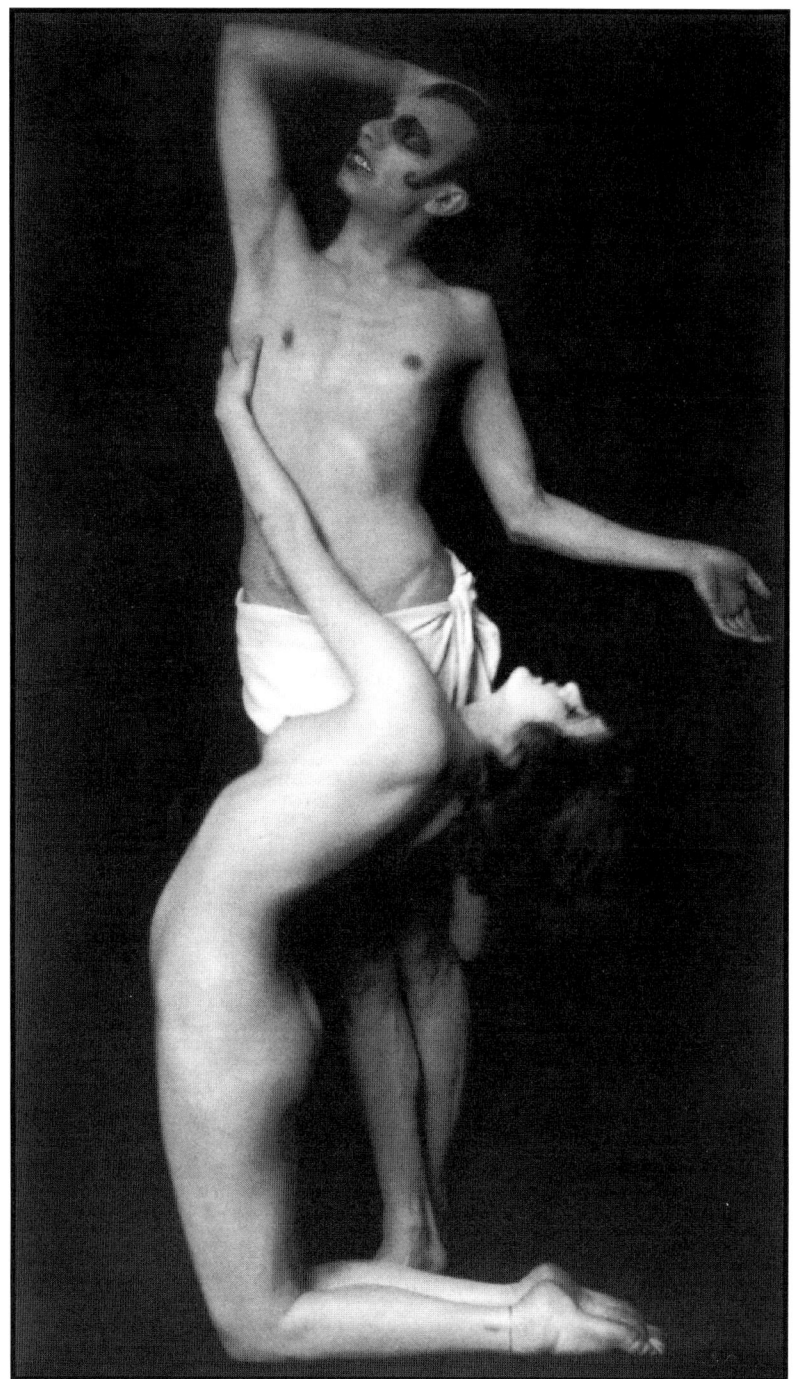

Das gesprengte Korsett

Berlin in den zwanziger Jahren

«Wir alle waren wie in einem Korsett eingeschnürt und wurden nun in die Freiheit entlassen.» So erlebte die Dada-Künstlerin Hannah Höch die Geburt der Weimarer Republik in Berlin am Jahreswechsel 1918/1919. Ein weit reichender Satz. Ein Satz, der ein ganzes Bündel von Gefühlen zusammenfasste.

Das Korsett: Das war das deutsche Kaiserreich gewesen, mit seinen vermufften Etiketten, seinem steifen Gehabe, seinem militaristischen Geklingel. Die jungen Frauen der jungen Republik hatten das Korsett nicht nur symbolisch, sondern auch real gesprengt, die alten Zöpfe symbolisch und real abgeschnitten. Die früher durch atemberaubende Einschnürungen so sorgfältig herausgearbeiteten weiblichen Rundungen verbargen sich nun unter taillenlosen Einteilern, die «Garçonne»-Mode grassierte: Bubikopf, Monokel, Zigarettenspitze, Schlips oder gar – Revolution in der Revolution! – Hosen.

Die Freiheit: Das war die Republik, die jungen Frauen wie Hannah Höch neue, für ihre Mütter noch undenkbare Lebensmöglichkeiten bot. Nun endlich hatten sie die vollen Bürgerrechte, die ihnen so lange vorenthalten worden waren: das Recht auf Bildung und Erwerbsarbeit, das aktive und passive Wahlrecht. Seit 1919 durften sie die sie regierenden Männer mitwählen und sich an den Universitäten habilitieren. Die Voraussetzungen dafür, Abitur und Studium, existierten ebenfalls erst seit kurzer Zeit: Auf Druck der Frauenrechtlerin Helene Lange waren Ende des 19. Jahrhunderts in Berlin die ersten Real- und Gymnasialkurse für Mädchen eingerichtet worden, 1896 bestanden die sechs ersten Schülerinnen des Reiches ihr Abitur, 1908 öffneten ihnen die preußischen Hochschulen die Tore.

Entlassen: ein Wort der Passivität. So fühlten viele, vielleicht sogar die meisten autoritäts- und ordnungsliebenden Deutschen. Hannah Höch wohl nicht, aber vielen anderen wurde schwindelig ob all der neuen Freiheiten, so schwindelig, dass sie sich schon nach wenigen Jahren an die mörderischsten Ordnungsmacher aller Zeiten klammerten.

Berlin in den Zeiten der neuen Freiheit – eine tosende Weltstadt, ein Rausch der Farben, Lichter und Geschwindigkeiten, eine wahnwitzige Ballnacht am Rande des Abgrunds. So verheißt es zumindest der Mythos. Der allerdings ist nur zum Teil wahr, zum Teil ist er bloß Produkt der offiziellen Berlinwerbung. Den Metropolen Paris, London oder New York konnte die deutsche Hauptstadt nicht einmal in den so genannten goldenen Zwanzigern den Rang ablaufen, dafür war sie zu wenig weltstädtisch, zu wenig multikulturell, zu abgeschnitten von internationalen Einflüssen. Für junge Frauen aber, und ganz besonders für Künstlerinnen und Kulturschaffende, war Berlin mit seinem freiheitlichen, von Kreativität strotzenden Klima ein Eldorado.

«Berlin war so herrlich lebendig, so geladen mit einer seltsamen Elektrizität», befand die Autorin Vicki Baum. «Mein Berlin», schwärmte die Sängerin Claire Waldoff, «du bist einzig in deiner erregenden Atmosphäre, in deiner unerhörten Arbeitskraft, in deiner großartigen Geistigkeit.» – «Berlin war ein Fest, ein Wirbelsturm, eine Revolution», so erlebte es die Schriftstellerin Claire Goll. Die Vier-Millionen-Metropole zählte Mitte der zwanziger Jahre 49 Theater, 3 Opernhäuser, 3 große Varietés, 75 Kabaretts, Kleinkunstbühnen und Lokale mit Unterhaltungsprogramm. 363 Kinos und 37 Filmgesellschaften, die jährlich rund 250 Spielfilme produzierten. 16 000 Gaststätten, davon 550 Caféhäuser, 220 Bars und Tanzlokale. Hier erschienen über 100 Tageszeitungen und mehr als 2600 Zeitschriften. In der Stadt und von der Stadt lebten mehr als 5000 Schriftsteller und 200 Verlage.

«Hochverehrte, sehr geliebte Stadt», begann die Journalistin und Schriftstellerin Gabriele Tergit 1927 einen längeren Liebesbrief. «Gnädigste, wir wissen alle, daß Ihnen der Morgen steht, der Sommermorgen über den Parks, wenn gefegt wird und der Bimmelbolle Milch ausfährt durch die schlafende Stadt. Wir wissen alle, daß Ihnen der Mittag steht: Fluten der Autos, die Linden entlang aus der City … nichts steht Ihnen aber dennoch so gut wie der Abend. Sie sind eine Nachtschönheit, erst dann wächst aus Lichterketten, aus

Hell und Dunkel, aus blaugrünem Gezitter, aus rotem und grünem Geblitz das Geheimnis Ihres Wesens, das am Tage daliegt, klar und eindeutig aus Arbeit und Fraß gegliedert …

Leben Sie wohl, liebste gefällige Frau Berlin. Und nehmen Sie Dank, daß wir hier leben dürfen, bewegt und bereit, heißen Herzens, aufgetanen Geistes, zu lächeln, zu schreiten und diese Luft zu atmen aus Freiheit, Frechheit und Benzin.»

Die Berlinerin Gabriele Tergit war eigentlich alles andere als eine romantische Schwärmerin. Ihre Sprache, die die Gerichtsreporterin des renommierten *Berliner Tageblatts* berühmt machte, war rasant, verknappt, sarkastisch getönt. Sie hielt wenig von weiblicher Gefühlsduselei, sie arbeitete weiter, als ihr Sohn geboren wurde, kurz, sie war eine jener «Neuen Frauen», von denen damals so viel und nun auch wieder in diesem Buch die Rede sein soll.

Verrückt nach Leben, waren sie wild entschlossen, alles anders zu machen als ihre milchsauren Mütter, für die die Erde eine Brotscheibe war – wiewohl sie für ihre ungebildete Ahnungslosigkeit nichts konnten. Ihre Töchter aber gierten danach zu studieren, sich endlich das Wissen anzueignen, das man ihren Müttern vorenthalten hatte, sie wollten tagsüber arbeiten und abends tanzen gehen, über ein eigenes Konto verfügen, ihre Geliebten selber aussuchen. Sie stürmten vorwärts und wurden von vielem zurückgehalten, auch von sich selbst. In ihren Personen kollidierten die Jahrhunderte, brachen sich Tradition und Modernität, in ihren Ansichten stritten Gehorsam und Auflehnung, althergebrachte Mütterlichkeit und neue Berufstätigkeit, in ihren Körpern kämpften Sittsamkeit und sexuelle Rebellion. Und jede verkörperte ihre eigene, ganz spezielle Mischung. Die politisch nach Freiheit schrie, war keineswegs gleichzeitig eine Anhängerin der sexuellen Befreiung und umgekehrt. Gabriele Tergit zum Beispiel, alles in allem eine Feministin, auch wenn sich damals noch niemand so nannte, dachte politisch liberal-sozial und lebte eher prüde.

Auch ihre Berufskollegin Vicki Baum wusste den Zeitensprung zwischen der Generation ihrer Mutter und ihrer eigenen zu ermessen. «Arme Mütter von 1890!» hieß es in einem kleinen feuilletonistischen Text der gebürtigen Wienerin, die der Ullstein Verlag 1926 als Lektorin und Autorin nach Berlin geholt hatte: «Eure Welt war so eng wie ein Kaninchenstall, auf allen Seiten

weibliche Gefühlsduselei

9

mit Brettern vernagelt und ohne Lüftung. Wie haben wir euch erschreckt, als wir aus euren Wänden ausbrachen, wir jungen Mädchen von 1905, wir mit unserm Ibsen und Nietzsche, mit unserm Tristan-Fieber und unserer Rebellion gegen das Bürgerliche, wir mit der Forderung nach eigenen Wegen und Luft und Arbeit und dem Hunger nach wirklichem Leben ohne Verschleierungen und Fiktionen.»

Gabriele Tergit und Vicki Baum gehörten zu den wenigen Frauen, die sich im männlich dominierten Verlagswesen jener Zeit durchsetzen konnten. Tergits Roman *Käsebier erobert den Kurfürstendamm*, eine Satire auf den Berliner Amüsierbetrieb, war ein Renner, bis die Weltwirtschaftskrise der Auflage den Garaus machte. Baums Roman *Menschen im Hotel* erzielte Traumauflagen und wurde später sogar gleich zweimal verfilmt.

Auch Dinah Nelken, Autorin von Kurzgeschichten, Feuilletons und Romanen, sowie Helen Hessel, Modejournalistin und Feuilletonistin, machten sich damals einen Namen. Ihren größten Erfolg erlebte Nelken allerdings erst in der Emigration mit ihrem 1938 in Wien erschienenen Liebesbriefroman *Ich an dich*: 500 000 Exemplare wurden verkauft. Einzig die Modekorrespondentin Helen Hessel zeitigte trotz ihrer großen Begabung wenig literarischen Ehrgeiz. Weniger ihre Artikel waren es, die sie später berühmt machten, sondern ihr Liebesleben: Es diente als Vorlage für Truffauts Liebesfilm *Jules et Jim*.

In jenen illustren Kreis erfolgreicher Frauen, die die Lesenden dieses Buches, so sie mögen, durch das Berlin der zwanziger Jahre führen, gehörte in weiterem Sinne auch Hannah Höch, deren dadaistische Fotocollagen schon damals international bekannt waren. Höch, Miterfinderin der Fotomontage, war die einzige Frau im Herrenclub der Berliner Dadaisten.

Höchstwahrscheinlich kannten sich die Damen untereinander, womöglich haben sie sich in Berlins Zeitungsviertel getroffen und dort im Journalistencafé *Jädicke* miteinander geplaudert, vielleicht auch im berühmtesten aller Künstlertreffs, dem *Romanischen Café* an der Gedächtniskirche. Besonders Dinah Nelken bekannte, in beiden Lokalitäten gerne bei einer Tasse Kaffee herumzusitzen.

Hannah Höch, um 1924

Sie war nicht nur Autorin, sondern auch Kabarettchefin. Gleich vier Frauen wagten es im Berlin der zwanziger Jahre, ein eigenes Kabarett zu eröffnen. Die Dichterin Nelken begründete die *Unmöglichen*, die Schauspielerin Rosa Valetti betrieb das *Cabaret Größenwahn*, die *Rampe* und die *Rakete*, die Sängerin Trude Hesterberg die *Wilde Bühne* und die Grotesktänzerin Valeska Gert den *Kohlkopp*.

Helen Hessel indes war eher eine Liebeskünstlerin, die ihr Leben in einem erotischen Bermudadreieck verbrachte, in dessen Strudel alle drei Beteiligten beinahe untergegangen wären. Verheiratet mit dem Dichter und Berlin-Flaneur Franz Hessel, war sie gleichzeitig mit dem französischen Kunsthändler Henri-Pierre Roché liiert, dem sie nach langem Hin und Her mit ihren beiden Söhnen nach Paris folgte. «Sie war der Prototyp einer befreiten Avantgardistin», befand ihre Freundin Charlotte Wolff, mit der sie nach ihrem Bruch mit Roché in Paris zusammenlebte.

Charlotte Wolff, Ärztin und Schriftstellerin, war eine der ersten bekennenden Lesben. Ihre in der Emigration verfassten Pionierstudien über Handlesekunst, Homo- und Bisexualität erregten Aufsehen. Der Anstoß, sexualwissenschaftlich zu forschen, stammte noch aus Berlin: Dort war sie in der Schwangerschaftsberatung tätig gewesen und mit der Sexualreformbewegung um Magnus Hirschfeld und Helene Stöcker in Kontakt gekommen.

Nicht zuletzt Hirschfeld, dem Begründer der ersten Schwulenorganisation *Wissenschaftlich-humanitäres Komitee* sowie des ersten sexualwissenschaftlichen Instituts, ist es zu danken, dass das Berlin der zwanziger Jahre zum Eldorado der Homosexuellen wurde. Er schuf mit seinen unzähligen Aktivitäten ein halbwegs tolerantes Klima, das den aus der Provinz zugezogenen Lesben und Schwulen, die zu Hause so viele heimliche und unheimliche Pressionen hatten aushalten müssen, wie der Himmel auf Erden erschien. Sie lauschten den zahllosen wissenschaftlichen Vorträgen in Hirschfelds Institut, sie lasen die verschiedenen Postillen der Schwulen- und Lesben-Presse, sie vergnügten sich in Berlins zahllosen Homolokalen. Die Sängerin Claire Waldoff, sonst ihrer Lebenspartnerin Olly von Roeder treu verbunden, tauchte dort mit Marlene Dietrich im Schlepptau auf, ebenso Anita Berber mit ihrer Freundin Susi Wanowski.

Anita Berber war Tänzerin, trat nackt auf, war ständig in Skandale und Prügeleien verwickelt und lebte ihr kurzes Leben als Abfolge von Exzessen. Marlene Dietrich sollte nach dem Willen ihrer Mutter eigentlich Geigensolistin werden, büxte dann aber auf die Theaterbühne aus und zeigte «als Girl vom Kurfürstendamm» ihre berühmten langen Beine, bis sie 1930 von Hollywood gekauft wurde. Beide, die Berber und die Dietrich, erschienen wie androgyne Göttinnen der Leidenschaft, beide liebten Männer und Frauen, beide wurden als Verkörperung der «Neuen Frau» angesehen. Marlene Dietrich aber blieb zeit ihres Lebens eine preußische Offizierstochter, die sich gern von starken Männern führen ließ und disziplinierte Arbeit liebte. Anita Berber hingegen war wie eine Kerze, die an beiden Seiten brannte, vergnügungssüchtig, rauschhaft, rasant.

Alle diese Frauen sprengten das Korsett der traditionellen Geschlechterrollen. Sie waren Pionierinnen, im Berufsleben wie auf erotischem Gebiet. Sie lebten ihr Leben, selbstbewusst, eigensinnig, ohne sich dreinreden zu lassen. Sie erweiterten weibliche Lebensräume. Welche politischen, kulturellen, sozialpsychologischen Konsequenzen der damalige Aufbruch der Frauen hatte, das können wir heute kaum mehr ermessen. «Vielleicht auf keinem Gebiete des öffentlichen Lebens», stellt der Schriftsteller Stefan Zweig in seinem Buch *Die Welt von Gestern – Erinnerungen eines Europäers* fest, habe sich «innerhalb eines einzigen Menschenalters eine so totale Verwandlung vollzogen wie in den Beziehungen der Geschlechter zueinander».

Um die Jahrhundertwende noch konnten sich Frauen und Männer nur steif, abgeschnürt, gegen alle Lüste verpanzert, in stickig-parfümierter Atmosphäre bewegen. Das männliche Geschlecht präsentierte sich in hohen starren Kragen, den «Vatermördern», schwarzen Bratenröcken und hohen Zylinderhüten und wirkte in diesen jede Lockerheit verbietenden Uniformen wie ausgestopft. Die Damen führten sich als wespenähnliche Wesen vor, in der Taille durch ein Korsett abgeschnürt. Brust- und Halsbereich blieben normalerweise verschlossen bis fast zum Kinn, die Füße wurden versteckt, die Hände selbst sommers in Handschuhen verborgen. Die Haare unter den mächtigen Hutungetümen durften nicht offen flattern. Ein derart künstlich zugerichtetes Wesen, mit Spitzen und Rüschen dekoriert, konnte sich nicht anders bewegen als mit hilflosen Gesten, und das war auch beabsichtigt. Die Frauen des Bürgertums sollten so unfähig zum selbständigen Handeln sein, dass sie sich nicht einmal allein ausziehen konnten. Der mit zahllosen Reifröcken und Unterröcken zwiebelartig verschnürte Unterkörper wurde gleichzeitig verborgen und aufgebauscht, und so gestaltete sich auch das gesamte Verhältnis zur Sexualität: versteckt und gleichzeitig überhöht bis zur Hysterie.

Es war Sitte, jungen Frauen aus guter Familie jegliches Wissen darüber vorzuenthalten, wie Kinder entstehen. Das Resultat dieser Art gesellschaftlicher Erziehung waren Heerscharen törichter Jungfrauen, ahnungsloser, lebensfremder, verschämter, willenloser Mädchen. Stefan Zweig erzählt von seiner Tante, die in der Hochzeitsnacht Sturm bei ihren Eltern klingelte, weil der ihr Angetraute ein Wahnsinniger und ein Unhold sei: Er habe versucht, sie zu entkleiden.

Die Schriftstellerin Vicki Baum, die eine unglückliche Kindheit bei zwar wohlhabenden, aber miteinander verfeindeten Eltern erlebt hatte, vermutet als Ursache dieser Feindseligkeit den «Schock» der Hochzeitsnacht: «Ich glaube, daß meine Mutter noch bis zu diesem Tag mit Puppen gespielt hat. Und da auch ihre Mutter ein Kind geblieben war, ließ sie ihre Tochter in die Hochzeitsnacht stolpern, ohne ihr weitere Instruktionen mitzugeben, als daß eine Braut sich in jegliches, noch so unangenehm und unanständig geartetes Tun des Bräutigams zu fügen habe.» Resultat: «Um die Mitte dieser gänzlich viktorianischen Hochzeitsnacht lief sie fort. Zurück zu den Eltern wie so manche andere entsetzte junge Braut.» Die aber schickten sie retour zu ihrem Gatten. Also suchte sie sich irgendwann einen anderen Fluchtort – eine psychiatrische Anstalt.

Irgendwann fiel der Tochter ein Foto von ihrer achtzehnjährigen, frisch verheirateten Mutter in die Hände: «Sie hat das Aussehen einer vierzigjährigen Frau und den Verstand und die Lebenskenntnis eines neunjährigen Mädchens von heute. Sie war bleichsüchtig und meistens traurig. Sie konnte Chopin spielen und endlose Meterrollen einer feinen Hemdspitze häkeln.» Dem Leben aber sei sie genauso wie andere Mütter von damals in keiner Weise gewachsen gewesen.

Neurotisch bis zum Überschnappen war indes die gesamte Gesellschaft der Jahrhundertwende. Durch die Methode des Verhüllens und Verschweigens wurde nur erreicht, dass alle, Männer wie Frauen, unablässig nur an das eine dachten. Mütter, Väter, Tanten, Aufpasser aller Art ließen ihren Nachwuchs, vor allem den weiblichen, keine Minute aus den Augen, ständig mit

14

Geboten beschäftigt, mit neuen Definitionen dessen, was unpassend und unsittlich sein könnte. Angehörigen des weiblichen Geschlechts war es streng verboten, das Wort «Hose» auszusprechen, sodass sie zu Bezeichnungen wie «Beinkleider» oder «Die Unaussprechlichen» Zuflucht nehmen mussten.

In dieser Atmosphäre wurde es höchste Zeit, die Psychoanalyse zu erfinden, um wenn schon nicht der ganzen kranken Gesellschaft, so doch wenigstens einigen ihrer gut zahlenden Mitglieder Linderung zu verschaffen. Wer sich jedoch keinen Platz auf der Couch leisten konnte, der erhoffte die Erlösung seines verpanzerten, versteiften, verleugneten Körpers im nationalistischen Taumel. Wenn schon nicht mit einer Frau, dann wenigstens mit der Nation sich vereinen, so lautete der Wunschtraum der Rekruten, der Offiziere, sogar manch eines «großen Denkers». «Im Erlebnis des Krieges» mit dem «staatlichen Körper unseres Geistes untrennbar eins zu werden», davon schwärmte wie so viele andere Intellektuelle zu Beginn des Ersten Weltkrieges der Kulturphilosoph Ernst Troeltsch. Es herrschte eine taumelnde, hysterische, schrille Kriegsbegeisterung: Unzählige Männer, junge und alte, «taugliche» und «untaugliche», meldeten sich freiwillig an die Front, um sich für «Vaterland» und «Muttererde» zu opfern, um wenigstens im Tod zu finden, was sie im Leben entbehrt hatten: Elternliebe und Frauenliebe.

Aber es gab andere, die diesen Zug der Lemminge mit wachsendem Entsetzen beobachteten. Hannah Höch fand den «munteren Aufbruch meiner Umwelt in den Krieg» unbegreiflich. Für sie verursachte «diese Katastrophe den Einsturz meines damaligen Weltbildes». Die Opferbilanz des Krieges: insgesamt sieben Millionen Tote und zwanzig Millionen Verwundete, in Deutschland zwei Millionen Tote, viereinhalb Millionen Verwundete und 600000 Kriegerwitwen, die dem Hungertod nahe ihr Leben fristeten.

Aber sie spürte auch: Ausgerechnet der Krieg, bisher Inbegriff des Mannestums, hatte die traditionelle Männlichkeit vom Sockel gestürzt. Plötzlich gab es eine weibliche Mehrheit: Auf 100 Männer kamen nunmehr 110 Frauen. Und plötzlich gab es eine ganz neue weibliche Bewegungsfreiheit: beruflich, privat, erotisch. Auf den Collagen Hannah Höchs sind es vor allem die Frauen, die Lebendigkeit und Bewegung ausstrahlen: Sie tanzen, sie reiten, sie stürmen den Reichstag, während die Männer starr und steif, in grotesker Aufmachung, ihnen zuschauen.

«Raus mit den Männern aus dem Reichstag! Und raus mit den Männern aus dem Landtag!», sang Claire Waldoff mit der ihr eigenen Ironie. «Und raus mit den Männern auße'm Herrenhaus, wir machen draus ein Frauenhaus!» Ach, es wäre so schön gewesen. 1919, als die Frauen zum ersten Mal wählen durften, lag ihre Wahlbeteiligung bei stolzen 78 Prozent im Vergleich zu 62 Prozent bei den Männern. Fast zehn Prozent der Abgeordneten im neuen Reichstag waren weiblich, das war ein Höchststand, der in keiner folgenden Reichstagswahl und im Bundestag erst wieder 1983 erreicht werden sollte.

In den Straßen Berlins sahen Hannah Höch und Claire Waldoff während und unmittelbar nach dem Krieg plötzlich Schaffnerinnen, Müllfahrerinnen, Briefträgerinnen, Schalterbeamtinnen, Droschkenkutscherinnen. Als Ersatz für die eingezogenen Soldaten arbeiteten Frauen nun in allen Branchen, die bis dahin den Männern vorbehalten waren. In der Industrie saßen sie täglich zehn Stunden und länger an den Werkbänken, in den Büros und Schreibstuben hämmerten sie in die Maschinen.

Der Krieg hatte allerdings nur beschleunigt, was sich schon vorher abzeichnete: der Wandel der weiblichen Lohnarbeit. Um die Jahrhundertwende hatten noch zwei Drittel aller erwerbstätigen Frauen in der Land- und Hauswirtschaft geschuftet. 1925 war es «nur» noch die Hälfte. Die neue Berufstätigkeit der «Neuen Frauen» war allerdings nicht immer freiwillig: Millionen von männlichen Familienversorgern waren gefallen oder zu Kriegsinvaliden geworden, Millionen von Frauen sahen sich plötzlich gezwungen, selbst Geld zu verdienen. Als Prototyp der weiblichen Emanzipation galten nunmehr die jungen Angestellten, die «Tippmamsells», «Bürofräuleins» und «Ladenmädchen». Rauchend, Beine übereinander schlagend, mal selbstbewusst, mal einfach nur «niedlich», geisterten sie als Mythos durch die Feuilletons und Fortsetzungsromane meist männlicher Schreiber.

Mit skeptischer Neugier beobachteten Hannah Höch oder Gabriele Tergit das Phänomen «Neue Frau». Sie zählten selbst dazu, und dennoch oder gerade deshalb spürten sie, wie wenig deckungsgleich Mythos und Realität wa-

Anita Berber in ihrem Tanz **Cocain**, Wien 1922
Foto: Madame d'Ora

ren. Höch zeichnete drei Tage in der Woche Schnittmuster für den Ullstein Verlag, Tergit war als Pauschalistin für den Mosse Verlag tätig, sie waren beide keine Großverdienerinnen und doch so viel besser gestellt als die vielen kleinen Büromädchen um sie herum. Weil die Frauenerwerbstätigkeit bis tief hinein in sozialdemokratische und kommunistische Kreise immer noch als Übergangsphase gesehen wurde, als Aufbewahrungsort bis zur Ehe und Mutterschaft, waren fast alle weiblichen Angestellten ledig und jünger als 25. Die allermeisten waren kaum qualifiziert: Während dem Bürgersohn ein Studium oder wenigstens eine mehrjährige kaufmännische Ausbildung gewährt wurde, durfte die Tochter vielleicht gerade mal ein Jahr die Handelsschule besuchen. Fast alle verdienten ein Zehntel bis ein Viertel weniger als ihre männlichen Kollegen, nicht selten lag ihr Gehalt sogar unter dem Existenzminimum. Sie wurden nur deshalb so zahlreich angestellt, weil ihre Arbeitskraft so billig war.

Begründet wurde diese Minderbezahlung vor allem damit, dass Männer nicht kochen und nähen konnten, also mehr Geld für Haushalt und Kleidung ausgeben müssten. Dabei war eher das Gegenteil richtig: Frauen mussten mehr in ihr Äußeres investieren, da der Arbeitgeber eine nette Verpackung erwartete. «Seidene Strümpfe und gewellte Haare», schrieb Gabriele Tergit, «sind Waffen im Lebenskampf geworden.» Damals ging der Fall einer Schuhverkäuferin durch die Presse, die entlassen wurde, weil sie keine duftige Wäsche trug. Der Ladenbesitzer setzte vor dem Arbeitsgericht die Kündigung mit dem Argument durch, einem männlichen Kunden müsse die Verkäuferin beim Hinaufsteigen der Leiter einen angenehmen Anblick verschaffen.

Angesichts dieser ökonomischen Not war es kein Wunder, dass sich viele jener Fräuleins in den «sicheren Hafen» der Ehe sehnten. Ein Großteil der Unterhaltungsindustrie lebte davon, ihre naiven Sehnsüchte auszubeuten, die Gestalt des gut aussehenden Chefs auf die Kinoleinwand und in die Trivialromane zu projizieren, der da seine hübsche kleine Tippse kommen sehen und heiraten werde. Die Heerscharen der weiblichen Angestellten, von Siegfried Kracauer bösartig «Heimchen» genannt, rannten die Kinotüren ein, um sich Filme wie *Das Fräulein von Kasse 12* oder *Die Privatsekretärin* anzusehen. Stolze sechs Millionen Kinokarten wurden 1930 republikweit pro Woche verkauft.

Es war also eine höchst widerspruchsvolle Emanzipation, die von den

Frauen auch als solche erlebt und gelebt wurde. «Ein halbseidener Beruf», schimpfte die Psychologin Alice Rühle-Gerstel 1932 über das Angestelltenwesen. «Halbseiden wie die Strümpfe und Hemdchen der Ladenfräuleins, halbseiden wie ihr Gemüt und ihre Gedankenwelt. Ihrer wirklichen Situation gemäß Proletarierin, ihrer Ideologie nach bürgerlich, ihrem Arbeitsfeld zufolge männlich, ihrer Arbeitsgesinnung nach weiblich. Schillernde Gestalten, von schillerndem Reiz oft, ebenso oft von schillernder Fragwürdigkeit, auf alle Fälle von schillernder Sicherheit ihres sozialen und seelischen Daseins.»

Doch so elend ihre Lebensökonomie und so naiv ihre Gedankenwelt auch gewesen sein mochten, im Vergleich zu ihren Müttern und Großmüttern lebten diese Frauen ungleich unabhängiger. Die Bürgertöchter wurden nicht mehr im Haus eingemottet, um sie staubfrei für die Ehe aufzuheben; die Arbeitertöchter empfanden ihren «sauberen» Beruf, auch wenn sie ihn vielleicht nur bis zur Eheschließung ausübten, als enormen sozialen Aufstieg. «Die Eroberung der Büros durch die weiblichen Angestellten ist die größte Revolution in der sozialen Stellung der Frau», glaubte Fritz Croner, Funktionär des *Allgemeinen Freien Angestelltenbundes*. Die Verweiblichung des Angestelltenberufs sei der «Beginn der wirklichen Emanzipation der Frau durch die Erwerbsarbeit in allen Schichten der Bevölkerung» gewesen.

«Der Geist der zwanziger Jahre war auf die Frau gerichtet», fand auch der Zeitzeuge Walther Kiaulehn in seinem Buch *Berlin – Schicksal einer Weltstadt*. Der Weltkrieg habe die Unzulänglichkeit der Männerwelt offenbart. «Die Männer waren ihren Unternehmungen nicht mehr gewachsen», schrieb der Journalist, der längere Zeit mit Gabriele Tergit dasselbe Redaktionszimmer beim *Berliner Tageblatt* teilte und sich von ihrer wachen Beobachtungsgabe beeindruckt zeigte. Die Frau, meinte Kiaulehn, sei neu erwacht: «Bei der Berlinerin war diese Verwandlung besonders verblüffend. Sie hatte alles Provinzielle abgestreift und damit auch die Unarten der Jahrhundertwende, vor allem das sternäugige Kokettieren mit Naivität und Ahnungslosigkeit. Die neue Berlinerin hatte klare Augen, und ihrer äußerlichen Sachlichkeit stand die kleine Beigabe von Sarkasmus gut.» Eine Beschreibung, die auf seine Kollegin Tergit wie angegossen passte.

Zu den «Troubadouren der neuen Berlinerin» rechnete Kiaulehn auch, und sogar als «Klassenerste», Vicki Baum mit ihren Fortsetzungsromanen *stud.*

chem. Helene Willfüer und *Menschen im Hotel*. Die Kabarettistin Trude Hesterberg sei ebenfalls ein Inbegriff der «verwandelten jungen Frauen», die «außer ihren Hüften und Beinen auch noch Witz zu verkaufen hatten». Um die Jahrhundertwende hätten nur die Männer das Lied von Berlin singen dürfen. «Jetzt sangen die jungen Frauen die neuen Lieder. Sie waren ihnen von den Dichtern auf den Leib geschrieben worden, und darum ließen sie auch die Kniekehlen mitsingen. Es klang sehr gut.»

Statt eines Korsetts nun ein Lied auf dem Leib – das war wirklich ein Fortschritt.

Das gesprengte Korsett gab einen Körper preis, der endlich zu seinem Recht kommen wollte, der sich sprichwörtlich entfesselt fühlte. Das Jahrzehnt der Körperlichkeit brach aus, der Kult der «Natürlichkeit». Man wollte sich endlich spüren. Sich bewegen in Licht, Luft und Sonne, sich an Rhythmen und Geschwindigkeiten berauschen; wandern, turnen, schwimmen, tanzen, reiten, Rad fahren, Auto fahren.

Auch die Frauen durften nun endlich öffentlich Sport treiben, und sie taten es massenhaft und millionenweise. Die Sportverbände zählten 1929 zweieinviertel Millionen weibliche Mitglieder. Sport war zudem eine Gelegenheit, die Zweckmäßigkeit der neuen Mode vorzuführen: die ersten bequemen Badeanzüge, den Reitdress, der keine Frau mehr zum albernen Damensitz auf dem Sattel zwang, die lederne Expeditionsausrüstung fürs Kabriolett, die vor allzu nassforschen Spritzern schützte.

Niemand verkörperte die neue modebewusste Sportlerin und Autofahrerin besser als Helen Hessel. «Schöne Berlinerin», himmelte Franz Hessel seine Frau in der Gesamtheit aller Berlinerinnen und alle Hauptstädterinnen in der Person seiner Frau an: «Du bist tags berufstätig und abends tanzbereit. Du hast einen sportgestählten Körper, und deine herrliche Haut kann die Schminke nur noch erleuchten … Und du erzählst, die Hände am Steuer, bei hundert Kilometer Geschwindigkeit auf der Avus ganz gern beiläufig von deinem letzten Liebesweh wie von Zahnschmerzen. ‹Au!› sagst du, ‹gestern hab' ich mich gräßlich verknallt, noch dazu in einen, der gar nicht mein Typ ist.›»

Die dazugehörenden Röcke, von der Modejournalistin Helen Hessel immer wieder beschrieben, wurden kürzer und kürzer. 1927 endete die Kleidermode bereits kurz unter dem Knie und gab ein Paar seidenbestrumpfte Beine preis. «Die Frauen haben schöne schlanke Beine. Schön ist die Berlinerin geworden, tüchtig und rasch», notierte Gabriele Tergit in einem kleinen Feuilleton.

Gabriele Tergit, Dinah Nelken, Vicki Baum, Helen Hessel, Hannah Höch, Anita Berber, Claire Waldoff, Marlene Dietrich – sie alle kürzten ihre Haare wie ihre Röcke. Ihnen gefiel die neue Mode ausnehmend gut, sie war so viel lebensbejahender und bequemer als die früheren Verschnürungen: braun gebrannte Fitness statt vornehmer Blässe, schmale Hüften und flache Brüste statt üppiger Kurven, Bubikopf statt aufgetürmter Haarkreationen. Die neue Kleiderordnung war mehr als Mode, sie war fast schon Weltanschauung, auf jeden Fall Bekenntnis, eine «Neue Frau» zu sein. «Mit Bubikopf, in kniekurzen Röcken und flachen Jimmyschuhen», schreibt Dinah Nelken über sich selbst, sei sie «mit der Zeit» gegangen, «entschlossen, zu leben und zu erleben, was sich im Berlin der Zwanziger Jahre, in Charleston-Bars und Kokainhöhlen, bei Theaterpremieren und Literatur-Matineen tut».

Auch die Männer legten ihre steifen Hüte und Kragen ab, rasierten ihre Kaiser-Wilhelm-Bärte und rieben sich Pomade ins Haar, um weiblicher zu wirken. Auch sie genossen es sichtlich, die künstliche Polarisierung der Geschlechterrollen nicht mehr mitmachen zu müssen, nicht mehr länger den harten Hartmut zu markieren. Unisex, Geschlechterdemokratie! Arm in Arm spazierten Knäbin und Knabe über den Boulevard Unter den Linden oder den Kurfürstendamm.

«Natürlich» wollte man sein, was auch immer das sei. Bis ungefähr 1907 war das gemeinsame Baden von Männlein und Weiblein undenkbar, nun erhob sich an sommerlichen Wochenenden großes Gekreische in den neuen Familienbädern am Wannsee oder Müggelsee. Seltsame Nudistenvereinigungen und «Nacktgenossenschaften» bildeten sich, die, angeblich bar jeder «triebhaften» Empfindung, die «Schönheit» des menschlichen Körpers anzubeten sich entschlossen hatten. Auch Helen Hessel liebte das Nacktbaden, und die Nacktauftritte von Anita Berber ließ sich kein Berliner Bohemien entgehen. Im Sommer sonnte man sich an FKK-Stränden, im Winter trafen sich die Nudisten in Privatgemächern zu gemeinsamen Turnübungen oder liefen nur mit Ohrenschützern und Stiefeln bekleidet Schlittschuh.

Am heftigsten, wildesten, leidenschaftlichsten aber wütete der Tanz. Im

Krieg hatte aus Gründen der «Pietät» Tanzverbot geherrscht, doch kaum war dieses an Silvester 1918/19 aufgehoben worden, verfiel die Metropole in einen jahrelang andauernden Tanztaumel. Überall entstanden Tanzdielen, Tanzpavillons, Tanzclubs, selbst in den Bürgerhäusern tobten die Tänze der «Fünfuhrtees» bis Mitternacht.

Sie wüteten auch dann noch, als die ebenfalls tanzbesessene Vicki Baum 1926 nach Berlin kam. Um Mitternacht, nach vielen Arbeitsstunden bei Ullstein und noch einmal fünfen oder sechsen zu Hause über ihren Romanmanuskripten, ließ sie sich gerne von Freunden zum Tanzen verführen: «Jetzt wird's aber Zeit, daß du aufhörst, komm lieber mit, tanzen – ist besser für dich. Gemacht?» Nichts im Alter sei ihr so schwer geworden, schreibt sie in ihren Memoiren, «als das Tanzen aufzugeben». Und: «Tanz und – gleich dahinter – Innenarchitektur, das sind die beiden Berufe, in die ich leider nicht gelangt bin und in denen ich vielleicht etwas geleistet hätte.»

Sie genoss den Tanz auch als Ausdruck der neuen, egalitären Geschlechterunordnung. Die Modetänze, aus den USA stammend, von afrikanischen Rhythmen durchsetzt, hießen Foxtrott, Shimmy, Charleston. Statt exakter Schrittführung nun wilde Bewegung, statt männlicher Führung Damenwahl, statt weiblichen Geführtwerdens gemeinsames Bewegen, Loslösen, Wiederzusammenfinden. Es war der Tanz, der den öffentlichen Bewegungsspielraum der Frauen erweiterte, und es war die neue weibliche Unabhängigkeit, die sich im Tanz offenbarte. Männer und Frauen warfen die starren Rollenkorsetts weg und wurden von einer ungeheuren androgynen Sehnsucht ergriffen.

Eine böse Gottheit habe den ursprünglich androgynen Menschen geteilt, hieß es in einer zeitgenössischen *Philosophie des Foxtrotts* in Anlehnung an eine Schrift Platons. Nun wollten die beiden untröstlichen Hälften – Mann und Weib – wieder zusammenkommen. Nur der Foxtrott sei dazu in der Lage, er stelle die menschliche Ganzheit wieder her, jeden Abend könne man erneut das «Einssein beider Hälften» erleben.

Doch es war keineswegs nur Lebenslust, die sich hier zeigte. Es war auch die nackte Verzweiflung angesichts der Kriegstoten, des Hungers, des Elends, die sich die Berlinerinnen und Berliner vom Leib tanzten. «Millionen von unterernährten, korrumpierten, verzweifelt geilen, wütend vergnügungssüchtigen Männern und Frauen torkeln und taumeln dahin im Jazz-Delirium. Der Tanz wird zur Manie, zur idée fixe, zum Kult … Man tanzt Hunger und Hysterie, Angst und Gier, Panik und Entsetzen», schrieb Klaus Mann. «Anita Berber – das Gesicht zur grellen Maske erstarrt unter dem schaurigen Gelock der purpurnen Coiffure – tanzt den Koitus.»

«Berlin – dein Tänzer ist der Tod», grinste eine Parole von den Litfaßsäulen des Revolutionsjahres 1919. Todessehnsüchte grassierten allenthalben – gespeist aus purer wirtschaftlicher Not, aber auch aus Scham und Schuldgefühlen angesichts des von den Deutschen so begeistert angezettelten Krieges.

«Klappert uns im Takt entgegen auch der Tod», sang Trude Hesterberg, «steckt ihm Blumen in die Augen blutig rot, schmiert und ölt ihm schleunigst die Gelenke ein, und der alte Knabe wird noch brauchbar sein.»

Die Kabarettistin «grauste» es, wie sie in ihren Memoiren schrieb, vor dem später geprägten Begriff der «goldenen zwanziger Jahre». Es seien damals so viele Leichen durch den Landwehrkanal getrieben, «fast jeden Tag eine. Junge und alte Menschen, Menschen, die keinen Ausweg mehr aus der Not fanden, suchten in den schmutzigen kalten Wassern, die sich durch Berlin zogen, nach Erlösung.»

Auch die ständig von nackter Existenzangst geplagte Dinah Nelken empfand diese Zeit alles andere als romantisch. «Eine böse, verworrene Zeit», lässt sie ihr Alter Ego in dem autobiographischen Roman *Das angstvolle Heldenleben einer gewissen Fleur Lafontaine* sagen, «noch blutend von den Wunden des Krieges, noch schmutzig vom Straßendreck des Rückzugs, hungrig nach Brot und Erbarmen, dürstend nach Schnaps und Betäubung, gierig nach Ersatz für die verlorenen Jahre und für den Tod an unserer Seite.» Aufgefordert von dem nicht immer charmanten Herrn mit der Sense, ließen die Frauen und Töchter der Heimkehrer «in den Nachtclubs ihre mageren Glieder auf den Tischen tanzen, nackt und bleich wie Totengerippe».

Doch der eigentliche Wahnsinn sollte erst noch kommen: die Inflation. Dinah Nelken oder Gabriele Tergit erlebten nicht nur entfesselte Körper, sondern auch entfesseltes Geld. Nach dem Attentat auf Reichsaußenminister Walther Rathenau, der in der Koenigsallee im Grunewald von Rechtsradikalen ermordet worden war – in derselben Straße, in der Vicki Baum später wohnte –, begann die Mark ins Bodenlose zu stürzen, und parallel zu den monetären Werten stürzten die geistigen.

Besonders hart traf es allein stehende Mütter ohne Festanstellung, so wie Dinah Nelken eine war. Mittags um halb zwölf sei sie mit all den anderen brotlosen Dichtern an der Kasse der Zeitschrift *Der Junggeselle* in der Motzstraße gestanden, erzählt ihre Fleur Lafontaine. Nach ihren «Millionen» hätten sie geschrien. «Denn um zwölf kam der neue Dollarkurs raus, und um zehn vor zwölf konnte man uns die Motzstraße runterspritzen sehen, rein in den nächsten Laden und wieder raus, irgendwas, Brot, ein Hemd oder eine Schachtel Zigaretten, in der Hand, selig!»

Anfangs hatte man noch ein paar Tage Zeit, um die schlimmsten Wertverluste zu vermeiden, auf dem Höhepunkt der Inflation nur noch Minuten. Binnen kürzester Zeit kostete ein Buch mehr als eine ganze Druckerei, ein

Der eigentliche Wahnsinn: die Inflation

Stück Seife mehr als eine ganze Seifensiederei. Jeder, der nur geringste Mittel besaß, handelte und spekulierte mit Waren und Devisen. Das Schieberwesen grünte und blühte, die Großindustrie gedieh, während die einstmals so wohlhabende Mittelschicht Deutschlands im Abgrund versank.

Er glaube, Geschichte ziemlich gründlich zu kennen, schrieb Stefan Zweig, aber seines Wissens habe sie nie «eine ähnliche Tollhauszeit in solchen riesigen Proportionen» produziert. Bedingt durch den «Sturz aller Werte» im sprichwörtlichen wie im übertragenen Sinne habe «eine Art Irrsinn» vor allem die bürgerlichen Kreise ergriffen. «Die jungen Mädchen rühmten sich stolz, perverser zu sein; mit sechzehn Jahren noch der Jungfräulichkeit verdächtig zu sein, hätte damals in jeder Berliner Schule als Schmach gegolten.»

Andere sahen das anders. «Die Frauen wurden frei», befand damals trocken eine Berufskollegin von Gabriele Tergit. Dass die Inflation Familien zum Verkauf des Tafelsilbers und der teuren Aussteuer ihrer Töchter zwang, Heiratspläne vernichtete und die traditionelle Sittsamkeit zerstörte, empfand sie persönlich als Befreiung.

Aber Freiheit macht Angst, und der Verlust von Kontrolle ebenfalls. Im Unterbewusstsein müssen die Bürger der Weimarer Republik die Entfesselung des Geldes als Spiegelbild ihrer entfesselten Körper erlebt haben. «Das ist die Sühne für eure leiblichen Sünden, eure Laster, euer allzu ausschweifendes Leben. Wer Maßlosigkeit sät, wird Maßlosigkeit ernten. Erlösung wird es erst geben, wenn ihr euch wieder dem Gesetz des strafenden Vaters unterwerft», schien ihnen eine innere Stimme einzuhämmern. Doch es war nicht mehr der Pfarrer, es war der ins Bodenlose fallende Kurs der Mark, der ihnen die schlimmste Strafpredigt ihres Lebens hielt.

Auch wenn sich die Republik nach der Erholung der Mark von 1924 bis 1930 noch einmal stabilisieren sollte: Die 1922 und 1923 wütende Inflation, die den Mittelstand vollständig ruinierte, die der Gesellschaft jeden Glauben an das Funktionieren von Wirtschaft und Demokratie nahm, war der wichtigste Wegbereiter des Nationalsozialismus. Kenntnisreich und anschaulich beschrieb später Gabriele Tergit, Kaufmannstochter mit ökonomisch geschultem Blick, die Folgen dieses wirtschaftlichen Drucks in ihrem Familienroman *Effingers*. Ihre Hauptfiguren, die Mitglieder der jüdischen Industriellenfamilie Effinger, haben die größte Mühe, die Inflation zu überleben, weil sie sich weigern, miese Geschäftstricks anzuwenden, doch dann pressen ihnen nationalsozialistische Emporkömmlinge das letzte Vermögen ab.

Gabriele Tergit und ihre Kolleginnen verteidigten, so gut sie konnten, die Demokratie, was man von vielen anderen jungen Frauen aus bürgerlichem Hause jedoch nicht behaupten konnte. Diese hatten nichts übrig für die Republik, nicht etwa, weil sie sich von ihr unterdrückt fühlten, sondern im Gegenteil, weil ihre Regierung die Zügel vermeintlich zu locker hielt. Sie hatten viel Freiheit gewonnen, aber in ihren Augen noch mehr Sicherheit verloren. Sie waren kleine Angestellte geworden, statt wie früher irgendwann von den Eltern einen solventen Gatten vorgestellt zu bekommen und von ihm lebenslang versorgt zu werden. Ein eigenes Einkommen schien ihnen sehr viel weniger Schutz zu verheißen als eine starke Männerbrust, in deren Windschatten sie Kinder großziehen könnten.

«Nach uns ist eine Generation gekommen, die alles vergessen hat. Das ist arg», lässt Gabriele Tergit eine ihrer Frauenfiguren in ihrem Roman *Käsebier erobert den Kurfürstendamm* klagen. Und so wie heute junge Frauen versichern, sie wollten keine «Emanzen» oder «Feministinnen» sein, sie kämen doch prima klar, sie fühlten sich auch kein bisschen diskriminiert, so wurde schon 1929 in der Zeitschrift *Studentin* gefragt: «Wozu noch Frauenbewegung?», «Wozu noch diese Sonderorganisation von Frauen?» Schließlich gäbe es jetzt endlich die Möglichkeit zu «kameradschaftlicher Zusammenarbeit mit dem Manne». Die Frauenbewegung, schrieb eine Kommilitonin, sei «nur eine rechtlerische, unnatürlich gleichmachende, ‹liberale› Bewegung», die bloß den «Gegensatz der Geschlechter» betone.

«Ja, wir, die Frauen meiner Generation, wir haben doch die Türen geöffnet, durch die jetzt die jungen reinstürmen, als wären sie die Rebellen», beschwerte sich auch Dinah Nelken in ihrem autobiographischen Roman. «Und wenn sich die heutigen Mädchen soviel auf ihre Emanzipation einbilden – wir haben die Ehe abgelehnt, lautlos, haben die Berufe erobert, haben gelernt und gearbeitet, unser Geld verdient, unsere Kinder erhalten und manchmal die Männer gleich mit und uns an Liebe genommen, was wir brauchten oder kriegen konnten.»

Doch es dankte ihnen niemand – vorerst zumindest. In den zwanziger und dreißiger Jahren mussten Tergit, Baum, Nelken und Hessel mit Entsetzen zur Kenntnis nehmen, wie sich die Frauen erst die Butter vom Brot und dann auch noch das Brot selber nehmen ließen.

In drei Schüben führte die Männermehrheit des Reichstags ihren erfolgreichen Kampf gegen Frauenerwerbsarbeit und Frauenrechte: 1919, als die zurückkehrenden Soldaten wieder Anspruch auf ihre Arbeitsplätze erhoben; 1923, als wegen der Inflation im öffentlichen Dienst gespart und die verheirateten Beamtinnen als «Doppelverdienerinnen» entlassen wurden; 1932, als dieses Beamtinnen-Zölibat im Zuge der Weltwirtschaftskrise erneuert wurde, diesmal sogar mit den Stimmen der SPD. Kaum eine Frauenvereinigung wehrte sich dagegen, und im *Bund deutscher Frauenvereine*, der mit rund einer Million Mitglieder stärksten Frauenorganisation, wurde ein übers andere Mal die «Verantwortung» für die «Volksgemeinschaft» beschworen.

Schlimmer noch, ein großer Teil der Frauen unterstützte und wählte nationalistisch-völkische Parteien, später auch die Nationalsozialisten. Auch sie verherrlichten die «Frau als Hüterin des Herdes» und «Mutterschaft als eigentlichen Beruf der Frau», auch sie meinten den «Willen zur Volkserhaltung» angesichts des «Vordringens der geburtenstarken Völker des Ostens» stärken zu müssen – so formulierte es als eine von vielen Luise Scheffen-Döring, immerhin Vorsitzende des Bevölkerungspolitischen Ausschusses im *Bund deutscher Frauenvereine.*

Vicki Baum und Gabriele Tergit fühlten sich davon abgestoßen, ebenso Dinah Nelken und Helen Hessel. Auch Hannah Höch und Claire Waldoff fanden die Nazis widerwärtig, und Marlene Dietrich empfand deren Wahlsieg als «Schande» für ihr «Vaterland». Und dennoch gehörten diese Frauen einer Minderheit an. Die weibliche Mehrheit der Weimarer Republik, die doch ungleich mehr als die Männer von ihren neuen Freiheiten profitierte, hat weder ihre eigenen Rechte noch die Republik verteidigt. Auch sie hat die Sprengung ihres Korsetts nicht verkraftet. Sie setzte alles daran, sich so schnell wie möglich wieder Rollenuniformen und Zwangsjacken zu schneidern.

Weshalb unterwerfen Frauen sich freiwillig? Was fanden sie so anziehend an diesem hässlichen Gefreiten aus Braunau und seinen aggressiven spießigen Spießgesellen? Warum fanden sie es attraktiver, ihr Mutterkreuz privat und öffentlich auf sich zu nehmen, anstatt einen Beruf zu ergreifen und eigenes Geld zu verdienen? Offenbar fühlten sich viele überfordert von der neuen

Zeit, die viel zu schnell für ihr Gefühlsleben über sie hereingebrochen und ihnen die fröhliche Erfüllung aller Pflichten einer Mutter, Hausfrau, Ehefrau, Geliebten, Kameradin, Kollegin und Mitverdienerin abverlangt hatte. Viele wollten lieber «das Feuer des heimischen Herdes» hüten, anstatt, wie sie glaubten, in den Frösten der Freiheit frieren zu müssen. Das Auftauchen der jahrhundertelang verleugneten weiblichen Wollust, das Ausleben der neuen Freiheiten, all das nahmen Frauen sich selbst übel. Das durfte nicht sein, das war Schande über ein deutsches Mädel, das musste weg, eingeschnürt, unterbunden werden.

Dieser ambivalenten Haltung lag nicht nur eine verklemmte Sexualerziehung zugrunde, sondern auch eine tief sitzende Angst vor den Reaktionen der Männer. Zu lange hatten diese die Menschheit in zwei Sphären aufgeteilt: Sie besetzten den öffentlichen Raum, während den Frauen nur der private Raum in der Familie zugestanden wurde. Für viele Männer, egal welcher politischen Couleur, war jede Hure eine öffentliche Frau und jede in der Öffentlichkeit agierende Frau eine Hure. Olympe de Gouges, Frauenrechtlerin zur Zeit der Französischen Revolution, wurde überall als Dirne beschimpft und unter einem Vorwand hingerichtet. Die deutschen Barrikadenkämpferinnen von 1848 wurden von Karikaturisten als Weiber ohne Unterhosen gezeichnet. Schauspielerinnen galten bis in dieses Jahrhundert als Inbegriff zwielichtiger Verrufenheit. Kommunistinnen und Sozialdemokratinnen wurden in völkischen Kreisen als «jüdische Bordellmütter» denunziert – Rosa Luxemburg bezahlte das indirekt mit ihrem Leben.

Die öffentlich auftretenden Frauen, vor allem die konservativen Vertreterinnen der Frauenbewegung, bemühten sich also stets, ihre Wohlanständigkeit unter Beweis zu stellen. Von weiblichen Wünschen war in ihren zeitgenössischen Schriften kaum die Rede, von Pflichten umso mehr: von der zur «weiblichen Anmut», zur «sorgenden Kameradschaft», zur «Mutterschaftsaufgabe», zur «Verantwortung gegenüber der Volkheit», zur «Beugung vor dem Leben».

Es dauerte nicht mehr lange, und das neue Korsett wurde eine braune Uniform.

Schneller schreiben, schneller leben

Mit Dinah Nelken, Gabriele Tergit, Vicki Baum und Helen Hessel im Journalisten-Café Jädicke

Das *Café Jädicke*, in der Kochstraße an der Grenze zwischen den Bezirken Mitte und Kreuzberg gelegen, war im Jahre 1928 einer der bekanntesten Journalistentreffs. Frequentiert wurde es nicht nur wegen seines berühmten Baumkuchens, sondern auch, weil an seinen kleinen Eisentischen jeden Tag Börse war: Kurswert für informelle Nachrichten gesunken, für Lügengeschichten gestiegen, für Klatsch und Tratsch stabil. Lokalredakteure, Filmrezensenten und Klatschreporter konnten sich dort um eine Tasse Kaffee versammeln und sich hemmungslos zerstreiten: Wer hat die dümmste Filmkritik aller Zeiten geschrieben? Wer ist der linkeste Widerling, der rechteste Gossentreter? Wer hat den Journalismus erfunden, gepachtet, auf den Hund gebracht?

Hier saßen, erinnerte sich Dinah Nelken, «die Reporter, Fotografen, Zuträger, kleine und große Agenten, Spitzel, Achtgroschenjungen und alle Sorten von Mädchen, eine bunt lärmende Gesellschaft, die den Klatsch des Zeitungsviertels beschwatzte». Die Nelken liebte das quirlige Café, Vicki Baum und Gabriele Tergit haben es wahrscheinlich auch gemocht, und selbst Helen Hessel, Pariser Modekorrespondentin der *Frankfurter Zeitung*, wird gelegentlichen Besuchen dort nicht abhold gewesen sein, wenn sie in Berlin weilte.

Die Nelken war damals eine schöne 28-jährige Dame. Natürlich trug sie einen modischen Bubikopf, gern einen Topfhut und kniekurze Röcke. Sie war interessant, weil sie unvereinbare Neigungen besaß: Sie lebte spartanisch und liebte doch das Üppige, Überquellende, Barocke, sie war romantisch und renitent, sie erging sich in schnörkeligen Redewendungen und kommunistischen Parolen.

Als allein stehende Mutter war sie stets knapp bei Kasse. Damals habe sie zu jener Schar «junger Journalisten» gehört, schreibt Dinah Nelken im Vorwort zu ihrem Sammelband *Die ganze Zeit meines Lebens*, «die sich in der Konditorei Jädicke gegenüber dem Ullstein Verlag die ersten fünfzig Pfennig für den Morgenkaffee pumpen, nachmittags im Romanischen Café den zweiten und in der Zwischenzeit von einer Redaktion zur anderen laufen, um zu verkaufen, was sie schreiben: alles». Am liebsten Kurzgeschichten, aber auch Feuilletons, Gedichte, Berichte, Werbetexte. Besonders erfolgreich war der Tag, wenn sie gleich zwei Kurzgeschichten bei Ullstein loswurde. Das bedeutete eine ganze Woche, ohne in Berlins Armenrestaurant *Aschinger* aufkreuzen zu müssen. Dabei waren sie und ihr Bruder Rolf Gero schon ein eingespieltes Team: Rolli aß eine Erbsensuppe, und die Brötchen, die es gratis dazu gab, verschlangen sie gemeinsam. Um ihre schlanke Linie brauchte sie sich keine Sorgen zu machen.

Das Auffälligste an Vicki Baum, im Jahre 1928 40 Jahre alt, waren ihre riesigen braunen Augen. Dunkel stachen sie aus dem blassen, fast schon grünlichen Gesicht, das von ständiger Überarbeitung und Schlafentzug zeugte. Die lockigen Haare waren kurz geschnitten, oft thronte ein Hütchen darauf. Sie war auffällig klein, dünn und ein wenig bucklig. Stets elegant gekleidet, hätte sie ihren Körper, mit dem sie sich nicht besonders verstand, den Blicken der Öffentlichkeit wohl lieber entzogen.

Zwei Jahre zuvor hatte der Ullstein Verlag die gebürtige Wienerin mit einem lukrativen Angebot nach Berlin gelockt. Als Lektorin fühlte sie sich dort, wie sie später rückblickend schrieb, «wie auf dem Nabel der Welt».

Gabriele Tergit, damals 34, war zwar keine klassische Schönheit, ihr offenes, freundliches Gesicht aber war einnehmend. In ihren dunklen Augen hinter dem großen Brillengestell funkelte Schalk, manchmal auch Sarkasmus. Ihre schwarzen welligen Haare trug sie straff zurückgekämmt. Oft trug sie etwas albern wirkende Kugeln um den Hals.

Sie war Gerichtsreporterin beim *Berliner Tageblatt*. Dessen Chefredakteur Theodor Wolff, von ihr und allen Kollegen tief verehrt, hatte sie engagiert: Gegen eine Pauschale von 500 Mark hatte sie neun Berichte im Monat abzuliefern. Das war gutes Geld, zumal ihr Mann, der Architekt Heinz Reifenberg, auch nicht immer mit lukrativen Aufträgen eingedeckt war. Also bezahlte sie lieber eine Kinderfrau für ihren erst vor kurzem geborenen Sohn, als ihre Arbeit aufzugeben.

Ein fast jünglingshaftes Gesicht mit kurzer, blond-grauer Löwenmähne, markante Wangenknochen, hellwache blaue Augen, dazwischen eine große Nase: Das war Helen Hessel. Sie war damals 42 und eine auffallend große, athletische, sportliche Erscheinung, ihr androgyn wirkender Körper immer elegant gewandt. Schließlich war sie Modejournalistin, genauer gesagt Pariser Modekorrespondentin der vielleicht wichtigsten deutschen Tageszeitung, der am Main residierenden *Frankfurter Zeitung*.

Helen Hessel, geborene Berlinerin, weilte immer wieder mal in ihrer Heimatstadt, um Vater, Geschwister oder ihren Mann, den Schriftsteller Franz Hessel, zu besuchen. Das Zeitungsviertel und seine Menschen kannte sie hauptsächlich durch ihn, den Gelegenheitsautor für Ullstein, der oft genug in den langen Fluren auf eine Audienz bei einem «allgewaltigen Redakteur» wartete. Manchmal sagte er ihr, die Verlage kämen ihm vor wie «großmächtige Häuser», die «sagenhaften Königen» gehörten.

Aus den Fenstern der Konditorei konnten Dinah Nelken, Vicki Baum, Gabriele Tergit und Helen Hessel zwar nicht das gesamte so genannte Zeitungsviertel überblicken, das sich zwischen der Wilhelmstraße und dem Spittelmarkt dahinzog, aber doch die Kochstraße hinauf und hinunter spähen. Eines der drei großen Verlagshäuser, die zusammen Zehntausende von Menschen beschäftigten, lag dem Café direkt gegenüber: der Ullstein Verlag, für den Vicki Baum und Dinah Nelken arbeiteten. Das Verlagshaus Mosse, das Gabriele Tergit beschäftigte, residierte ein paar hundert Meter weiter zwischen der Jerusalemer und der Schützenstraße, der Scherl Verlag in der Zimmer-/Ecke Jerusalemer Straße. Wie ein mächtiges, aber unvollendetes Barockschloss wirkte das Haupthaus des Ullstein Verlags in der Kochstraße 23, und seine Fassade zierten, als Symbol für die nackte Wahrheit, einige unverhüllte Jungfrauen.

Der Papierausstoß der Berliner Presse war in den zwanziger Jahren höchst beachtlich. 1928, als die Presselandschaft in voller Blüte stand, sollen dort mindestens 114 Tageszeitungen sowie 2633 verschiedene Zeitschriften herausgekommen sein: 26 Prozent der gesamten deutschen Zeitungs- und Zeitschriftenproduktion. In Berlin wurde neben den Erzeugnissen der drei großen Verlage Ullstein, Mosse und Scherl auch die Parteipresse gedruckt, darunter der sozialdemokratische *Vorwärts* und die kommunistische *Rote Fahne*; aber auch 70 verschiedene Blätter der Großberliner Regionalpresse, zum Beispiel die *Spandauer Zeitung* oder das *Neuköllner Tageblatt*; sogar eine russische und eine polnische Zeitung. Dennoch war Berlin damals nicht die führende Zeitungsstadt der Welt, wie gerne immer wieder behauptet wird. Eine solch dominante Rolle wie die Pariser oder die Londoner Presse konnte die Berliner Publizistik weder national noch international jemals erreichen. Nichtsdestoweniger ist nie zuvor und nie danach in Berlin so viel geschrieben, gedruckt und gelesen worden. Anders als heute waren die Printmedien die wichtigste Informationsquelle der Menschen. Der Rundfunk, gerade frisch erfunden, hatte sich noch nicht flächendeckend durchgesetzt, und das Fernsehen war noch in weiter Ferne.

Manche Blätter erschienen bis zu dreimal am Tag: morgens, mittags und abends. Das erforderte eine Produktionsgeschwindigkeit, mit der die Verlage heutzutage – trotz hochmoderner Computertechnologie! – kaum mehr mithalten könnten. Die im Ullstein Verlag erscheinende *B. Z. am Mittag*, die linksliberale Vorläuferin der heutigen B. Z., für die Dinah Nelken und Gabriele Tergit zeitweilig schrieben, galt als die schnellste Zeitung der Welt. Die um 11 Uhr vormittags eröffnende Berliner Börse brauchte bis 11.20 Uhr, um die aktuellen Kurse zu ermitteln, und schon um 11.30 wurden die ersten B. Z.-Ausgaben mit den Kursen vor dem Börseneingang verkauft. Dieses bis heute unübertroffene Meisterstück war das Werk des Organisationstalentes Rudolf Ullstein, der eine Telefonleitung zwischen Börse und Setzerei installieren und acht Setzer gleichzeitig an den Bleisatzmaschinen arbeiten ließ. Tempo, das galt damals als Wert für sich. Ganz Berlin war Rausch, Geschwindigkeit, Turbulenz.

Doch im Berliner Zeitungsviertel herrschte nicht nur eine Zeitgeschwindigkeit. Die Journalistinnen empfanden es auch als Schnittstelle der Epochen: von behäbig-biedermeierlicher Rückwärtsgewandtheit und amerikanischer

Dinah Nelken, 1930
Foto: Lotte Jacobi

Vorwärtsstürmerei, von Reaktion und Fortschritt, von Monarchie und Republik.

Die alte Zeit repräsentierte der reaktionäre Verleger August Scherl. Er hatte 1883 den *Berliner Lokal-Anzeiger* und mit diesem die Ära der «General-Anzeiger»-Presse begründet. Sein Verlagshaus übernahm zahlreiche Blätter und wuchs zu einem mächtigen Konzern heran, den dann 1916 Alfred Hugenberg aufkaufte. Der aggressive Politiker Hugenberg, deutsch-nationaler Abgeordneter im Reichstag und einer von Hitlers Wegbereitern, kontrollierte damit ein ebenso mächtiges wie verschachteltes Imperium.

Die jüdischen Verleger Rudolf Mosse und Leopold Ullstein hingegen vertraten die demokratische, weltoffene, linksliberale Publizistik. Rudolf Mosse eröffnete mit 24 Jahren eine der ersten deutschen Anzeigenagenturen, die 1914 bereits mehr als hundert Pachtblätter belieferte, mit 28 gründete er das *Berliner Tageblatt*, eine der renommiertesten Zeitungen der damaligen Zeit.

Leopold Ullstein gründete 1877 den Ullstein Verlag, der auf dem Gelände zwischen Koch-, Charlotten-, Markgrafen- und Besselstraße immer mehr in die Breite wuchs. Nach dem Tod ihres Vaters im Jahre 1899 nahmen die Söhne Hans, Louis, Franz, Rudolf und Hermann den Platz des alten Patriarchen ein. Im Ullstein Verlag, der Vicki Baum als Lektorin und Dinah Nelken als freie Mitarbeiterin beschäftigte, erschienen nicht nur Tageszeitungen, sondern auch zahllose Zeitschriften, manche in Millionenauflage. Das mächtige wilhelminische Gebäude in der Kochstraße platzte deshalb Mitte der zwanziger Jahre aus all seinen Barockschnörkeln, und die Ullsteins ließen das 16 Stockwerke hohe «Druckhaus Tempelhof» im Süden Berlins bauen, in dem fürderhin sämtliche Erzeugnisse des Verlags gedruckt wurden.

Die Damen Hessel, Nelken, Tergit und Baum dürften im Pressecafé gegenüber dem Ullstein Verlag eine auffällige Erscheinung gewesen sein, denn der gemeine Redakteur war damals männlich. Für ihn war die Zeitungsstadt erbaut worden, mit all ihren Cafés, Bars, Restaurants und ihren Huren. Gabriele Tergit blieb über Jahre hinweg die einzige Frau an ihrem Stammtisch, wo sie mit Walther Kiaulehn und anderen Kollegen ihr Mittagessen einzunehmen pflegte: zuerst in dem heute noch existierenden *Café Adler* in der Friedrichstraße, später im *Capri* in der Anhalter Straße. Auch an dem für Zeitungsleute reservierten Tisch im *Romanischen Café*, der wichtigsten informellen

Nachrichtenquelle jener Zeit, heute Sitz des Europa-Centers, saß kaum jemals ein weibliches Wesen. Zwei 1926 und 1928 veröffentlichte Fotomontagen offenbarten, wen man damals für die wichtigsten publizistischen Köpfe hielt: Egon Erwin Kisch, Alfred Kerr, Herbert Ihering, Stefan Grossmann, Siegfried Jacobsohn und wie sie alle hießen, aber keine einzige Frau.

Nach einer Erhebung von 1925 gab es in der ganzen Weimarer Republik gerade mal 331 fest angestellte Journalistinnen, die sich vor allem mit Mode, Handarbeit, Frauenbeilagen und Klatsch beschäftigten. «Im ganzen dürften es in Deutschland nach oberflächlicher Schätzung kaum mehr als 50 Frauen sein», die als Festangestellte in den Ressorts Politik, Wirtschaft oder als Umbruch- und Schlussredakteurin arbeiteten, schätzte damals die Redakteurin Margarete Edelheim. «Jede Frau, die einen redaktionellen Posten in der Tagespresse innehat», schrieb sie in dem 1931 erschienenen Sammelband *Die Kultur der Frau*, «steht heute noch als Vorkämpferin auf ihrem Platz. Denn die Tagespresse nimmt zwar gern Aufsätze begabter Journalistinnen und Schriftstellerinnen auf, aber sie leistet gegenüber der Anstellung von Redakteurinnen noch immer passiven Widerstand.»

Das alte Motto «Das Weib schweige in der Kirche» gelte «auch heute noch in den Redaktionsstuben solcher Zeitungen, die in den Spalten ihrer Blätter für die Gleichberechtigung der Frauen im Beruf und im Staat einzutreten pflegen». Und es gelte sogar noch für die Frauenbeilagen, die noch immer in nicht geringer Zahl von Männern redigiert würden. Wenn eine Frau überhaupt fest angestellt werde, befand Edelheim, dann meistens in einer Frauenzeitschrift oder für Modebeilagen und Klatschkolumnen. Dass manchmal ein anderer Eindruck entstehe, weil nicht wenige Artikel von Frauen unterzeichnet seien, liege nur an der großen Zahl freier und nebenberuflicher Mitarbeiterinnen.

Wenn die Damen im *Café Jädicke* miteinander ins Gespräch gekommen wären, dann hätten sie feststellen können, dass sie allesamt recht früh mit dem Schreiben begonnen hatten. Sie habe bereits mit 14 Jahren ihre erste Kurzgeschichte veröffentlicht, hätte Dinah Nelken mit ihrer tiefen, rauen Stimme berichten können. 1914, zu Kriegsbeginn, habe die von dem Abschied eines Soldaten von seinem Mädchen gehandelt und sei so patriotisch gewesen, dass sogar der Reaktionär Scherl sie in seinem *Berliner Lokal-Anzeiger* druckte. Damals aber habe sie sich nicht geschämt, sondern sich von der Postanweisung über 16 Mark einen Samthut gekauft. Diesen Scherl-Hut habe sie noch lange getragen.

Dinah Nelken hieß Bernhardina Schneider, als sie am 16. Mai 1900 am Stuttgarter Platz in Berlin-Charlottenburg geboren wurde. Ihr Vater war Fahrradhändler und Gelegenheitsschauspieler, aber es war vor allem die aus einem alten Hugenottengeschlecht stammende Mutter, eine geschäftstüchtige Wohnungsverwalterin, die das Geld für die Familie herbeischaffte. Bernhardina und ihr kleiner Bruder waren «Schlüsselkinder», die in einem «Quadrat rauchgeschwärzten Grases und rußiger Sträucher» im Bahnhofsgarten spielen gingen, weil ihre Eltern und Verwandten keine Zeit für sie hatten. Ihre Mutter häufte Wohnung auf Wohnung an, so wie andere Leute Sofakissen, schließlich waren es über 50 an der Zahl, die sie zu vermieten und zu verwalten hatte. Auch für sich selbst und ihre Familie fand die Vermieterin Schneider irgendwann eine neue repräsentative Wohnung in der Wilmersdorfer Prinzregentenstraße.

Als Dinah gerade erst lesen konnte, wollte sie «Goethe, Schiller oder Heine werden», verriet sie später mit ironischem Augenzwinkern dem Sender SFB. «Es war mir ganz klar, dass ich diesen Rang erreichen würde.» 14-jährig, mit Scherl-Hut angetan, war sie überzeugt: «Nichts ist leichter, als Schriftstellerin zu werden.»

Doch zunächst, während des Ersten Weltkrieges, versuchten die Schauspiellehrerin Maria Moissi und die Tanzlehrerin Rita Sacchetto, das pubertierende Mädchen zu modellieren. Dinah lernte schauspielern, tanzen, Reklameshows vortragen: «Jung, schön, tapsig wie die Kälber, stellten wir in babyrosa, giftgrünen oder himmelblauen Seidenschleiern lebende Bilder, die die Begeisterung des Publikums sowie die Aufmerksamkeit der Sittenpolizei erregten», lässt sie ihr Alter Ego Fleur Lafontaine erzählen. Auch später zeigte sie keinerlei Berührungsängste vor der Werbeindustrie, zwecks Geldeinnahme ersann sie so manchen Reklamereim.

Sie lernte auch, wie nah Liebe und Schande lagen. Von einem feurigen südländischen Liebhaber verführt, geschwängert, nach einer illegalen Abtreibung dem Tod entronnen, heiratete sie mit gerade mal 17 einen anderen, der

sich darbot, die «Schande» zu tilgen und das Ermittlungsverfahren der Staatsanwaltschaft gegen die «Kindsmörderin» aus der Welt zu schaffen. Sie gebar
einen Sohn, zog nach Eberswalde. Als die Revolution ihr Provinznest erreichte, spielte ihr Gatte den Revolutionär, obschon er eigentlich bloß Herr
im Dorf bleiben wollte. Er war Besitzer einer bald Pleite gehenden Schuh-
cremefabrik, ein charmanter Nichtsnutz, ein liebenswerter Hochstapler,
Spieler, Geldverprasser. Verspielte selbst ihrer Mutter Geld. Wollte sich nicht
scheiden lassen. Bis ihr Vater seinem Schwiegersohn eine Geliebte unter-
schob, die vor dem Scheidungsrichter von der ehelichen Untreue ihres Lieb-
habers berichtete.

Also endlich geschieden. Allein erziehend. Allein erwerbend. Und zurück
nach Berlin: erst nach Schmöckwitz in die neue Villa der Mutter, dann, als die
Vermieterin Schneider in der Inflationszeit ihre Villa und fast ihr gesamtes
Vermögen verloren hatte, nach Wilmersdorf, mit ihrem Bruder in ein Atelier
am Hohenzollerndamm 198, schließlich wieder in die Prinzregentenstraße.

«Nelken, Dina, Frau, Prinzregentenstraße 75» ließ sie ins Melderegister
eintragen und ein Jahr später «Nelken, Dina, Schriftstellerin». Ihre ersten Lie-
besgedichte, berichtet Fleur Lafontaine, seien «so schwül» gewesen, «daß man
damit heizen konnte, was ich aber leider nicht tat, sondern ich dichtete mir
damit meine täglichen Brötchen zusammen».

Ihr Onkel, der Kriminalschriftsteller Hans Hyan, führte sie beim Ullstein
Verlag ein, und Nelken schrieb nun also für die *B. Z. am Mittag*, *Tempo*, *Uhu* oder
das Modeblatt *Die Dame*. Nelken über die Werke der Nelken: «Kurzgeschichten für die ‹B. Z. am Mittag›, die D. N. einen Namen von angenehmem Klang
und bessere Honorare verschaffen; Feuilletons in den Magazinen über Mode,
Teegewinnung auf Ceylon, das Reiten im Bois de Boulogne; freischwebend
auch Reklametexte, Chansons, Briefkastenantworten; in mondänen Zeitschriften aber Geschichten und Gedichte über die Liebe, die sie kaum kennt,
von Ehebrüchen, für die sie Spezialistin wird ohne die Gelegenheit, Theorie
in Praxis umzusetzen.»

Eines Tages im Jahre 1925 kam sogar ein Stellenangebot. «Sie haben mich
gerufen, die Ullsteins!», jubelte Dinah Nelken alias Fleur Lafontaine. «Hermann Ullstein persönlich! Wegen meines Artikels in der Elite: Mode à la Fon-
taine, mit Pleureusen und so, weißte, dabei stimmt kein Wort, aber sie wollen

mit mir reden wegen Mitarbeit.» Ihr Onkel, der erfahrene Schriftsteller, bot sich an, zu den Gehaltsverhandlungen mitzukommen. Verleger Hermann Ullstein, wiewohl «etwas zu kurz geraten», erschien Fleur Lafontaine «als die überlebensgroße Verkörperung der Macht, die der riesige Bau in der Kochstraße mit seinen mächtigen Hallen im Parterre darstellte. Als eine Festung, auf deren höchsten Zinnen sich der Herr dieser Welt des Geldes und des Geistes uns zuneigte, mir und Onkel Jean-Louis, den er ein wenig erstaunt begrüßte, um mir dann in gütig väterlichem Ton eine Anzahl schönster und aussichtsreicher Vorschläge zu machen. Nicht ganz so schön nahm sich leider die Summe aus, die mir Die Dame, das gut und teuer gemachte mondäne Mode- und Unterhaltungsjournal des Herrn Ullstein, bewilligen wollte zwecks Förderung meines förderungswürdigen Talentes.»

Das jedoch ergrimmte den Onkel, und er hub zu einer leidenschaftlichen Schmährede an, setzte Verleger mit Pferdedieben gleich und ihre Bezahlung mit Ausbeutung. Ullstein erhob sich, «stützte zwei kleine weiche Fäuste auf die Schreibtischplatte und sprach, über uns hinwegblickend, den Satz, der mich mit gesenktem Kopf zur Türe wanken ließ: ‹Danach haben wir uns wohl nichts mehr zu sagen!›» Onkel und Nichte versuchten, sich mit Torte und Schlagsahne im *Café Jädicke* zu trösten, und Dinah Nelken blieb die Zeilenlieferantin.

Auch sie sei gerade mal 13 gewesen, hätte Vicki Baum erzählen können, als sie ihre ersten drei Kurzgeschichten in der *Muskete*, einer Wiener Zeitschrift, veröffentlichte. Nach der dritten Geschichte, so erinnerte sie sich in ihren Memoiren, habe die Redaktion sie eingeladen, um ihr Interesse an einer festeren Mitarbeit zu bekunden. «Ich, noch immer mit kurzen Röcken und Zöpfen, diesen schmachvollen Beweisen dafür, daß man mich noch als Kind betrachtete. Ich kaufte Haarnadeln, Sicherheitsnadeln und Glacéhandschuhe; ich steckte mein Haar auf und ließ meinen Rock herunter, befestigte ihn an meinem Unterrock und verbarg dieses kunstvolle Arrangement unter meinem

Vicki Baum, 1931

dreiviertellangen Rock. Ich schob meinen runden alten Schulmädchenhut in die Stirn und marschierte mit unvergleichlicher Würde und Savoir faire in die Höhle des Löwen.»

Sie habe die Beine übereinander geschlagen, mit großartiger Geste die angebotene Zigarette angenommen und inbrünstig gehofft, «daß mir nicht schlecht davon würde. Nach ein paar Minuten kamen immer neue Männer in das Zimmer, setzten sich auf den Schreibtisch oder auf die Armlehnen des Redakteurssessels, einige blieben an der Wand stehen, und wieder andere standen in der offenen Tür und grinsten mich an.» Der Chefredakteur habe ihr Jahre später erzählt, «wie verblüfft er anfangs war und daß er den Stab eigens herbeizitierte, damit mein Anblick niemandem entging. In Jahren hatten sie nichts so überwältigend Komisches gesehen wie ihre neue Autorin.»

Hedwig «Vicki» Baum wurde am 24. Januar 1888 in eine wohlhabende jüdische Familie in Wien hineingeboren. Nach ihrer Autobiographie *Es war alles ganz anders*, der man wie allen Memoiren nicht in jedem Detail trauen sollte, war ihr Vater, ein Beamter, «der einzige wirkliche Feind, den ich jemals hatte»: neurotisch, hässlich, «unmäßig eitel», «größenwahnsinnig» und sowohl mit Geld als auch mit Liebe extrem geizig. Alles, was Vicki mochte, Blumen, Farben, Freunde und vor allem Musik und Bücher, habe er verabscheut. Ihre Mutter, die der damals 40-Jährige geheiratet hatte, als sie 18 war, habe sich «niemals völlig von den beiden Schocks erholt, die sie mit dem Eintritt in die Ehe und meiner Geburt erlebte».

Als Vicki vier war, wurde ihre Mutter nervenkrank: Anfälle, Selbstmordversuche, schließlich Einweisung in ein Sanatorium. Die einzige Tochter wurde zur «kleinen Wölfin»: «Ich brauche niemanden, nicht einmal Mama, sagte ich zu mir selbst. Ich kann es ertragen. Ich habe viel durchgemacht, aber ich bin stark. Ich kann es ertragen.» Viel durchleiden, aber stark bleiben – das wurde auch zum Verhaltensmuster der Heldinnen und Helden ihrer späteren Romane. Nicht auf die Gesellschaft, sondern auf den «freien Willen» des Einzelnen komme es an, war Vicki Baums Botschaft.

Nach zwei Jahren Anstalt wurde die Mutter wieder entlassen. Sie als fremde, entsetzlich aufgeschwemmte Frau wieder zu sehen, das war für Vicki «der Tag, an dem meine Kindheit endete». Die Psyche der Mutter war genauso zerrüttet wie ihre Ehe. Nächtelang stritten sich Vickis Eltern ums Geld,

wenn der Vater beim Kartenspiel verloren oder im Haushaltsbuch Unregel-
mäßigkeiten entdeckt hatte. Als seine Frau an Krebs erkrankte, vermied er jeden Besuch im Krankenzimmer. Monatelang lag sie in Agonie, nach Morphium schreiend, monatelang schlief ihre jugendliche Tochter nicht mehr in
ihrem Bett, sondern wachte in einem Sessel über die Kranke. Kurz vor ihrem
Tod bäumte die sich zum letzten Mal auf: «Kichernd, lachend, mit ihrem
letzten Atem fluchend, warnte mich Mama vor den Männern, vor den wider-
wärtigen, unaussprechlichen Dingen, welche die Männer den Frauen antun.
Sie redete über die Abscheulichkeit alles Sexuellen und bediente sich dabei einer Flut schmutzigster, niedrigster Worte aus dem Gossenvokabular.» Offenbar musste sie es unbedingt noch loswerden, das Trauma ihres Lebens, so
kurz vor ihrem Tod.

Vicki war inzwischen angehende Harfenistin. Mit 13 hatte sie die Schule
verlassen, um «glückselige Zuflucht bei der Musik» zu finden und «die beste
Harfenistin auf Erden» zu werden. Verdrängen, arbeiten, durchhalten, das *Harfe*
wurde zum Lebensmotto dieser so preußisch anmutenden Wienerin. Sechs
Jahre lang übte sie täglich drei bis sechs Stunden, bis sie die Abschlussprü-
fung am Wiener Konservatorium bestand und in das renommierte Sympho-
nieorchester des Wiener Konzertvereins aufgenommen wurde – als einzige
Frau unter 80 Männern.

Nebenbei schrieb sie. Zum Spaß, zur eigenen Freude. Sie war zur Bücher-
närrin geworden, weil ihr Vater ihr das Lesen verboten hatte. Sie hatte sich
selbst Geschichten zu erzählen begonnen, «wenn ich gerade kein Buch lei-
hen, stehlen und verstecken konnte». Sie bekam von einer «etwas zweifelhaf-
ten Münchner Zeitschrift» einen Preis für eine Kurzgeschichte verliehen, und
ihr Vater, der alles Geschriebene für «Schmutz und Schund» hielt, verlangte
von ihr, sie dürfe niemals mehr eine Zeile veröffentlichen. Das war der end-
gültige Bruch. Sie engagierte eine Haushälterin für ihren Vater, verließ ihr El-
ternhaus und heiratete den Dichter Max Prels.

Die zweijährige Ehe «war ein kurzes, infantiles, unüberlegtes Unterneh-
men», aber immerhin verhalf ihr dieser willensschwache Ehemann zu ihrem
wahren Beruf. Max sollte für eine Monatszeitschrift sechs Kurzgeschichten
schreiben und bekam keine Zeile zustande. Sie holte ihre alten Manuskripte
aus der Schublade, er unterschrieb «überraschend schamlos» mit seinem Na-

men und schickte sie los. Als die fünfte Nummer einer neuen, von Max herausgegebenen literarischen Zeitschrift erscheinen sollte, «schrieb ich, unter Verwendung eines sehenswerten Sammelsuriums von Pseudonymen, das ganze verdammte Ding allein: den Leitartikel, das Feuilleton, eine Kurzgeschichte, zwei Gedichte sowie sämtliche Buch-, Theater- und Konzertkritiken».

Ghostwriter eines unfähigen Gatten zu sein, der, weil klamm, heimlich den Familienschmuck seiner Frau verkaufte – das war ihr auf Dauer zu wenig. Sie trennten sich. Mit 24 Jahren, frisch geschieden, wurde sie als Harfenistin ans Darmstädter Theater geholt. Sie heiratete den Dirigenten Hans Lert und folgte ihm 1916 nach Kiel, später nach Hannover und Mannheim. Auch über ihren zweiten Mann verlor sie in ihren Memoiren nicht viele Worte, wiewohl die Ehe hielt. Aber: Vicki Baum, zeitlebens braves Mädchen und renitentes Frauenzimmer in einer Person, verkaufte ihre Harfe, weil ihr Mann es so wollte: «Stolz auf seinen Posten als Operndirektor, hatte mir Hans, als wir heirateten, eine Bedingung gestellt: ich dürfe nicht mehr im Orchester spielen. ‹Solo, ja: aber nicht mehr unter einem Taktstock, klar?› ‹Aber gern›, sagte ich.»

Ihr Exmann Max Prels war inzwischen Redakteur beim Berliner Ullstein Verlag geworden und fragte an, ob sie vielleicht noch Manuskripte übrig habe. Geschrieben nach der Geburt ihres ersten Kindes, erschien 1920 *Der Eingang zur Bühne*, und Ullstein konnte sich an einer verkauften Auflage von 160000 Exemplaren erfreuen. Einen vom Verlag bestellten zweiten Roman lieferte sie pünktlich drei Tage vor Geburt ihres zweiten Kindes ab. Hermann Ullstein, «ein trockener, gefürchteter kleiner Herr», bat sie, sie solle doch einen weiteren Roman schreiben, mit einem «tüchtigen Mädel» im Mittelpunkt.

Dann aber lag *stud. chem. Helene Willfüer* jahrelang ungedruckt herum. Wegen einer Szene im Engelmacherinnenmilieu bekam Vicki Baum zu hören, das Buch sei «schlimmer als Pornographie». Der Roman um eine schrecklich tüchtige Chemiestudentin, die, unverheiratet und schwanger, ihr Kind trotzdem kriegt, erschien erst 1928, wurde dann jedoch sehr schnell zur Erfolgsstory für Autorin und Verlag.

1926, mit 38 Jahren, hatte Vicki Baum bereits acht Bücher geschrieben und ungefähr zwölf Buchmanuskripte vernichtet sowie zwei Söhne produziert.

Und dennoch kam sie, damals noch in Mannheim, keinen Moment auf die Idee, der Ullstein Verlag könne an ihr als fest angestellter Autorin interessiert sein. Nur weil ihr Mann wegen irgendwelcher Querelen nahe dran war, seine Arbeit als Generalmusikdirektor hinzuwerfen, erkundigte sie sich schüchtern per Brief in Berlin, ob man sie vielleicht als Lehrling oder Modezeichnerin gebrauchen könne. Entwürfe anbei: Reizwäsche, Abendkleider, Stickvorlagen.

Mit ihrer Kollektion unterm Arm wurde sie von einer Delegation wichtiger Herren empfangen, darunter Hermann Ullstein persönlich. Man eröffnete ihr, sie habe «gewiß gute Aussichten, die höchstbezahlte Romanautorin Deutschlands zu werden (wer? Ich? o Gott!), aber selbst den allerbesten Autoren fehlten oft die elementarsten imponderablen Fähigkeiten, die den Redakteur machten. (Redakteur? Redakteurin? Ich? In Berlin? Bei Ullstein? Mir bleibt die Luft weg.)» Man versprach ihr ein Anfangsgehalt von achthundert Mark plus den verlagsinternen Höchstsatz von einer Mark für jede veröffentlichte Zeile. Als Ullstein-Lektorin sollte sie den letzten Schliff erhalten, um Ullstein-Bestsellerautorin zu werden.

Die Herren täuschten sich nicht: Sie wurde es. 1929 erschien *Menschen im Hotel* als Fortsetzungsroman in Ullsteins *Berliner Illustrirten Zeitung* und trieb deren Auflage mächtig in die Höhe. Die Geschichte um den sterbenskranken kleinen Angestellten Kringelein, die alternde Tänzerin Grusinskaja und den netten Dieb Baron von Gaigern, deren Lebenswege sich zufällig im Berliner *Grand Hotel* kreuzen, ging der Leserschaft mächtig ans Herz. Nach dem tragischen Tod des Baron Gaigern wandten sich dreißig verzweifelte Damen an die Autorin, «den lieben, schönen jungen Menschen» doch bitte in der nächsten Folge wieder zum Leben zu erwecken.

Menschen im Hotel wurde in jeder Form zum Bestseller, als Buch in Deutschland, Großbritannien und den USA, als Bühnenstück am *Theater am Nollendorfplatz* oder am Broadway in New York, als Film gleich zweimal, das erste Mal mit Greta Garbo, später mit Sonja Ziemann und Heinz Rühmann. Nur sechs Wochen habe sie gebraucht, um *Menschen im Hotel* zu schreiben, und dann «habe ich Jahre darauf verwandt, es vergessen zu machen», stöhnte Vicki Baum später. «Ich kam mir vor wie eine Katze, der man eine Blechbüchse an den Schwanz gebunden hat.» Aber weder das Buch noch Geld, weder Ruhm noch Ehre wurde sie je wieder los.

Der Ullstein Verlag, Koch-/Ecke Charlottenstraße, 1928

Fünf glückliche Jahre, von 1926 bis 1931, lebte die Baum in Berlin. Ihr Mann fand eine Stellung als Gastdirigent und Kapellmeister bei der Staatsoper, ihre Kinder gingen hier zur Schule. Die Familie bezog eine Mansardenwohnung im Grunewald in der Koenigsallee 43/45, in unmittelbarer Nachbarschaft des Dichters Ernst Toller. So grün diese Gegend war, so urban-steinern war der Anblick, den die Charlottenstraße bot, wenn sie in ihrem Büro im dritten Stock aus dem Fenster blickte. Die Zeit bei Ullstein seien die «interessantesten und fruchtbarsten Jahre meines Lebens» gewesen, erinnerte sie sich rückblickend. «Das Leben strömte in Tausenden von Fotos, Tausenden von Menschen und in den Stimmen des ganzen Erdballs vorbei. Die Gänge hallten vom Witz und Lachen der schärfsten Geister der großen Stadt wider.»

Ihr erster Arbeitstag war jedoch «alles andere als ein Triumph» gewesen. Der Leiter der Zeitschriftenabteilung und Herr des dritten Stockes, Kurt Szafranski, hatte sie völlig vergessen. Bestellt und nicht abgeholt saß sie Stunde um Stunde in der Empfangshalle herum und blätterte in den zahlreichen Zeitschriften des Verlages. «Sie lagen auf dem Tisch: die unglaublich beliebte ‹Berliner Illustrirte›, die kultivierte Modezeitschrift ‹Die Dame›; die unübertroffene Familienzeitschrift ‹Das Blatt der Hausfrau› und der ‹Uhu›, eine Monatsschrift in Buchformat, die damals ganz neuartig war – fesselnd gemischt aus Belletristik, Berichten, Unterhaltungsstoff, witzigen Betrachtungen, ernsten Essays und vielen Fotos. Da lagen auch der hochintellektuelle ‹Querschnitt›, die Kinderzeitschrift ‹Der heitere Fridolin› und ‹Die Koralle›, die einen großen naturwissenschaftlich interessierten Leserkreis hatte, und noch einige andere. Ein Menü, so reichhaltig und so gescheit ersonnen, daß es einfach alles bot, was man sich nur denken konnte. Mir schwindelte.»

Endlich wurde sie von Szafranski entdeckt, überschwänglich begrüßt und in ein Zimmerchen im dritten Stock geführt, wo sie sich «wie ein Kanarienvogel im Käfig» und so «überflüssig wie noch nie in meinem Leben» vorkam. Ihre einzige Freude waren die freundlichen «Fensterputzerinnen» in den gegenüberliegenden Mietshäusern: «Als ich mein Fenster öffnete, um ihnen zuzusehen, lächelten und winkten sie mir zu.» Erst später erfuhr sie, dass es Prostituierte waren, «aber von besserer Sorte, eine Stufe oberhalb der gewöhnlichen Straßenmädchen», die durch weiße Tücher die Aufmerksamkeit ihrer Kundschaft auf sich lenkten.

Mit der Zeit wurde die neue Lektorin «Mädchen für alles». Sie las «Manuskripte für das Feuilleton der Zeitschriften», schrieb verlagsinterne Referate, betreute die Buchbesprechungen zweier Zeitschriften, sah Rohübersetzungen durch, beantwortete «Stöße von Leserbriefen», führte den Schriftwechsel mit Autoren, schrieb hier einen Dreizehn-Zeilen-Füller, wenn mal im Layout einer Zeitschrift eine Lücke klaffte, verfasste dort ein Frühlingsgedicht, wenn Hermann Ullstein wieder mal ein Foto hinausgeworfen und durch eine «Naturstudie» ersetzt hatte. «Naturstudien», das waren wenig, weniger, am wenigsten bekleidete weibliche Wesen, und Ullstein junior zeigte sich nach der Erinnerung Baums als begeisterter Naturliebhaber: «Schönheit! *Schönheit!* Ich will Schönheit sehen! Natur! Lebensfreude!»

Diese Naturschönheiten waren nicht unbedingt nach Vicki Baums Geschmack, aber «irgendwie», gestand sie ein, «gab die Forderung nach Lebensfreude und Optimismus dem Ullsteinhaus seine gute Atmosphäre; verlieh jedem einen inneren Schwung; all diesen gescheiten, witzigen, aufgeweckten Menschen, die die Köpfe zur Tür hineinsteckten und den neuesten Witz von morgen in Umlauf setzten, sich über jeden lustig machten, auch über sich selber, und jede gespreizte Würde durch ihr Lachen töteten».

Auch Gabriele Tergit war mit 21 Jahren noch ziemlich jung und naiv gewesen, als ihr erster Artikel erschien. Unter dem Titel *Frauendienstjahr und Berufsbildung* war das eine Auseinandersetzung mit dem «Nationalen Frauenjahr» gewesen, das Gertrud Bäumer und andere Koryphäen der so genannten bürgerlichen Frauenbewegung propagierten. Zu Beginn des Krieges plötzlich vaterländischer geworden als die Männer, riefen sie zum «freiwilligen Dienst am Vaterland» auf. Gabriele Tergits Artikel erschien Ende 1915 im *Zeitgeist*, einer Beilage des *Berliner Tageblatts*. In der Nacht davor, schrieb sie später in ihren unter dem Titel *Etwas Seltenes überhaupt* veröffentlichten Erinnerungen, «bekam ich eine tödliche Angst. Ich stand auf, zog mich an, aber schon beim Strumpfanziehen wurde mir klar, daß man keine Schnellpresse anhalten kann. Ich erkannte, daß ich zu wenig wußte, und faßte deshalb in dieser schrecklichen Nacht den Entschluß, mein Abitur zu machen und zu studieren.» Sie hatte nur die Mittelschule und die Soziale Frauenschule von Alice Salomon besucht. Nun aber holte sie das Abitur nach. Vorher jedoch habe sie ihr Honorar abgeholt. «Als ich ins Zimmer trat, rief der Redakteur des ‹Zeitgeistes›: ‹Wenn ich gewußt hätte, daß Sie so jung sind, hätte ich den Artikel nicht gebracht.› Das Honorar, mein erstes größeres Geld, fünfzig Mark, wurde mir auf dem Schulkorridor aus der Manteltasche gestohlen.»

Gabriele Tergit, am 4. März 1894 in Berlin-Friedrichshain in der Nähe der Jannowitzbrücke unter dem Namen Elise Hirschmann geboren, entstammte einer jüdischen Industriellenfamilie. Über ihre Kindheit und Jugend ist nicht allzu viel bekannt. Auch in ihren Memoiren befand sie ihre eigene Person für zu unwichtig, um über diese Zeit eine Zeile zu verlieren. Nur in ihrem Roman *Effingers* schimmert einiges von ihrer Familiengeschichte und der ihres Mannes durch.

Nach ihrem externen Abitur studierte Elise Hirschmann Geschichte und Philosophie, 1925 promovierte sie. Doch damit, schreibt sie in ihren Erinnerungen, hätte sie bloß ihre Jugend «verdorben», für ihre weitere Laufbahn sei die Lernerei «völlig überflüssig» gewesen. 1920 begann sie, für Zeitungen zu berichten: für die *Vossische Zeitung*, *Die Dame*, den *Berliner Börsen-Courier*. Freunde rieten ihr beim Kaffee im Garten, ein Pseudonym zu gebrauchen. Sie beschaute das Zaungitter. Ein Gitter, die Silben vertauscht, ergab Tergit. Warum nicht Tergit?

Die Gerichtsreporterin Gabriele Tergit brauchte eine Weile, um ihre weibliche Verschüchterung abzulegen. 1924, noch mit dreißig Jahren, als sie das erste Mal einer Verhandlung beiwohnte, wagte sie nicht, auch nur ein Wort mitzuschreiben. Bloß nicht auffallen! Sie sandte ihren Bericht an den *Berliner Börsen-Courier* «mit den im Kopf behaltenen Dialogen».

Nach drei Monaten aber zeigte sie erste Anzeichen von wachsendem Selbstbewusstsein: Sie schickte ihre Artikel an Theodor Wolff, den legendären Chefredakteur des legendären *Berliner Tageblatts*, das unter ihm geradezu Weltruf erlangt hatte. Theodor Wolff galt vielen als bedeutendste journalistische Persönlichkeit Berlins und Deutschlands seit der Jahrhundertwende. Und Wolff wurde auf Tergit aufmerksam: Hier war eine ganz neue, frische, lebensnahe Sprache, von der aller trockener Staub der Juristerei wie weggeblasen war. Am Nachmittag des 24. Dezember 1924 stand sie vor ihm. «Wolff war von einem so großen persönlichen Charme, daß man die Häßlichkeit des Gesichts und der Gestalt völlig vergaß», schreibt sie in ihren Erinnerungen. Er bot ihr monatlich fünfhundert Mark, für sie ein Fürstengehalt.

Von 1925 bis 1933 berichtete sie für das *Berliner Tageblatt*. Diese Jahre seien für sie «die sieben fetten Jahre im Leben einer ganzen Generation» gewesen, notierte sie in ihren Memoiren. Zu der renommiertesten aller Zeitungen zu gehören «galt damals als große Sache», auch wenn die Arbeit in der Lokalredaktion «nicht erfreulich» war. «Der Chef genau wie der Feuilletonchef Fred Hildenbrandt war blond, groß, gut aussehend und fand sich hinreißend. Sie waren nicht freundlich.» Aber «Walther Kiaulehn, dem die Atmosphäre in der Lokalredaktion auch nicht gefiel, erfand die Berlin-Seite. Theodor Wolff erlaubte sie. Wir zogen um in Rudolf Oldens Zimmer.» Sie zog auch privat um, nachdem sie 1928 geheiratet hatte: in den Siegmundshof 22 in Tiergarten.

Mit ihren beiden Kollegen kam sie gut zurecht. Walther Kiaulehn, ursprünglich ein Elektrikergehilfe, war mitunter ihr väterlicher Lehrmeister: «Ich lernte von ihm.» Den Wachtmeistern im Gericht «reichte er stets die Hand. Ich tat das nie, nicht aus Hochmut, eher aus Schüchternheit. Von nun an tat ich es auch und gewann gleich eine ganz andere Beziehung. Bedienten wurde in Berlin nicht die Hand gegeben.» Sie bewunderte seine Einfälle, seine Begabung für Abstruses und Skurriles: «Wenn ich über einen Prozeß schrieb, so hielt das Aufnahmeband, das mein Gehirn ist, den einen entscheidenden Satz des Prozesses fest, aber aus diesem Satz entwickelte Kiaulehn eine ‹Studie zur Frauentreue› ... Die Anregungen, die er um sich streute, hätten genügt, mehrere Zeitungen zu füllen.»

Die Freundschaft mit Rudolf Olden brauchte eine längere Anlaufphase. «Ich bin Olden wohl zuerst einfältig vorgekommen, so wie Olden mir zuerst ausgesprochen albern erschien.» Der Wiener Dandy, Verehrer des weiblichen Geschlechts, «nahm nichts ernst», sie hingegen «nahm alles ernst, mein Schreiben, mein Judentum, meine Ehe, mein Kind, meinen Haushalt». «Etwas Seltenes ist die Tergit überhaupt», befand Olden, und das Zitat gerann später zum Titel ihrer Memoiren.

Wo sie auch war, überall war Gabriele Tergit von Männern umgeben. In der Redaktion: Männer. Im Gericht: Männer. An ihrem Stammtisch: nur Männer. Bei ihr zu Hause: Männer. Es gab jedoch einen Ort, wo das anders war: ihr *Soroptimistclub*. Sorores optimae, die besten Schwestern, waren eine Art weiblicher Rotarier, eine 1921 in den USA entstandene Vereinigung erwerbstätiger Frauen, in die jeweils nur eine Vertreterin einer Berufsgruppe aufgenommen wurde. Die Sorores trafen sich einmal wöchentlich zum Essen, und jedes Mal referierte eine andere Frau – die Regierungsrätin, die Sozialbeamtin, die Sängerin – über ihre Arbeit.

Die Journalistin Gabriele Tergit wird vor allem von den kleinen Leuten gesprochen haben, den vor Gericht gezerrten Eierdieben und «Kindsmörderinnen», also denen, für die die goldenen zwanziger Jahre kein bisschen golden

48

waren, denn ihnen galt ihre Hauptaufmerksamkeit. Sie empörte sich über die harten Urteile gegen Mütter, die abgetrieben hatten, und über die justitielle Nachsichtigkeit gegenüber gewalttätigen Männern: «Wenn eine Angetraute so verprügelt wird, daß ihr das Auge blutet, dann genügt eine Geldstrafe von 100 Mark, wenn aber eine Dame auf der Straße mit Puppchen angesprochen und alte Ziege genannt wird, dann bekommt der Täter einen Monat (!), nicht etwa eine Woche, nicht etwa drei Tage Gefängnis. Höchst merkwürdig sind die Wege der irdischen Gerechtigkeit.»

Wie merkwürdig es zuging in Berlin, das beschrieb die Tergit auch in ihrem 1931 erschienenen Roman *Käsebier erobert den Kurfürstendamm*. Mit satirischem Gefunkel, mit atemlos kurzen Sätzen, im Tempo der Zeit geschrieben, schildert sie darin die Geschichte eines Volkssängers, eines Unbekannten, der von der Medienwelt zum Star hochgejubelt und ebenso schnell wieder fallen gelassen wird. Käsebier, von einem berühmten Dichter entdeckt, wird zur Attraktion der Saison. Käsebier, überall Käsebier: als Platte, als Puppe, als Zigarettensorte. Käsebier baut auf ewigen Ruhm und sich selbst ein protziges Theater in den sandigen Untergrund am Kurfürstendamm. Doch noch ehe der letzte Stuck gesetzt ist, geht Käsebier in der Weltwirtschaftskrise zugrunde.

Käsebiers Vorbild im wirklichen Leben hieß Erich Carow. Der Schriftsteller Heinrich Mann hatte den Komiker Carow und seine *Lachbühne* in einem Feuilleton als große Entdeckung gefeiert. Derweil der Rummel um Carow zunahm, verschwand die Tergit mit zweijährigem Sohn und Kindermädchen an die Ostsee, um ihr Buch zu schreiben. Das sei «vielleicht die schönste Zeit meines Lebens» gewesen, meinte sie später. Und: «Ich wollte sozusagen das Märchen ‹Des Kaisers neue Kleider› erweitern.» Die Sarkastische outete sich als Moralistin: «Ich plante schon lange eine Satire auf den ‹Betrieb›, den ich für den Zerstörer aller echten Werte hielt.»

«Es ist wirklich ein bedeutendes Buch – mit Zola'scher Prägnanz und Erbarmungslosigkeit geschildert», lobte ihr Kollege Walther Kiaulehn in der *B. Z. am Mittag*. Und Rudolf Olden: «Es ist etwas ganz Großes darin: daß es uns über unser Elend lachen macht oder wenigstens lächeln. Ach, das ist wahrhaftig selten, daß man das findet: Lachen im Elend des Zugrundegehens.» Am meisten aber, «seltsamerweise», konnte sich die Autorin in der Kritik der kommunistischen *Welt am Abend* wieder finden: «Die Tergit ist eine Bürgerin, die sich noch den Sinn für Sauberkeit bewahrt hat und inbrünstig an ein liberales Gesellschaftsideal glaubt ... Sie will die kapitalistische Welt in ihrem Roman für Entartung bestrafen, um sie zu bessern.» Als der Roman Ende 1931 erschien, wurden binnen kurzem 5000 Käsebiere verkauft. Und es wären sicher noch viel mehr geworden, wenn nicht Reichskanzler Brüning per Notverordnung die Steuern hochgesetzt und die Gehälter gekürzt hätte.

Gabriele Tergit schrieb auch für die von Siegfried Jacobsohn und später von Carl von Ossietzky geleitete *Weltbühne*. Zuerst unter dem Namen Christian Thomasius, später unter ihrem «richtigen» Pseudonym. Christian Thomasius, das sollte keine weibliche Selbstverleugnung sein, sondern eine Ehrerbietung an einen Ende des 17. Jahrhunderts in Halle lehrenden Jura-Ordinarius und erklärten Gegner des Hexenwahns. Im aufkommenden Nationalsozialismus sah Thomasius-Tergit die Wiederkehr des Hexenwahns, in politischen Prozessen erlebte sie mit, wie milde Nazis und wie hart Kommunisten abgeurteilt wurden, wie sehr die rechtsäugige Blindheit der Richter schon fortgeschritten war.

Sie erlebte auch mit, wie Hitler und Goebbels wegen eines Pressevergehens auf der Anklagebank saßen. Als der Richter den Angeklagten Hitler fragte, was er zur Sache zu sagen habe, «begann Hitler zu schreien. Er hielt eine Rede an eine Riesenversammlung, die nicht da war, er rief ein Volk auf, das nicht vorhanden war. Er keuchte, warf den Kopf zurück und redete ohne Unterlaß. Es wurde nicht klar, spielte Hitler den Hysteriker, oder war er es, jedenfalls hätte sich niemand gewundert, wenn er hingefallen wäre oder Schreikrämpfe bekommen hätte.» Vierzig Jahre lang, bekannte sie in ihren Memoiren, habe sie über diesen Prozess nachdenken müssen: «Hitler und Goebbels saßen mir drei bis vier Meter gegenüber. Wenn ich einen Revolver besessen und sie erschossen hätte, hätte ich fünfzig Millionen Menschen vor einem frühzeitigen Tod gerettet; ich wäre Judith II. geworden. Aber wer hätte das gewußt?»

Auch sie, die oft so hellsichtige Reporterin, machte sich noch Illusionen. «Ich bleibe auf alle Fälle», sagte sie, folgt man ihren Memoiren, noch nach der Machtübernahme der Nazis im Februar 1933 in der Redaktion der *Weltbühne* zu Carl von Ossietzky, «man muß doch der Historie zusehen.» – «Ich möchte das ja auch», antwortete der «und machte ein Gesicht, in dem sehr viel stand.

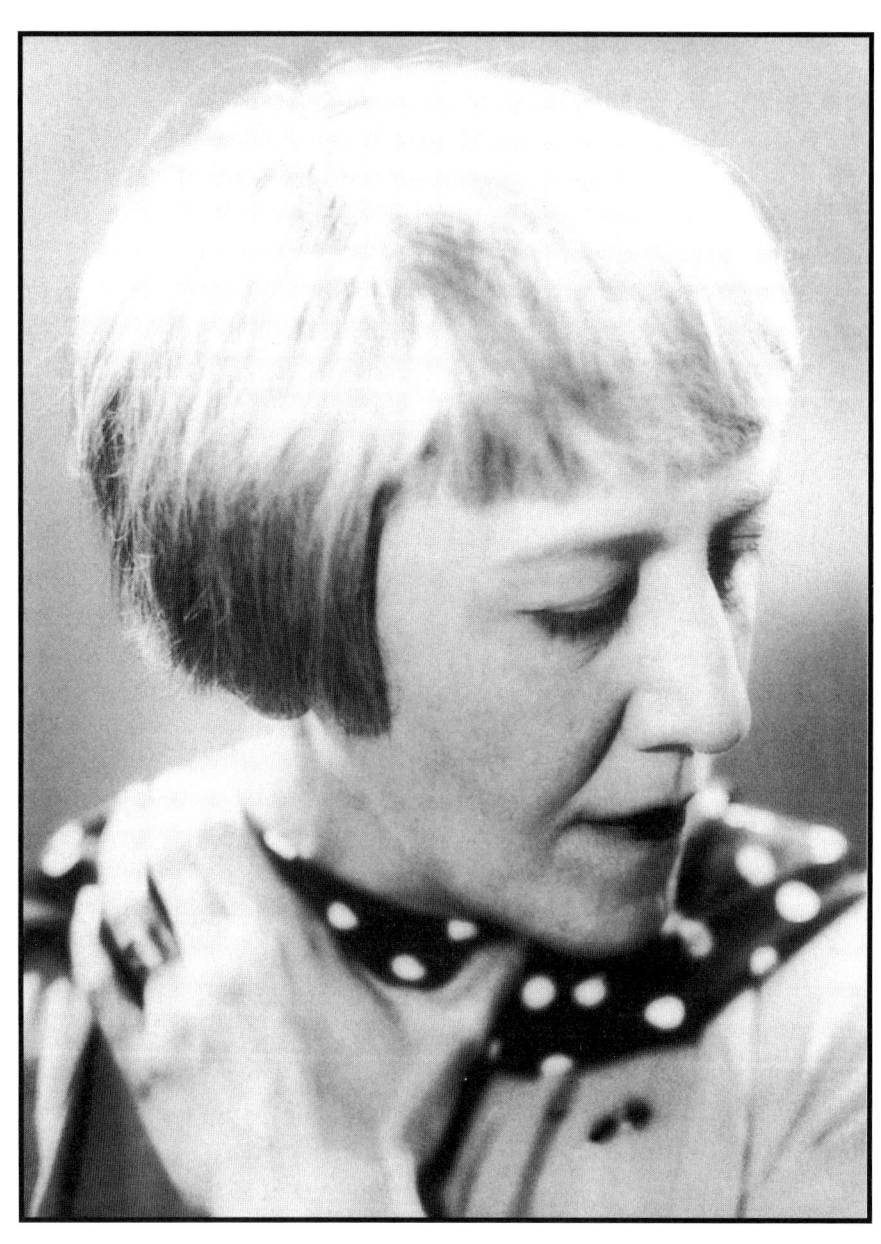

Helen Hessel, 1929
Foto: Marianne Breslauer

Kann man wirklich der Historie zusehen? Warum habe ich nicht gesagt: Gehen Sie weg, nichts wie raus?» Zwei Tage später wurde er in ein KZ verschleppt. Letztlich konnte nicht mal mehr die Verleihung des Friedensnobelpreises den Pazifisten retten, er starb 1938 an den Spätfolgen seiner KZ-Haft. Wegen dieser Szene habe sie sich zeit ihres Lebens schwere Vorwürfe gemacht, gestand sie im britischen Exil ihrem Kollegen Egon Larsen.

Die Einzige, die nicht als früh begabte Autorin in Erscheinung trat, war Helen Hessel. Aber das war auch nicht weiter verwunderlich: Helen Katharina Anita Berta Grund, geboren am 30. April 1886 im Bayrischen Viertel von Berlin, wollte eigentlich Malerin werden wie ihr Vater, der Hobbymaler und Bankier Fritz Grund. Sie war ein vitales, temperamentvolles Kind, das fünfte und seine Lieblingstochter. Kurzzeitig Schülerin von Käthe Kollwitz, ging sie 1912 nach Paris, um ihre Studien fortzusetzen. Im Künstlertreffpunkt *Café du Dôme* lernte sie Franz Hessel kennen. Die wilde Helen war fasziniert von dem sanften Franz, eine Mischung aus Buddha und Franz von Assisi, der immer zufrieden war, niemals klagte, der die kleinsten Dinge liebte und nichts begehrte. 1913 Heirat, 1914 Geburt des Sohnes Ulrich in Genf, 1917 Geburt des Sohnes Stephan in Berlin.

Doch da war es schon vorbei mit der glücklichen Ehe. Dass ihm immer alles recht war, dass sie die ganze Liebesarbeit allein machen musste, verdross sie zunehmend. 1920, in ihrem gemeinsamen Landhaus in Hohenschäftlarn bei München, lernte sie Franz' Freund Henri-Pierre Roché kennen. Von nun an sprangen sie im Dreieck. Dramatik ohne Ende, Eifersucht, Quälerei, sogar Gewaltszenen. Helen und Franz ließen sich scheiden, Henri-Pierre bereitete schon die Papiere für die Heirat vor. Doch stattdessen heirateten Helen und Franz erneut, sie zogen wieder nach Berlin. 1925 folgte Helen ihrem Liebhaber nach Paris, die Söhne nahm sie mit. Franz hielt Kontakt, war immer wieder dort, besorgte in der französischen Hauptstadt zusammen mit Walter Benjamin eine Proust-Übersetzung.

Ihre Arbeit als Moderedakteurin für die *Frankfurter Zeitung* war für Helen Hessel Broterwerb und Lust. Sie sah sie durchaus philosophisch: Mode sei die Anerkennung der weiblichen Koketterie und die «Sehnsucht nach der Vollkommenheit». Auch Theodor W. Adorno verfolgte, wie er Franz Hessel schrieb, «stets mit großem Interesse», was die Modekorrespondentin aus Paris mitzuteilen hatte. Nebenher schrieb sie Tagebuch, Aufsätze, auch Prosa, kleine Szenen. Ihre überlieferten Stücke offenbaren ein enormes Talent. Aber Helen Hessel war zu beschäftigt mit ihrem wilden Leben, für Literatur blieb keine Zeit.

Nach der Machtübernahme der Nazis brach sie mit ihrem Liebhaber und rettete ihren jüdischen Mann aus Deutschland. 1936 kündigte sie bei der *Frankfurter Zeitung*, bis 1938 arbeitete sie, wiederum als Modekritikerin, für den Ullstein Verlag. Oder vielmehr das, was von ihm übrig geblieben war: Die jüdischen Eigentümer waren vertrieben, ihr Vermögen «arisiert», ihre Zeitungen auf Nazi-Linie gebracht, das Haus Ullstein in «Deutscher Verlag» umbenannt worden. Nichts mehr sollte an die einstigen Besitzer erinnern. Die lebendigste und interessanteste deutsche Zeitungsstadt war vernichtet, lange bevor ihre Bauten durch die alliierten Bomber zerstört wurden.

Das Leben ist ein Kabarett

Die Kabarettgründerinnen: Dinah Nelken,
Valeska Gert, Rosa Valetti und Trude Hesterberg

Vorhang auf für Dinah Nelken! Zusammen mit dem Journalisten Paul Erich Marcus (PEM) und ihrem Bruder, dem Maler und Reklamezeichner Rolf Gero, hatte sie Anfang 1928 im *Topp-Keller* in der Schwerinstraße von Schöneberg das Kabarett *Die Unmöglichen* eröffnet. Den Namen *Die Unmöglichen* hielt PEM für durchaus geeignet: Schlimmstenfalls sollte die Presse «sagen: Die sind wirklich unmöglich». Nun also stand sie selber auf der Bühne, um ihre eigens dafür verfassten Texte vorzutragen. Aber was hieß hier schon Bühne: Ein Verschlag aus Eierkisten war das in Wirklichkeit, der Souffleurkasten ein Regenschirm. Die Zuschauer saßen unbequem auf Kisten und Kästen, aber das störte sie nicht, die Bude war voll.

«Wir machten es ganz auf die Einfache», berichtete Dinah Nelken in ihrem autobiographischen Roman über ihr Kabarett, «ohne Eintrittsgeld, ohne Schauspieler, sondern mit Dichtern und Malern und Musikern aus dem Romanischen Café – und mit mir, es half mir doch nichts. Ich schrieb die Texte mit einem netten jungen Dichter zusammen, den später die braune Drecksflut weggespült hat, wohin weiß ich nicht.»

Ihr Bruder habe die Dekorationen erstellt, «machte aus Pappe Schwertgeklirr und Wogenprall, Muschelbett und Loreleifelsen, vor dem der deutsche Michel in der braunen Brühe versank». Es habe «nichts Schriftliches» gegeben, «kein Programm, keine Namen, auch keine Erklärungen». Aber die Intendanz Nelken-Gero war überzeugt, es ginge auch ohne, schließlich seien sie «die neue Geistigkeit». So hieß auch einer von Nelkens «unmöglichen» Texten:

«Wir spielten früher Ringelreihn, und Wedekinds Erwachen,
Doch mit den alten Schweinerein ist heut nichts mehr zu machen.
Heut muß man sich auf Freud verstehn und Magnus Hirschfeld kennen,
Die Dinger, die im Märchen stehn, die bring'n uns bloß zum Pennen.
Wir sind die neue Geistigkeit, wir machen's mit der Dreistigkeit.
Immer ran, immer ran, immer ran! Geschlossen, nicht alleine —
Jeder sein eigner Goethe, jeder sein eigner Heine,
jeder sein eigner Mann.»

Als Werbung für die *Unmöglichen* stellte Dinah Nelkens Bruder einen Leiterwagen vor das *Romanische Café*, «da stand dran: Freifahrt zu den Unmöglichen! Na, und der war natürlich knüppeldick voll, und der Keller war jeden Abend auch knüppeldick voll.» Alles sei gekommen, «was in Berlin links war», Erich Remarque als Stammgast, Albert Einstein, die Mitarbeiter vom Malik Verlag, die Gebrüder Ullstein.

Der Journalist PEM hatte es nicht ganz so euphorisch in Erinnerung: «Primitiv auf einem ordinären Leiterwagen über die Tauentzienstraße und den Wittenbergplatz ins Dunkle der Schwerinstraße zu fahren, das mußte nach dem Geschmack der snobistischen Kurfürstendammler sein – so dachten, so hofften wir. Stundenlang vor der festgesetzten Zeit standen wir geschminkt und kostümiert auf der selbstgezimmerten winzigen Bühne im *Sälchen* des *Topp-Kellers* und lugten durch den Vorhang. Ein paar Unentwegte aus dem ‹Romanischen› saßen schon an den Tischen. Als wir begannen, war der Saal keineswegs überfüllt, aber immerhin gut besetzt. Wir bildeten uns ein, einen Erfolg für uns buchen zu können.»

Doch am nächsten Abend kam niemand mehr. Jemand erzählte, vor dem Haus stünden finstere Gestalten und erklärten, der *Topp-Keller* sei proppenvoll. Der Wirt klärte PEM behutsam auf, «die Herren draußen seien Angehörige des zuständigen Ringvereins. Sie seien gewohnt, mitzuverdienen.» Der *Topp-Keller* war eigentlich Treffpunkt des Ringvereins *Glaube, Liebe, Hoffnung*, in dem sich die Ganoven und Luden des Viertels organisiert hatten und den auch die Kriminalkommissare der Gegend gern heimsuchten – Kontakt mit der Klientel musste doch sein. PEM sah sich genötigt, mit den Herren zu verhandeln. Offenbar bekamen sie ihr Geld, denn danach war das Kabarett wieder voll.

Auf die Bühne der *Unmöglichen* stolperte damals, rührend unbeholfen, auch Werner Finck. «In meiner Wohnung erschien er mit kurzen Hosen und Schillerkragen», erinnerte sich Nelken später in einem Brief, «kam aber bei den ‹Unmöglichen› nicht recht an, weil er einen von mir geschriebenen Text anstatt seiner Improvisationen sprach.» Nach dem Ableben der *Unmöglichen* gründete er seine berühmt gewordene *Katakombe*, bei der Rolli Gero mit Ausstattungen und Dinah Nelken mit Texten aushalfen.

Das Ende der *Unmöglichen* kam schon Ende 1928. Sie hätten gegen die Nazis agitiert, berichtet Fleur Lafontaine, «worauf die Polizei gegen uns war und uns eines Nachts von der Bühne holte. Da spielten wir noch ein Stück in Droschken auf der Straße weiter, unser Publikum folgte uns zu Fuß oder in ihren Wagen.» Im Polizeirevier habe ihr Bruder die Fenster aufgerissen, er «schrie in die Bülowbogen-Nacht hinaus: ‹Freiheit!›, und die Masse unten brüllte mit. Es war ein Geschrei wie bei einer mittelgroßen Revolution.» Die *Unmöglichen* wurden dennoch geschlossen.

Sicherlich war sich Dinah Nelken bewusst, dass sie als Kabarettgründerin eine außergewöhnliche Erscheinung war, denn das Kabarett war und ist üblicherweise eine Männeranstalt. Gerade zu ihrer Zeit wird die viel gepriesene weibliche Tugend der Zurückhaltung Frauen davon abgehalten haben, öffentlich Witze zu reißen. Das Possenreißen, das wusste schon Sigmund Freud, ist ein Mittel zum Aggressionsablass, Aggressionen aber werden Mädchen schon in frühester Kindheit ausgetrieben. Frauen lächeln zwar den lieben langen Tag, bis ihre Gesichtsmuskeln verkrampfen und sie sich über frühe Faltenbildung beschweren, doch ihnen fehlt es an der höheren gesellschaftlichen Stellung, um sich *über* etwas lustig zu machen. Deswegen mutet das beliebteste aller Scherzgenres, der schlüpfrige Herrenwitz, in seiner Umkehrung eher peinlich als komisch an.

Umso erstaunlicher also, und ein Zeichen der explosiven Kreativität jener Tage, dass sie nicht die einzige Kabarettgründerin war. Neben ihr gab es weitere drei: Valeska Gert, Rosa Valetti und Trude Hesterberg. Ihre Bühnen seien «ausgesprochene ‹Weiber-Kabaretts› gewesen», urteilte Gabriele Tergits Kollege Kiaulehn einmal, «in denen die Männer nur als maliziöse Philosophen oder als Schießbudenfiguren auftraten» – eine mehr oder weniger charmante Übertreibung, die auf das Kabarett der Gert am allerwenigsten zutraf.

Dinah Nelken erinnerte sich noch genau daran, wie unsympathisch sie Valeska Gert fand, als sie diese während des Ersten Weltkriegs in der Tanzschule von Rita Sacchetto kennen lernte. Sie selbst war gerade der Pubertät entronnen, Valeska Gert jedoch schon uralt, Mitte zwanzig. «Nun wollte sie Tänzerin werden, wofür sie bei ihrem häßlichen Aussehen, den breiten Hüften und dicken Beinen denkbar schlechte Voraussetzungen mitbrachte», erzählte sie später dem Berber-Biographen Fischer mit durchaus gehässigem Unterton. Denn als Schauspielerin sei die Gert gescheitert, «ziemlich erfolglos» habe sie versucht, in der Provinz aufzutreten.

In Valeska Gerts Autobiographie *Ich war eine Hexe*, die in vielen Details allerdings nicht besonders glaubhaft erscheint, ist von Provinzauftritten jedoch nicht die Rede. Sie sei damals Schauspielschülerin bei Maria Moissi gewesen, schreibt sie, und von dieser zu Rita Sacchetto geschickt worden: Tanzen können gehörte zur Ausbildung.

Die Gert, am 11. Januar 1892 in Berlin unter dem Namen Valeska Gertrud Samosch geboren, kam aus einer jüdischen Familie. Ihr Vater, Inhaber einer Blumen- und Federnfabrik, sei «jähzornig und gutmütig» gewesen, er «mußte immer das Gegenteil von dem tun, was ihm Spaß machte», schreibt sie in ihren Memoiren. Ihre Mutter hingegen sei «lustig, eigensinnig, rechthaberisch, vergnügungssüchtig» gewesen «und konnte wunderbar tanzen». Sie selbst war ein schwieriges, egozentrisches Kind voller wilder Kraft. «Trudchen» tanzte gerne vor dem Spiegel, liebte grelle Schminke und schreiende Farben. Als junges Mädchen stolzierte sie knallrot-orange kostümiert über den Ku'damm. «Sie sind ein Plakat des Lasters!», sei einem der Männer entfahren, die sie ansprachen, erinnerte sie sich später.

Bei ihrem ersten öffentlichen Tanzauftritt, wieder in Knallorange, zusammen mit der späteren Schriftstellerin Dinah Nelken und der späteren Nackttänzerin Anita Berber, will sie die «moderne Tanzsatire» erfunden und die Berber und alle anderen an die Wand getanzt haben.

Dinah Nelken wird es unangenehm berührt haben, wie eifrig Valeska Gert versuchte, alle Frauen neben sich auszuschalten. Sie allein, so suggerierte sie, habe die Tanzsatire erfunden, den Grotesktanz, die getanzte Karikatur, die sozialkritische Pantomime, sie habe «ein ganzes Bündel von Anregungen in die Welt» geschossen, und ihre Darstellungen hätten «die Tänzer der ganzen

Valeska Gert, um 1925

Welt beeinflußt». Die vielen prominenten Tänzerinnen der zwanziger Jahre – Isadora Duncan, Mary Wigman, Gret Palucca, Vera Skoronel, Olga Desmond, La Jana, Josephine Baker und wie sie alle hießen – kommen in Gerts Memoiren so gut wie nicht vor.

Nach ihrem Austritt aus Rita Sacchettos Tanzschule trat sie, als Einlage zwischen zwei Stummfilmen, im *Theater am Nollendorfplatz* auf: «Jeden Abend brachen die tollsten Skandale aus, Riesenlärm, wenn ich meine wahnsinnigen Schritte machte ... für mich war der Krach Lebenselement, ich wollte die Menschen in Bewegung bringen, je mehr sie brüllten, desto kühner wurde ich. Ich wollte über alle Grenzen hinaus, mein Gesicht verwandelte sich zu Masken, mein Rhythmus knallte, bis ich wie ein Motor stampfte.» Sie platzte vor Lebenskraft. «Ich glaubte an diese Kraft in mir und in anderen Menschen. Ich suche überall danach. Finde ich sie nicht, werde ich ablehnend bis zur Feindschaft, finde ich sie, werde ich vertrauensvoll bis zur Liebe. Daher kommt es, daß ich viel mehr Feinde als Freunde habe.» In ihrer Garderobe besuchte sie ein junger Sanskrit-Student, der Buddhist Helmuth. Sie brauchte wohl einen Ruhepol: 1918 Heirat.

Die Gert tanzte in München, schauspielerte in Berlin, stand auch mal vor Filmkameras. Sie tanzte, weil sie «den Bürger nicht liebte», die «von ihm Verachteten, Dirnen, Kupplerinnen, Ausgeglitschte und Verkommene», tanzte «den Tod», just in der Zeit, als nacheinander ihre Schwiegermutter, ihr Vater und ihre Mutter starben.

Aber im *Romanischen Café*, dem Treffpunkt aller Künstler, bekam ihr Leben einen neuen «Stoß»: Sie lernte den Schauspieler Aribert Wäscher kennen. «Er war weich, fast süßlich, stieß mich ab, zog mich an. In seiner Nähe fühlte ich mich wohl. Er strömte Wärme aus wie ein großer Kachelofen.» Buddhist Helmuth nahm es hin.

Dinah Nelken, die aus der Distanz Gerts Lebensweg beobachtete, fühlte sich wahrscheinlich auch davon abgestoßen, wie schnell diese Frau zuschlagen konnte. «Ich habe mich ja mit allen Leuten sofort regulär geschlagen», gestand Valeska Gert in ihren Memoiren. Distler, der spätere Kulturminister der DDR, war ihr zu doktrinär, «wollte nicht einsehen, daß ich recht hatte, wupp, da bin ich auf ihn raufgehüpft – er lag am Strand in Kampen – und habe ihm eine geklebt. Auch auf Edith, der Frau von Siegfried Jacobsohn, dem Herausgeber der Weltbühne, war ich schnell drauf und würgte sie, weil sie mir nicht glauben wollte.» Einen ihrer Manager habe sie «aus dem fahrenden Auto rausgeschmissen, ich habe nicht so leicht einen anderen Manager bekommen, sie hatten Angst vor mir». Ja, gab sie zu, «ich war wirklich rechthaberisch».

Die wilde Gert bejubelte die Revolution und die Dadaisten. Diese gaben 1919 eine Matinee in Berlin, Höhepunkt war der «Wettkampf zwischen einer Nähmaschine und einer Schreibmaschine». Richard Huelsenbeck haute eine gute halbe Stunde lang in die Tasten, riss Blatt um Blatt aus der Rolle, während Raoul Hausmann an der Nähmaschine endlosen schwarzen Trauerflor steppte. «Kaum im Saal entdeckt», erinnerte sich die Tänzerin, «schleifte man mich auch schon auf die kleine Bühne, und ich tanzte zu den Geräuschen der beiden Geräte, eine Tüte aus Zeitungspapier mit zwei Pfund Spargel im Arm. Ich hatte ihn gerade auf dem Wochenmarkt gekauft. Also, es gab schon damals Happenings.»

Doch eins teilten Dinah Nelken und Valeska Gert: die Begeisterung für die russische Revolution. Gert wurde vom sowjetischen Kulturminister Lunatscharski zu einer Tournee durch die Sowjetunion eingeladen. Sie hatte viel Erfolg, sie galt als Sensation. Sie lernte *Panzerkreuzer-Potemkin*-Regisseur Sergej Eisenstein kennen, und «es war fast sofort Liebe». Eisenstein besuchte sie in Berlin. «Ich war gelähmt vor Leidenschaft zu ihm und konnte in seiner Gegenwart kaum sprechen. Ihm ging es ebenso. Manchmal lag er in meinem Arm auf der Couch, wir waren stumm und konnten vor Lähmung nichts tun. Mein Mann sagte: Da ist es mir schon lieber, du schläfst mit Wäscher.»

Anfang der dreißiger Jahre, als sie in Bertolt Brechts *Roter Revue* glucksend, kichernd, lachend eine Koloratursängerin parodierte, sprach sie ein Mitarbeiter hinter der Bühne an: «‹Warum machen Sie kein eigenes Kabarett auf? Ich heiße Silo.›» Er habe seelenvolle Augen gehabt und ihr Vertrauen eingeflößt. «‹Geld brauchen wir nicht›, sagte er, ‹so etwas wird heute ohne Geld gemacht. Das Geld kommt durch Verpachten von Garderoben, Toiletten, Zigaretten rein.›» Silo mietete einen Raum in der Budapester Straße, und die Chefin nannte ihr frisch gegründetes Kabarett, warum auch immer, *Kohlkopp*.

Der Tag der Premiere war so schwarz wie die Wände des *Kohlkopp* und der Blackout der Hauptdarstellerin: «Ich blieb vor Angst in meiner Sprechnummer Berliner Type stecken», erinnerte sie sich. «Ich steckte alle an. Es war ein fürchterlicher Alptraum … Nach dem Programm stürmten die Bekannten mit Trauermiene hinter das Podium, kein Wort des Lobes, es gab auch nichts zu loben. Presse war drin gewesen, obwohl wir sie nicht geladen hatten. Sie schrieben so miserable Kritiken, daß am nächsten Abend kein einziger Kritiker kam.» Dinah Nelken wird wohl gelächelt haben, als sie davon erfuhr: Ein leerer Saal nach der Premiere, das kannte sie noch von den *Unmöglichen*.

Valeska Gert teilte Freikarten aus, an jeden Mitarbeiter zwanzig. «Die Freigäste kamen, das Programm zündete, wir hatten unsere panische Angst verloren, alle spürten das Originelle, schnell sprach es sich herum, und bald standen die Autos in langen Reihen vor dem Kabarett.» Der *Kohlkopp* wurde «bumsvoll», und jetzt gab es nur noch ein klitzekleines Problemchen: Silo zahlte keine Gagen. Zu viele Kosten, zu viele Schulden, jammerte er, all die Stühle, Scheinwerfer, das Baumaterial. Eine der Darstellerinnen wurde misstrauisch: «Das Mädchen an der Kasse ist Silos Freundin. Sie machen Schwindel mit dem Geld.» Silo floh.

Aber es war immer noch kein Einkommen da, und «weil keiner Geld bekam, machte jeder, was er wollte … Wir hatten nun vier Pianisten, vier Textschreiber und eine unendliche Menge von Darstellern. Sie vermehrten sich wie Mäuse.» Die Schulden auch, der *Kohlkopp* musste schließen. «Schade», fand Gert, «es war das originellste Kabarett, das es je gegeben hat.»

Dinah Nelken wird sich darüber heftig geärgert haben. Nicht nur weil aus ihrer Sicht dieses Prädikat zweifellos den *Unmöglichen* zukam, sondern auch, weil es Mitte der zwanziger Jahre über 150 Kabaretts in Berlin gab, darunter viele billige Witzbuden, aber auch einige Etablissements von hohem und höchstem Niveau.

Zum Beispiel das *Cabaret Größenwahn*, das Rosa Valetti gegründet hatte. Nelken wird die Valetti bewundert und sich ihr geistesverwandt gefühlt haben. Sie war eine Pionierin des politisch-literarischen Kabaretts, eine kompromisslose Kämpferin gegen Militarismus und Reaktion. Und so wie Dinah Nelken und ihr Bruder Rolli, so waren auch Rosa Valetti und ihr Bruder Hermann Vallentin ein unzertrennliches Gespann. Der Schauspieler half seiner Schwester beim Kabarett-Aufbau und trat im *Größenwahn* mit selbst verfassten Chansons auf.

Rosa Valetti, eigentlich Vallentin, am 25. Januar 1876 in Berlin geboren, war Mitte der zwanziger Jahre beinah fünfzig und hatte doch nichts an Kraft verloren. Sie sei eine «hinreißende Frau mit dem Temperament einer ungezügelten Alterslosen und dem Gesicht einer Furie und dem Herzen eines edlen Weibes», schrieb Journalist Egon Jameson über sie. «Wenn ihr funkelnd rotes Haar auftauchte, wußte der Freund der Kleinkunst, daß hier nichts mißglücken konnte. Wo Rosa einen leeren Saal witterte, prüfte sie, ob er sich für ihr Tingel-Tangel eignete. Schon war sie da, baute sie Podien, Scheinwerfer,

Rosa Valetti, um 1925

62

Bestuhlung und was so alles dazugehörte und begann mit ihrem ihr durch Dick und Dünn folgenden Stabe gleichgesinnter Rebellen.»

Das *Café des Westens* mit seinem abgeschabten Mobiliar, am Kurfürstendamm/Ecke Joachimsthaler Straße gelegen und im Volksmund nur *Café Größenwahn* genannt, war bis 1913 der Künstlertreff Berlins gewesen, bis ein von Intelligenz wenig erleuchteter Besitzer es verlegen, renovieren und die Preise hinaufsetzen ließ. Auf diese Weise vertrieb er sein meist nicht gerade geldpralles Publikum zum *Romanischen Café* an der Gedächtniskirche, in dem auch Dinah Nelken so gerne saß. Doch als Valetti 1921 ihr *Cabaret Größenwahn* an der alten Adresse des Cafés eröffnete, ließen sich die Gäste von damals wieder sehen.

Das Programm war modern, fetzig, knallig und sehr politisch – ganz nach Dinah Nelkens Geschmack. Die Valetti «heizt den bis zum letzten Platz besetzten Laden mit ihrem hinreißenden Temperament», hieß es in einer Rezension der Premierenvorstellung. «Sie ist unter den Kabarettistinnen die zielbewußteste Revolutionärin, rasend sich einsetzend für alle Dinge, die ihr Herz angehen», urteilte der Conférencier Paul Nikolaus. «Häßlich wie die Nacht und blitzend vor lichtstarker Persönlichkeit» sei sie, befand ihr Fan Trude Hesterberg. Mit ihrer proletarischen Kraft, mit ihrem derben Bordellmutterflair war sie genau die Richtige, um 1930 im *Blauen Engel* die Direktorin der Amüsiertruppe von Lola-Lola darzustellen.

Dinah Nelken wird besonders das politische Gespür der Valetti bewundert haben. In ihren Ohren traf diese immer genau den Ton, auch wenn sie vorgab, von Politik nichts zu verstehen. «Lieber Tucholsky!», bettelte Valetti den Satiriker 1929 um ein neues Lied an. «Deine Ansicht über meine politische Unfähigkeit teile ich. Ich verstehe nichts von diesem Ding, und will auch nicht Politik machen; aber ich glaube, ich kann politische Sachen vortragen, wenn die Tendenz auf meiner Linie liegt.»

So ganz im Gegensatz zu Valeska Gert war Rosa Valetti außerdem eine selbstlose Förderin des weiblichen Nachwuchses. Die Diseuse Kate Kühl, die sich wenige Tage vor Eröffnung des *Größenwahn* bei ihr vorstellte, begann hier ihre Bühnenlaufbahn und wurde nach Valettis Tod 1937 ihre künstlerische Erbin. Auch die Chansonnette Blandine Ebinger, Urbild der bleichsüchtigen Berliner Hinterhof-Göre, hatte hier ihr Debüt. Im *Größenwahn* erwuchsen ihr

Karriere und Liebe, denn hier lernte sie ihren späteren Ehemann kennen, den Dichter-Komponisten Friedrich Hollaender, der für sie Schauermoritaten und morbides Mondgeheul schrieb: «Mit eenem Ooge kiekt der Mond mir an …» «Eine blasse kleine Eva aus dem Kohlenkeller, hauchzartes Gespinst aus Blutarmut, Poesie und Humor», charakterisierte sie Journalist Walther Kiaulehn. Die unbekannte Marlene Dietrich gehörte ebenfalls in diese Reihe. Nachdem sie von Max Reinhardts Schauspielschule abgewiesen worden war, tauchte sie im *Größenwahn* auf und gab ein paar Lieder zum Besten.

Die Leitung der *Rakete* in der Kantstraße/Ecke Joachimsthaler übernahm Rosa Valetti nur für einige Monate des Jahres 1922. Die *Rakete* schleuderte sie 1923, allen ballistischen Gesetzen zum Trotz, auf die *Rampe* in der Grolmann-straße. «Dort regierte sie mit ihrem zerfurchten Gesicht, in dem die großen Leiden und kleinen Freuden der ganzen Menschheit geschrieben standen, un-vergeßlich mit ihrem flammend roten Haar und jener heiseren Stimme», schrieb Nelkens Freund PEM über diese Zeit. Doch in den Jahren der Inflation wurde es schier unmöglich, ein solches Etablissement zu führen, der poli-tisch-literarisch anspruchsvollen *Rampe* war nur wenig Zeit vergönnt. 1924 übernahmen Kurt Robitschek und Paul Morgan die *Rakete*, sie wurde zum *Kabarett der Komiker* und zog später an den Lehniner Platz. Im selben Jahr gründete Rosa Valetti die *Comedia Valetti* in der Bülowstraße, die kein klassisches Kaba-rett, sondern eine Einakterbühne war. Nach kurzer Zeit ging sie wieder ein.

Eine weitere berühmte Kabarettgründerin jener Zeit kannte Dinah Nelken indes nur aus der Ferne: Trude Hesterberg. Die Schauspielerin und Sängerin gehörte zu jenen, die auf der Bühne des *Cabarets Größenwahn* aufgetreten waren. Sie wünschte sich «innigst», wie sie in ihren späteren Memoiren schrieb, «auch so ein Kabarett aufmachen zu können wie meine rothaarige Freundin» Valetti. Als es ihr gelang, nannte sie es *Wilde Bühne*.

Gertrud Hesterberg war am 2. Mai 1892 in Berlin geboren worden. Ihr Va-ter besaß Drogerien und Mietshäuser, bis er im Ersten Weltkrieg in Panik al-les verkaufte. Der Vater war zu still, die Mutter zu temperamentvoll, die Ehe war unglücklich. Doch die Tochter, heißblütig, sangesfreudig und mit viel Berliner Witz ausgestattet, ließ sich nicht versauern. Weil der Vater partout nicht wollte, dass Gertrud eine damals immer noch als unmoralisch geltende

Trude Hesterberg, 1928

Bühnenlaufbahn einschlug, nahm sie ihren Gesangs- und Schauspielunterricht eben heimlich. Ihre Stunden bezahlte sie mit den Erdbeeren und Eiern, die sie in der Familienlaube in Röntgental einsammelte.

Ihre erste Rolle erhielt sie in Max Reinhardts *Deutschem Theater*, zusammen mit dem italienischen Herzensbrecher Alexander Moissi. Nach Gastspielen in London, Köln und München kehrte sie mit neuem Selbstbewusstsein nach Berlin zurück, nahm eine Wohnung in der Schöneberger Barbarossastraße und stand im *Nollendorf-Theater* zusammen mit ihrem Idol, der Operettendiva Fritzi Massary, auf der Bühne. Dinah Nelken war noch keine 14, als Trude Hesterberg den Beginn ihrer Karriere erlebte.

Doch vorerst pfuschte der Erste Weltkrieg dazwischen. Den Theatern,

Operettenhäusern und Kabaretts ging es schlecht, viele schlossen, andere spielten nur noch patriotische Töne, selbst das nach berühmtem Pariser Vorbild so genannte Kabarett *Chat Noir* wurde deutschtümelnd in *Schwarzer Kater* umbenannt. Gertrud Hesterberg trat ein bisschen im *Apollotheater* auf, ein bisschen im Zirkus, ein bisschen im *Nelsontheater* und im *Admiralspalast*. Sie wurde zur «roten Trude», unter anderem wegen ihrer rot gefärbten Haare. Mit der Operette *Scheidungsreise* sang sie sich in die Herzen der Berlinerinnen und Berliner: «Wer wird denn weinen, wenn man auseinandergeht?» Damit traf sie punktgenau den Ton der neuen Zeit: unbeschreiblich weiblich, erotisch autonom und selbstbewusst. Auch Dinah Nelken könnte das freche Liedchen gesummt haben, als sie zu ihrer eigenen Scheidung schritt.

Doch nun wollte Trude Hesterberg ein eigenes Kabarett gründen. Nächtelange Diskussion in der Künstlerkneipe *Schwannecke* in der Rankestraße: Kurt Tucholsky wollte den Prolog schreiben, Walter Mehring und der Journalist Leo Heller versprachen Chansons. Die künstlerische Leitung übernahm die Hesterberg zusammen mit Hans Janowitz, dem Koautor des berühmtesten aller deutschen Stummfilme, dem *Kabinett des Dr. Caligari*.

Die *Wilde Bühne* unter Leitung der «wilden Trude» eröffnete im September 1921 im Keller des *Theaters des Westens* in der Kantstraße. Die politische Satire wurde zu ihrer Spezialität. Hier «tobt Zeitgeist», hier sei «freche, witzige Aktualität» zu spüren, lobte die *B. Z. am Mittag* die Premiere. Geboten wurden Chansons, Moritaten, Bänkellieder und Sketche, gesungen und gespielt unter anderem von Kurt Gerron, Rudolf Forster und dem Damenimitator Wilhelm Bendow. Annemarie Hase, «blutjung, mit zwei Zöpfen, die seitlich wie zwei Spargelstangen abstanden», sang hier den Klabund-Song *Mit'n Zopp*:

«Wir laufen in Deutschland noch immer herum
Mit'n Zopp Mit'n Zopp Mit'n Zopp.
Unser republikanisches Brimborium
Hat'n Zopp Hat'n Zopp Hat'n Zopp.
Er hängt uns hinten, er hängt uns vorn,
Wir sind schon beinah Chinesen jeword'n.
Wir wackeln bald nach rechts und bald nach links
Mit'n Kopp! Wozu der Zopp?!»

«Die ‹wilde Trude› wirkte wie eine Dompteuse», befand PEM voller Anerkennung für ihre starke Persönlichkeit. Ihr Geheimnis bestand wohl darin, Wildheit und Sorgfalt zu verbinden: «Nichts kam auf ihre Bühne, ohne durch ihre zielbewußte, starke und instinktsichere Regie gegangen zu sein», urteilte der Komponist Claus Clauberg über seine Chefin. «Fast täglich stand sie auch selbst auf der Bühne, wirksam und eindrucksvoll ihre Chansons singend, über deren manchmal vorhandene Schwäche ihre Vortragskunst glänzend hinwegtäuschen konnte.» – «Sie sang, sie schmetterte, sie säuselte die schärfsten Lieder der Zeit», schwärmte Komponist Friedrich Hollaender von der mit knapp 29 Jahren jüngsten Theaterdirektorin Berlins.

«Die Wilde Bühne trug damals ihren Namen zu Recht», berichtete ihre Prinzipalin Hesterberg stolz über ihren «ganz persönlichen Triumph». Vor allem Joachim Ringelnatz alias Kuddel Daddeldu bot wilde Szenen, nachdem er sich vor seinen Auftritten diverse Schnäpse hinter die Binde gegossen hatte. Wenn ihm eine Reaktion des Publikums nicht passte, pflegte er einen Tisch zu zerschlagen. «Ich ließ das Möbel erst gar nicht wieder in Ordnung bringen, sondern erleichterte Ringelnatz die Arbeit, indem ich das Ding nur notdürftig zusammensetzte», so die Direktorin in ihren Memoiren.

Tumulte gab es auch, als 1922 der junge, unbekannte Dichter Bert Brecht auf einer Laute seine *Legende vom toten Soldaten* vortrug, in der eine «militärischärztliche Kommission» einen Leichnam aus dem Grab holt und «tauglich» spricht. «Ich mußte notgedrungen den Vorhang fallen lassen, um dem Radau ein Ende zu machen», erinnerte sich Hesterberg, «und Walter Mehring ging vor den Vorhang und sagte jene bedeutsamen Worte: ‹Meine Damen, meine Herren, das war eine große Blamage, aber nicht für den Dichter, sondern für Sie! Und Sie werden sich noch eines Tages rühmen, daß Sie dabeigewesen sind!›»

Auch Trude Hesterberg war, ähnlich wie ihr Vorbild Valetti, eine entschiedene Förderin junger Talente. Die Tänzerin Jenny Hiebel alias La Jana begann ihre Karriere an der *Wilden Bühne*, ebenso der Conférencier Paul Nikolaus und die Chansonsängerin Margo Lion.

Aber im Sommer 1923 war plötzlich alles zu Ende. Die Hesterberg war durch einen alten Vertrag zu einem Gastspiel in der Schweiz genötigt worden. «Ich setzte mich also in den Zug und fuhr beruhigt ab, nicht ohne die ernsthafte Mahnung, jeden Abend den Haupthebel für den elektrischen Strom auszuschalten», heißt es in ihren Memoiren. Doch ihr wunderbares, vergessliches, zerstreutes Ensemble dachte nicht daran. Ein provisorisch angebrachter Ventilator lief heiß, die ganze Bude brannte ab. «Kein Schall mehr – nur Rauch», stöhnte sie. «Alles dahin! Die Mitglieder in alle Winde verstreut und in neuen, mehr oder minder festen Engagements.» Weinend stand sie «vor der Asche dreier so lebendig gewesener Jahre».

Dinah Nelken kannte dieses Gefühl: So ähnlich hatte sie empfunden, als *Die Unmöglichen* geschlossen wurden. Dann aber hatte sie noch einmal Hoffnung geschöpft: Für kurze Zeit lebte ihre Bühne wieder auf. Ende 1928 eröffneten sie und ihr Bruder zusammen mit Max Colpert und Erik Ode das Kabarett *Anti* in der Schöneberger Lutherstraße. Das *Anti* war, was sein Name versprach: scharf links und antikapitalistisch. Und deshalb sehr schnell wieder pleite. Erneut war der Traum ausgeträumt.

Berlin, du tanzt den Tod

Anita Berber und Marlene Dietrich

In der Erinnerung des Schauspielers Rudolf Forster war es ein Juniabend, an dem drei schöne, junge und prominente Damen einträchtig nebeneinander in der ersten Reihe des *Theaters am Kurfürstendamm* saßen. Sie sahen sich das US-Stück *Frontpage* an, in dem Forster mitwirkte. «Besagte drei Frauen hatten ihre Staatsroben zu Hause gelassen, sie waren ohne Gefolge, ohne Prunk und Geschmeide erschienen, saßen einfach und bescheiden hinter dem Souffleurkasten, zu unseren Füßen», schreibt Forster in seiner Autobiographie *Das Spiel mein Leben*. «Wir spielten für die drei Königinnen allein»: Anita Berber, Marlene Dietrich und Lya de Putti.

Die Berber und die Dietrich kannten sich. Wie nahe, wie flüchtig, wir wissen es nicht. Vielleicht haben sie nur das eine Mal nebeneinander gesessen. Wahrscheinlich aber sind sie sich in den Homobars, die sie beide nachts aufsuchten, öfter begegnet, im *Eldorado* in der Lutherstraße oder in der *Silhouette* in der Geisbergstraße. In deren roten Nischen saßen geschminkte Jünglinge in Frauentoilette, und die Band spielte ein ums andere Mal: *Schöner Gigolo, armer Gigolo*.

Dass Anita Berber und Marlene Dietrich viel füreinander übrig gehabt haben könnten, erscheint fast ausgeschlossen. Sie waren sich zu ähnlich und gleichzeitig zu gegensätzlich. Sie waren beide berühmt, von androgyner Schönheit, beide galten als verrucht, als Vamp und Femme fatale, derentwegen sich Männer wie Frauen verrückt machten. Beide zeigten sie ihren Körper auf der Bühne nur zu gerne her, beide bewiesen beträchtliches Talent, Konkurrentinnen wegzubeißen. Beide waren weitgehend vaterlos groß geworden, hatten ihr weibliches Selbstbewusstsein von Müttern, Großmüttern und

Tanten bezogen und ein Mädchenpensionat in Weimar besucht. Beide galten als Sinnbild der neuen, der eigenständig begehrenden Frau, als Verkörperung des weiblichen Bohemiens und Dandys. Die Heilige und die Hure symbolisierten sie beide scheinbar problemlos in einer Person.

Anita Berber bot ihren Körper zum Kauf und verkleidete sich als Nonne. Sie zeigte sich nackt ihrem Publikum und geriet doch über jeden Grabscher in Wut. In ihrer Hemmungslosigkeit verkörperte sie den wilden Drang ihrer Generation zu leben, ohne einen Gedanken an eine schon verlorene Zukunft zu verschwenden.

Marlene Dietrich hingegen galt als die Venus der Neuen Sachlichkeit, als die vollkommene Symbiose von Unschuld und Laster, von Mutter und Liebesgöttin. Doch trotz ihres Rufes als Vamp blieb Marlene Dietrich ein braves preußisches Mädchen mit eiserner Disziplin, das nie über die Stränge schlug.

Anita Berber aber ging keinem Skandal aus dem Weg. Sie trank jeden Abend eine Flasche Cognac leer, nahm Kokain und Morphium, prügelte sich mit jedem, der ihr quer kam. War Marlene Dietrich ein Muster wilhelminischer Zucht und Körperkontrolle, so galt Anita Berber als Sinnbild des Exzesses. Die disziplinierte Dietrich wurde 91 Jahre alt, die sich selbst verbrennende Berber nur 29.

Anita Berber, zwei Jahre älter als Marlene Dietrich, wurde am 10. Juni 1899 in Leipzig geboren und wuchs in Dresden auf. Ihr Vater Felix war Musikprofessor und erster Geiger im Leipziger Gewandhaus-Orchester, ihre Mutter Lucie Sängerin und Schauspielerin, doch die Ehe hielt nur bis kurz nach ihrer Geburt. Der Vater ließ sich nicht mehr blicken, und für die Tochter wurde er zum großen unbekannten Helden, zum Prinzip des Unerreichbaren, vielleicht auch zur Ursache der namenlosen Unruhe, die Anita Berber zeit ihres Lebens antrieb.

Maria Magdalena Dietrich wurde am 27. Dezember 1901 im Berliner Vorort Schöneberg in der Sedanstraße 53, der heutigen Leberstraße 65, geboren. Ihre Mutter Wilhelmina Elisabeth Josephine entstammte der angesehenen Uhrmacherfamilie Felsing, ihr Vater Louis Dietrich war Polizeileutnant, er starb bald unter ungeklärten Umständen. Josephine heiratete den Grenadierleutnant Eduard von Losch und wurde 1916 zum zweiten Mal Witwe.

Mit 13 Jahren war Maria Magdalena noch «Leni», dann zog sie ihre beiden

Namen zusammen und kreierte den bis dato unbekannten Frauennamen «Marlene». Der Nachname von Losch gefiel ihr auch nicht, sie nannte sich weiter Dietrich, auch später noch, nach ihrer Heirat. Marlene also wuchs in einem Frauenhaushalt auf, mit Mutter, Großmutter, der zwei Jahre älteren Schwester Elisabeth und allerlei Bediensteten. Auch sie vermisste ihren Vater und suchte väterliche Stärke bei ihren künftigen Männern, deren Autorität sie sich nur zu gerne unterwarf. Ihre Mutter nannte sie einen «guten General»: «nicht freundlich, nicht mitfühlend, sondern nachtragend und unerbittlich». Ihre Regeln seien «eisern, hart und unerschütterlich» gewesen, Berührungen zwischen dem Schulmädchen und der Mutter nicht mehr erlaubt. Pflichterfüllung, Disziplin, Gefühlskontrolle, Selbstbeherrschung und unbedingte Loyalität – das waren die preußischen Tugenden, die die Leutnantswitwe ihren beiden Töchtern weitergab. «Eine Soldatentochter weint nicht!» – «Man lernt, seine Pflicht zu tun und seine Gefühle oder seinen Ärger außen vor zu lassen», beschrieb Marlene dieses stählerne Mutterregiment. Die kühle, eisglitzernde Unnahbarkeit, das erotische Geheimnis des späteren Weltstars, war schlicht verinnerlichtes Preußentum.

Doch in ihrer Mädchenzeit war sie weniger in starke Männer als in starke Frauen verliebt. Etwa zwölfjährig, himmelte Marlene ihre Lehrerin Marguerite Breguand an, die in der Auguste-Viktoria-Mädchenschule in der Nürnberger Straße Französisch unterrichtete. Sie wurde zum Anlass eines ersten massiven Loyalitätskonfliktes und ihres ersten Aktes von Zivilcourage. 1914 erklärte Deutschland Frankreich den Krieg, doch «ich liebte Marguerite Breguand, und ich liebte Frankreich; ich liebte die sanfte und vertraute französische Sprache», schrieb die Dietrich in ihren Memoiren. An Frankreichs Nationalfeiertag schlich sie sich heimlich zu einem Lager mit französischen Gefangenen. «‹Los›, dachte ich, ‹los, du bist doch eine Soldatentochter!›», und sie schob den erstaunten Männern weiße Rosen durch den Zaun.

Von der pubertierenden Marlene nacheinander glühend verehrt wurden auch ihre Tante Vally, die schöne Gräfin Gersdorff oder der Stummfilmstar Henny Porten, die sich später daran erinnerte, dass ihr ein «niedliches blondes Mädel» geigend ein Geburtstagsständchen darbrachte.

Schon früh hatte Marlene privaten Musikunterricht bekommen, in Geige und Klavier, später auch Laute, noch später in Gesang. Nach dem Abitur schickte ihre Mutter sie 1919 nach Weimar zur Aufnahme an die Musikhochschule, wo sie zuerst im Internat, später in einer Pension wohnte. «Die Stadt Goethes», schwärmte Marlene. «Da ich keinen Vater hatte, brauchte ich ein männliches Vorbild, auf das ich mich beziehen konnte. Und so schwärmte ich für alles, was Goethe betraf.»

«Weimar war langweilig, Goethe eine rechte Plage, die wenigen Männer, die man auf dem täglichen Spaziergang zu sehen bekam, uninteressant, das Pensionat eine Marter», beschreibt dagegen Leo Lania in seinem biographischen Roman *Der Tanz ins Dunkel* die Leiden der Anita B. Ihre Mutter hatte ein Engagement in Hamburg und lieferte das Mädchen 1914 oder 1915 in einem Weimarer Mädchenpensionat ab, wo es anständig kochen lernen sollte. Die frühreife Anita langweilte sich beinahe zu Tode.

Zurück in Berlin, lebte sie in der Zähringerstraße 13 in Wilmersdorf im Matriarchat von Mutter, Großmutter und Tante. Wenn sie vor den Läden Schlange stand für ein bisschen Brot und Margarine, sah sie den Tod: Kriegskrüppel, verhungernde Menschen, in Zeitungspapier gewickelte Babys. Das, was sie hier erblickte, 1915, 1916, musste sie sich noch jahrelang vom Leib tanzen: Grauen, Krankheit und Sterben.

Die 16-Jährige traf einen einsamen Entschluss. Sie lief zu Rita Sacchetto, Leiterin einer berühmten Tanzschule, und bat unter Berufung auf ihre ahnungslose Mutter um Aufnahme. Bitte, sie habe doch schon als Kind Emile Jacques-Dalcrozes Tanzschule in Dresden besucht, bitte. Anita durfte bleiben. Schon am 14. Februar 1916 trat sie zum ersten Mal öffentlich auf. Als zarter, schmalhüftiger, gazeverschleierter Zephir hüpfte sie über die Bühne.

Dinah Nelken, die in jener Zeit eine Schauspielschule besuchte, kam ebenfalls zum Tanzunterricht in die Grunewald-Villa Rita Sacchettos. Die Tanzlehrerin habe die Idee gehabt, erzählt sie in Lothar Fischers Berber-Biographie *Tanz zwischen Rausch und Tod*, «nach Gemälden lebende Bilder zu stellen, eine zur damaligen Zeit sehr beliebte Darbietung». Anita Berber habe «eine starke Ausstrahlung» gehabt und sie «im nachhinein sehr stark an Marylin Monroe» erinnert, «obwohl sie äußerlich ganz anders aussah»: «Wir verbrachten ein Wochenende in einem Haus in Eberswalde, zusammen mit drei jungen Männern. Anita setzte sich bei jedem auf den Schoß, mit naivem Charme.

Sie war ganz unschuldig und reizend. Sie war von Natur aus ein heiterer Mensch. Anita war sehr spontan und hemmungslos, daher empfand ich ihr frühes Ende um so tragischer. Bei aller Vorliebe für Flirts hatte sie einen unglaublichen Liebreiz, ohne ordinär zu wirken. Ihr Wesen faszinierte nicht nur die Männer, sondern brachte ihr auch gleichermaßen die Sympathien von Frauen ein.»

Bei der «ersten Aufführung, etwa 1916/17 in den Klindworth-Scharwenka-Konzertsälen», habe «keine von uns wirklich tanzen» können, gestand Dinah. «Wir waren alle nur ausnehmend hübsche, junge Mädchen, und der erste Abend verlief recht erfolgreich.» Am darauf folgenden Morgen habe Rita Sacchetto die Schülerinnen zusammengerufen und ihnen mitgeteilt, dass eine Reihe von Anzeigen wegen «Unsittlichkeit» gegen die Aufführung eingegangen seien. Eine weitere Darbietung sei daher abhängig von der Beurteilung durch eine polizeiliche Kommission. «Es erhob sich Protest, das käme nicht infrage. Anita Berber rief empört: ‹Ich trete vor diesen Idioten nicht auf!›» Deshalb hätten sie sich «auf einen Spaß» geeinigt und die Show «ganz auf zahm und züchtig» abgewickelt, «wobei wir uns übertrieben geziert und langsam bewegten. Fazit: Wir bekamen die Erlaubnis, auch den zweiten Abend veranstalten zu dürfen. Anita Berber amüsierte sich zusammen mit den anderen köstlich.»

Valeska Gert, die ihrer Konkurrentin Berber nichts gönnte, hatte ihre eigene Version von der Geschichte, die sich ihrer Erinnerung nach im *Bachsaal* zutrug: «Anita Berber tanzte: Rose und Diana mit Pfeil. Ich brannte vor Lust, in diese Süßigkeit hineinzuplatzen. Voll Übermut knallte ich wie eine Bombe aus der Kulisse. Und dieselben Bewegungen, die ich auf der Probe sanft und anmutig getanzt hatte, übertrieb ich jetzt wild. Mit Riesenschritten stürmte ich quer über das Podium, die Arme schlenkerten wie ein großer Pendel, die Hände spreizten sich, das Gesicht verzerrte sich zu frechen Grimassen.» Dann aber habe sie «süß» getanzt. «Jawohl, ich kann auch süß sein, viel süßer als die anderen. Im nächsten Augenblick hatte das Publikum wieder eine Ohrfeige

Marlene Dietrich in der Paramount-Werbung für den Film **Marokko**, 1930

weg. Der Tanz war ein Funke im Pulverfaß. Das Publikum explodierte, schrie, pfiff, jubelte. Ich zog, frech grinsend, ab. Die moderne Tanzsatire war geboren, ohne daß ich es wollte oder wußte.»

Dass die Polizei am nächsten Tag erschien, schrieb Valeska Gert allein ihrem Auftritt zu. «Wir mußten vortanzen. Ich zählte, als ich rankam, bei jedem Schritt vor mich hin, wie eine brave Schülerin, die nicht aus dem Takt kommen will. ‹Die kann es nicht gewesen sein›, kopfschüttelnd gingen die Polizisten weg.»

Marlene Dietrich, damals noch Maria Magdalena von Losch, strebte eigentlich eine Karriere als gefeierte Geigensolistin an, doch eine heftige Sehnenentzündung machte dem Traum ein Ende. Die ganze Hand wurde in Gips gelegt: «Dieser Schicksalsschlag warf mich völlig zu Boden … Die Enttäuschung meiner Mutter war noch größer als meine.»

Marlene beschloss, Theaterschauspielerin zu werden. Ihr Hauptmotiv, behauptete sie zumindest in ihrer Autobiographie, hieß Rainer Maria Rilke. Ihn hatte sie, nach Goethe, als neuen Gott auserkoren, und «das Theater war der einzige Ort, wo man schöne Texte und schöne Verse vortragen konnte wie die von Rilke». In ihren Erinnerungen verschweigt sie jedoch, dass sie bei ihrer Bewerbung an Max Reinhardts Schauspielschule zunächst gnadenlos durchfiel. Es war die Rache Goethes, des abgelegten Gottes, denn bei der Aufnahmeprüfung sollte sie, folgt man ihrem Biographen Steven Bach, Gretchens Gebet aus dem *Faust* sprechen: «Ach neische, Du Schmerzensreiche, Dein Antlitz gnädig meiner Not!» Wobei sie mit so viel Schmalz in der Stimme auf die Knie gefallen sein muss, dass ihr jemand aus dem Saal ein Kissen zuwarf. Nach anderen Quellen war es ein Text von Hofmannsthal, den sie verhunzte.

Aber eine Dietrich gibt so schnell nicht auf. Sie nahm Privatunterricht bei Schauspielschulleiter Berthold Held, zusammen mit Grete Mosheim. «Nach knapp einem Jahr hörten wir auf, ohne etwas gelernt zu haben», berichtete diese später. «Aber daß wir bei ihm Unterricht gehabt hatten, berechtigte uns, in Reinhardts Theater aufzutreten.» Das war der Türöffner für beider Karriere.

Wann und wo Marlene Dietrich ihr Theaterdebüt absolvierte, ob als Mitglied von «Guido Thielschers Girl-Kabarett», in einer Revue von Rudolf Nelson oder anderswo, ist so unklar wie vieles andere in ihrem Leben. Auf ihre

Memoiren ist kein Verlass, und ihre zahlreichen Biographen widersprechen sich. Sicher ist nur: Die ersten Bühnenrollen des Weltstars, gespielt in den Jahren 1922 und 1923, waren vollkommen unbedeutend, genauso wie ihre ersten Filmrollen.

So sind die Männer hieß ihr erster Film, und dieses Thema interessierte sie bald auch in anderer Hinsicht. Filmassistent Rudolf Sieber, groß, blond, gut aussehend, suchte mondäne Damen als Statistinnen für *Die Tragödie der Liebe*, und Marlene sprach bei ihm vor. Er schlug ihr vor, ein Monokel zu tragen, um verrufener auszusehen, und sie gehorchte ihm, weil sie gerne großen, blonden, gut aussehenden Männern gehorchte. Nach drei Drehtagen teilte sie ihrer Mutter mit: «Ich habe den Mann kennengelernt, den ich heiraten will.» Ein ganzes Jahr sorgte diese dafür, dass die Verlobten niemals allein losziehen, sich niemals ohne Anstandsdame treffen konnten. Am 17. Mai 1923 heirateten sie, kurz darauf bezogen sie ihre eheliche Wohnung in der Kaiserallee 54, heute Bundesallee, im Bezirk Wilmersdorf. Wenig später war Marlene schwanger.

«Er war nett, er war sanft, er gab mir das Gefühl, ich könnte ihm vertrauen, und dieses Gefühl blieb während der ganzen Jahre unserer Ehe bestehen», schreibt sie in ihren Memoiren. «Unser Vertrauen war gegenseitig, vollkommen. Wir waren jung, und ein solches Vertrauen war damals außerordentlich selten. Selten in jener dekadenten Welt des Deutschlands der zwanziger Jahre. Rudolf war mein ein und alles.» Vertrauen? Das stimmte. Bis an ihr Lebensende waren ihr Mann und ihre Tochter ihre wichtigsten Vertrauten. Jeder Brief, den sie von einem ihrer Liebhaber erhielt, ging durch die Hände Rudolf Siebers, ihres treuen Verwalters von Vermögen und Liebesdingen. Der Mann an ihrer Seite sah seine Aufgabe zunehmend darin, ihr Geld und Privatleben in halbwegs übersichtlicher Ordnung zu halten.

Ihr Ein und Alles? Sicher nicht. Man möge, mit der gebotenen Distanz zu ihrer Tochter Maria Riva, zur Kenntnis nehmen, was diese dazu schreibt: «‹Keine Liebe mehr›, mußte ihr Mann sich sagen lassen. Marlene hatte leidenschaftlichen Romanzen schon immer den Vorzug vor purer Sexualität gegeben. Nur aus ehelichem Pflichtgefühl vermochte sie den Liebesakt zu erdulden. Jetzt diente ihr die vage Ausflucht, das Kind könne Schaden nehmen, als Vorwand, die körperliche Liebe endgültig aus ihrer Ehe zu verbannen.» Sie betrachtete, laut Riva, das Kind «als ihre eigene Schöpfung». «So etwas Gewöhnliches wie männliches Sperma hatte damit nichts zu tun. Sie, nur sie allein hatte dieses Kind nach ihrem Ebenbild geschaffen. Es war ihr Kind, es war das Produkt einer unbefleckten Empfängnis.» Es war Maria, geboren von Maria Magdalena am 13. Dezember 1924.

Anita Berber war frei von komplizierten Verklemmtheiten dieser Art. Sie lebte von einem Tag zum anderen. Geld? Besitz? Eigentum? Egal! Sie war schon immer so, wie die Deutschen in der Inflation erst wurden: Sie gab sofort aus, was sie eben erst eingenommen hatte. Sie war verschwenderisch, aber nicht aus Prasserei, sondern weil ihr das Wort Zukunft vollkommen gleichgültig war.

Anita tanzte. Tanzte sich mit Sacchettos Ballettgruppe durch erfolgreiche Gastspiele in Hannover, Leipzig und anderswo, tanzte solo im Berliner *Apollo-Theater* in der unteren Friedrichstraße, im vornehmen *Wintergarten* am Bahnhof Friedrichstraße, im *Blüthner-Saal*, bei Rudolf Nelson am Kurfürstendamm. Nicht nur dem Modejournal *Elegante Welt* fiel der «eigenartige Reiz» der 18-Jährigen auf: «Von aller Süßlichkeit weit entfernt, wirkt Anita Berber immer ein wenig ‹knabenhaft›, und man möchte ihr wünschen, daß es ihr gelänge, sich diese herbe Schlankheit der Erscheinung und vor allem der Empfindung zu erhalten.» Anita tanzte in Budapest im *Orpheum*, tanzte durch das Kriegsende, die Revolution, tanzte auf der Straße die Marseillaise.

In Budapest ließ sie einen verliebten Kadetten zurück, in Wien die entflammte Gattin eines Oberstleutnants. In Berlin, wieder in der mütterlichen Wohnung, hielt die 19-Jährige die Enge nicht mehr aus. Also beschloss sie zu heiraten – den Herrn von Nathusius. «Das war ein junger, leidlich hübscher Mann», schreibt Lania, «er umwarb sie hartnäckig, besaß etwas Geld, hoffte auf eine reiche Erbschaft. Er machte ganz passable Figur, und man konnte mit ihm ins Ausland reisen. Vor allem: man kam weg von zu Hause.»

Maria Magdalena Sieber erkor nun die Kinderwiege «zum Mittelpunkt der Welt». Marlenes Mutterliebe war tonnenschwer und erdrückte alles, was sich um sie herum bewegte, inklusive des Objekts ihrer Liebe. «Kein Mensch versteht, daß ich an dem Kind so hänge, weil keiner weiß, daß ich sonst nichts habe», heißt es in ihrem Tagebuch von 1926. «Ich selbst erlebe nichts. Als Frau nichts und als Mensch nichts. Das Kind ist unbeschreiblich. Fremde Menschen lieben es und haben Sehnsucht. Es ist der Inhalt meines Lebens.»

Dennoch stand Marlene Dietrich im Herbst 1926 wieder auf der Bühne – diesmal in den Ufa-Filmateliers. *Madame wünscht keine Kinder* war ausgerechnet der Titel des Schwanks, in dem sie wieder eine kleine Nebenrolle spielte. Weitere Mini-Engagements folgten. 1929 schließlich erhielt sie ihre erste große Rolle als *Die Frau, nach der man sich sehnt*, Kurt Bernhardts Verfilmung eines Romans von Max Brod.

«Ob sie nun eine Dame oder eine Dirne, eine Eroberin oder ein Opfer darstellt», schwärmte in seinem Dietrich-Porträt Franz Hessel, der Ehemann von Helen Hessel, sie «verkörpert immer einen allgemeinen Wunschtraum, sie ist … die Frau, nach der man sich sehnt, man, nicht der oder jener, sondern jeder, das Volk, die Welt, die Zeit.» Ein Vamp? «Ach nein», fand Franz Hessel. «Sie ist kein bißchen dämonisch bemüht, alles geht wie von selber. Sie hat eine geradezu unschuldige Art zu verführen. Mag die Situation noch so bedenklich, mag ihr Kostüm noch so frech und herausfordernd sein, sie breitet über Kleid und Welt ihr holdes Lächeln. Darin ist nichts, was erobern oder erobert werden will. Es ist sanftmütig erregend und stillend zugleich … Marlene Dietrich kann lächeln wie ein Idol, wie die archaischen Griechengötter und dabei harmlos aussehn.» Sie sei «die mütterlich gütige Buhlerin», «Gottesgeschenk und Teufelsmesse».

Aber weil sie alles verkörperte, wovon Männer träumen, verkörperte sie schon wieder zu viel, machte sie den Träumenden Angst. Unerreichbar hoch war der Altar, den Franz Hessel und andere für sie errichteten, auf dass sie unantastbar bleibe für ihresgleichen, auf dass keine verbotenen Wünsche erfüllt würden, die den Wünschenden selbst nicht geheuer waren. Franz Hessel über die Unerreichbare: «Und wie Aphrodite aus dem Meeresschaum steigt sie holdselig aus dem Schlamm der Begierden, die zu ihren Füßen stranden …» Die Ekstase des Verzichts ist das Geheimnis der Star-Verehrung.

Die Angebetete hingegen verzichtete manchmal ganz gern auf Männer. Erik Charell hatte sie 1926 aushilfsweise für seine Revue *Von Mund zu Mund* im *Großen Schauspielhaus* am Schiffbauerdamm engagiert, als Ersatz für die erkrankte Erika Gläßner. Claire Waldoff, die Sängerin und fröhliche Lesbe, stand mit auf der Bühne. Jahre später gestand die Dietrich dem Regisseur Billy Wilder in einem Gespräch «unter Männern», es habe ein «erstes Mal» mit einer Frau gegeben. Claire Waldoff habe sie in die lesbische Liebe eingeführt.

Es gab ein erstes Mal in echt und ein zweites Mal im Spiel. Ein Duett mit Margo Lion, in der Revue *Es liegt in der Luft*, geschrieben von Mischa Spoliansky und Marcellus Schiffer, aufgeführt im Juni 1928 am Kurfürstendamm. Margo Lion war eine aparte Erscheinung: exotisch, mit einem dünnen, biegsamen Schlangenkörper und einer langen Nase, angeblich genauso homosexuell wie ihr Ehemann Marcellus Schiffer. «Wenn die beste Freundin mit der besten Freundin …», sangen Margo und Marlene im Duett, und ganz Berlin sang es nach.

Die beiden Sängerinnen hatten Veilchensträuße an ihren Kleidern befestigt, damals Symbol und Erkennungszeichen der Anhängerinnen Sapphos. In ihren Memoiren gibt sich Marlene Dietrich voller Unschuld: Sie habe die Veilchen nur deshalb angeheftet, «um unsere Aufmachung, die ich doch ein wenig zu düster fand, etwas freundlicher zu gestalten». Anderntags las sie in einer Rezension von einem «androgynen Lied», und sie habe nicht gewagt, «Margo Lion um eine Erklärung zu bitten. Sie hätte vielleicht über meine Dummheit und meine Unschuld gelacht … ‹Androgyn!› Ich verstand nicht.»

Anita Berber verstand wohl. «Geschlechtslos» sah sie sich selber, obschon sie doch «alle Geschlechter» in sich habe. Nach zwei Jahren Ehe hatte sie genug von ihrem Mann und zog zu ihrer besten Freundin Susi Wanowski. Laut Leo Lania «endlich eine Frau, die Willen hat und Kraft, der man sich unterwerfen kann», die ihre Managerin wurde, verhandelte, Kontrakte abschloss. Claire Waldoff erwähnt in ihren Memoiren eine Begegnung mit den beiden in der *Pyramide*, einem jener zahlreichen Clubs für lesbische Damen: «Zwischendurch erschienen mit großem Hallo begrüßt die Koryphäen der damaligen Zeit: die hinreißende Tänzerin Anita Berber und Celly de Rheydt und die schöne Susi Wanowski und ihre Korona.»

Celly de Rheydt hieß eigentlich Cäcilie Schmidt und stammte aus Rheydt am Niederrhein. Ihr Ehemann, ein Leutnant der Reserve, machte aus seinem

Pause während der Proben zu Erik Charells Revue **Für Dich** im **Großen Schauspielhaus**, 1925
Foto: Zander & Labisch

Weib eine lukrative Unternehmung und gar bald ein ganzes Nacktballett. Celly de Rheydt samt Truppe trat im *Nelsontheater* am Ku'damm auf, Anita Berber auch. Die Rheydt tanzte *Morphium*, die Berber tanzte *Kokain*. Celly stand im *Schwarzen Kater* in der Friedrichstraße auf der Bühne, Anita nahebei in der *Weißen Maus*. Celly de Rheydt tat sich einen Schleier um, und über Anita Berbers Kostüm, einem einzigen Brillanten in ihrem Bauchnabel, «sprach die halbe Welt», erinnerte sich Journalistin Grete Müller: «Anita stand auf einem Gipfel, umbrandet von Begierde, von Klatsch, vom heißen, künstlich hellen Licht der Nachtlokale.» Ihre Auftritte in der *Weißen Maus* galten jahrelang und kilometerweit, bis nach Paris, als *die* Sensation.

81

«Was interessiert das Publikum?», sang Hermann Vallentin in der *Rampe*, im Kabarett seiner Schwester Rosa Valetti:

«Hunger, Elend, Not von Millionen?
Daß Tausende im Zuchthaus verrecken?
Interessiert das das Publikum?
I wo, der nackte Hintern der Anita Berber,
der interessiert das Publikum!»

Ein jeder war gezwungen, die bloße, entblößte Existenz zu retten. Wozu sparen? Wofür sich selber aufsparen? Gibt es denn morgen noch ein Leben? Anita wurde zum Idol der Inflation, zu ihrer Todesgöttin.

Auch Kurt Tucholsky betrachtete mit distanziertem Amüsement das nackte Treiben. Isadora Duncan hatte schon um 1900 spärlich bekleidet die Schönheit des weiblichen Körpers gepriesen, Olga Desmond sich als griechische Statue gezeigt, Celly de Rheydt und Anita Berber hatten Skandal gemacht, nun glitt auch noch die Schauspielerin Olga Wojan in Frank Wedekinds *Franziska* bar jeder Bekleidung über die Bühne. Genüsslich trug Trude Hesterberg im Kabarett *Schall und Rauch* die Persiflage von Theobald Tiger alias Kurt Tucholsky auf die Nackteinlagen vor:

«Trag du als Iphigenie
Dessous, jedoch recht wenige.
Denn du darfst nicht larmoyant sein,
denn nur so wirst du bekannt sein;
und es jubelt bald das ganze Haus:
Zieh dich aus, Petronella, zieh dich aus!»

Anita Berber zog sich auch für die Kunst aus. 1919 stand sie der Malerin Charlotte Berend Modell, 1925 Otto Dix in seinem Düsseldorfer Atelier. Er malte sie so alt, wie sie nie wurde: ausgezehrt, eingefallen, faltig. Der Mund blutrot, der Teint leichenblass und die Augen todesdunkel. Das Porträt hängt heute in Stuttgart und wird auf mehr als sechs Millionen Mark geschätzt. «Während sich Anita eine Stunde lang schminkte», erzählte Dix' Ehefrau Martha, «trank sie dazu eine Flasche Cognac.» Sie habe sich auch als Hure angeboten: «Wir gingen in Wiesbaden spazieren, und sie nahm jede Gelegenheit wahr. Jemand sprach sie an, und sie sagte: ‹200 Mark.› Ich fand das gar nicht so furchtbar. Irgendwie mußte sie ja Geld verdienen. Die teuren Kostüme waren selbst zu stellen, wenn sie auftrat als Tänzerin. Das konnte ja gar nicht viel einbringen. Die war eben so charmant, so lieb, einfach ganz natürlich und reizend.»

Und wieder sollte Marlene Dietrich im September 1929 in einem Stück nur einen einzigen Satz sagen – charmant, natürlich und reizend. Es war ein Musical, *Zwei Krawatten*, in dem unter anderem die *Comedian Harmonists* und Hans Albers auftraten. Im Publikum saß Josef von Sternberg. Der Hollywood-Regisseur suchte in ganz Berlin nach einer Darstellerin für die Künstlerin Rosa Fröhlich, in die sich Professor Unrat im gleichnamigen Roman Heinrich Manns so heillos verliebte.

Verprellt hatte Sternberg schon Leni Riefenstahl, Brigitte Helm, Phyllis Haver, Lucie Mannheim und weitere Schauspielerinnen, die darauf gehofft hatten, die Künstlerin Fröhlich alias Lola-Lola spielen zu dürfen, die begehrteste weibliche Hauptrolle seit Wedekinds *Lulu*. Verprellt hatte Sternberg außerdem Trude Hesterberg, die damalige Geliebte Heinrich Manns, und mit ihr den Autor selbst. Sie würde so gerne die Künstlerin Fröhlich spielen, vertraute Hesterberg ihrem spitzbärtigen Freund an. Doch Regisseur Sternberg gab Mann zu verstehen, dass er sich für eine andere entschieden hätte. «Darauf nahm der still zuhörende Heinrich Mann schweigend seinen Hut und verließ das Zimmer», erinnerte sich die Diseuse in ihren Memoiren.

Für das Drehbuch hatte Produzent Erich Pommer gleich drei Autoren verpflichtet, Karl Vollmoeller, Robert Liebmann und Carl Zuckmayer. Wie so viele andere behauptete auch Vollmoellers damalige Geliebte Ruth Landshoff, die eigentliche Entdeckerin der Dietrich gewesen zu sein. ««Aus der kannst du alles machen!› sagte ich damals zu Joe von Sternberg», schreibt sie in ihrem Dietrich-Porträt *Engel, Stern und Apfelmus*. Sie habe Marlene Dietrich schon lange gekannt. «Ich hatte sie später noch viel getroffen, einmal im Großen Schauspielhaus, wo sie in den endlosen Korridoren herumirrte auf der Jagd nach der von ihr adorierten Claire Waldoff, und auf Gesellschaften.» Immer wieder habe sie Sternberg auf sie aufmerksam gemacht: «Sie ist noch gar nichts. Sie ist nett. Und nicht arrogant. Auch nicht besonders ehrgeizig … Sie ist Material. Du kannst aus ihr machen, was du willst. Darum ist sie so gut für dich.»

Josef von Sternberg also ging in das Stück *Zwei Krawatten*, um sich das «Material» anzusehen. Und fand das Gesicht, das er gesucht hatte. Dieses Phlegma, diese schläfrige Raubtiergrazie, diese eisgekühlte Unfassbarkeit faszinierte nicht nur ihn. Marlene Dietrich war Soldatendisziplin und Liebeswahnsinn, Kälte und Hitze, Unerreichbarkeit und Verschmelzung. Sie war das denkbar schönste Ziel für alle Wünsche und alle Ängste vor diesen Wünschen, für alle wilhelminische Ambivalenz und Doppelmoral. Aufgrund dieser Fähigkeit wurde sie von jedermann und jederfrau verehrt, von den Sinnenfreunden und Körperfeinden, von den Linken, den Liberalen und selbst den immer stärker werdenden Nazis.

Als Josef von Sternberg sie in sein Büro bestellte, stieß er von neuem auf diese seltsame Abgewandtheit, die «das Fräulein Dietrich» in seinen Augen umso interessanter machte. Sie habe «nicht den schüchternsten Versuch» unternommen, erinnerte er sich, sein Interesse zu erregen. «Sie saß in einer Sofaecke vor meinem Schreibtisch, hielt ihre Augen niedergeschlagen und bot ein Musterbeispiel an Apathie.» Mit Erstaunen nahm Marlene Dietrich die Ausführungen des Regisseurs zur Kenntnis, dass es sich nicht etwa wieder um eine kleine Nebenrolle, sondern um die Hauptrolle im *Blauen Engel* handele. «Ich machte ihn darauf aufmerksam», so die Dietrich in ihren Erinnerungen, «daß ich nicht fotogen war (davon hatten mich meine wenigen Filmrollen überzeugt), und schlug ihm vor, sich eine andere Schauspielerin zu suchen.» Das wiederum war für Sternberg «eine neue Erfahrung. Noch nie hatte jemand, dem ich eine Rolle angeboten hatte, daraufhin versucht, mich von seinen Fehlern zu überzeugen.»

Der Regisseur bat sie, Probeaufnahmen machen zu dürfen. «Ich wurde aufgefordert», so die Dietrich, «auf das Klavier zu steigen, einen meiner Strümpfe bis zum Knöchel herunterzurollen und ein Lied zu singen, dessen Noten ich eigentlich hätte bei mir haben sollen. Ich hatte aber keine mitgebracht. Ich würde die Rolle ja doch nicht kriegen, wozu also ein Lied mit mir herumtragen?» Sternberg, sehr geduldig, bat sie zu singen, was sie wolle. Sie entschied sich für *Cream in My Coffee*, zog noch einmal an ihrer Zigarette, legte die Kippe auf den Klavierdeckel. Der arme Pianist kannte den Song nicht und haute daneben. Mit zusammengekniffenen Augen blickte sie ihn an: «Soll Musik sein, ja? Noch mal.»

Wieder lauter Misstöne.

«Mensch, was fällt dir eigentlich ein? Soll das Klavierspielen sein? Zu dem Dreck soll ich singen? Ja, auf dem Waschtrog, aber nicht hier! Verstehste? Dussel!»

Sie war majestätisch vulgär und Sternberg hellauf begeistert. Sie hatte die Rolle.

Sie wusste es noch nicht. Aber Komponist Friedrich Hollaender wusste es, als er sie spätabends in der *Silhouette* in der Schöneberger Geisbergstraße traf. Hollaender sah «zwei Fragezeichen in ihren verängstigten, weit aufgerissenen Augen». Er sagte es ihr, und «sie bestellte so viel Champagner, daß man darin hätte baden können».

Auch Anita Berber war ins Filmgeschäft eingestiegen. 1918 schon spielte sie die Tänzerin Grisi im Stummfilm *Dreimäderlhaus*, einem um das Leben Franz Schuberts herumgebauten Liebesschwänkchen. Regisseur war Richard Oswald. Ursprünglich selber Schauspieler, schuf der vor Produktivität strotzende Oswald in zwanzig Jahren an die hundert Filme und zog sich mit seinen Milieustudien, seinen pazifistischen und sexualaufklärerischen Streifen einen Haufen Ärger mit deutschnationalen Kreisen zu. Immer wieder forderten sie das Verbot seiner Filme, immer wieder auch erfolgreich, so bei *Dida Ibsens Geschichte* mit Anklängen an Marquis de Sades Schriften, in der Anita Berber die Dida spielte. Für die Nazis galt der Jude Oswald später als Musterbeispiel für das «jüdische Gift der Zersetzung».

Im Aufklärungsfilm *Die Prostitution* mimte Anita Berber die Prostituierte Lona, die von einem Freier umgebracht wird. In der Rahmenhandlung klagt eine übereifrige Staatsanwaltschaft die «Prostitution» vor einem Weltgericht an, und tatsächlich beschlagnahmte auch in realiter eine übereifrige badische Staatsanwaltschaft die Filmkopien. Im Abspann spricht das Weltgericht «die Prostitution» frei, in der Realität erhielt Oswald eine Anzeige wegen «Verbreitung unzüchtiger Schriften».

Richard Oswald jedoch machte weiter wie bisher. Sein 1919 gedrehter

Streifen *Anders als die Andern*, so melodramatisch er heute anmuten mag, war ein Pionierwerk, der erste Film über die damals noch strafrechtlich verfolgte männliche Homosexualität, und Anita Berber wirkte mit.

Die Geschichte: Ein Geigenvirtuose und sein junger Eleve empfinden zarte Zuneigung füreinander. Weil der homosexuelle Akt damals nach Paragraph 175 Strafgesetzbuch verboten war, werden sie, wie seinerzeit viele Schwule, erpresst. Der Virtuose zeigt den Erpresser wegen seiner Geldforderungen an und dieser wiederum den Musiklehrer wegen «Unzucht». Beide werden verurteilt. Der Geigenlehrer nimmt Gift. Verachtungsvoll wendet sich seine Familie vor dem Sarg von seinem herbeieilenden Geliebten ab. Nur dessen Schwester Else, gespielt von Anita Berber, hält treu zu ihm. Else, früher in den Geigenlehrer verliebt, ist mittels eines Vortrags von Magnus Hirschfeld über das «Anderssein» aufgeklärt worden. «Anders», so werden Else und die Kinobesucher belehrt, waren auch Friedrich der Große und Ludwig II. von Bayern. Über ihren und vielen anderen Männerköpfen sieht man das Damoklesschwert des Paragraphen 175 hängen.

Der Film des Oswald-Kolle-Vorgängers löste einen Sturm der Entrüstung aus. In Wien, München, Stuttgart wurde er verboten. Ausgerechnet die Sozialdemokraten schwangen sich zu Rettern der «öffentlichen Moral» auf und beantragten im Berliner Reichstag die Verstaatlichung der Filmindustrie. Die Abgeordneten entschieden 1920 mehrheitlich dagegen, aber für die Wiedereinführung der in der Novemberrevolution gerade erst abgeschafften Zensur. *Anders als die Andern* wurde verboten und eingezogen, auch seine Wiederauflage im Jahre 1927 wurde beschlagnahmt. Er musste viermal die Zensur passieren und wurde erst nach radikalen Schnitten freigegeben.

Anita Berber war auch danach immer wieder in Oswald-Filmen zu sehen: als Hure, Burgfräulein oder in der Hosenrolle eines weiblichen Gangsterbosses. In Fritz Langs *Dr. Mabuse, der Spieler* wirkte sie als Tänzerin mit: «Ein Nachtlokal wurde eröffnet. Auf die leere, spiegelglatte Tanzfläche wirbelte ein Girl im Smoking, steppte blendend und verschwand wieder. Der Tanz war so schmissig und tempohaft, daß die kleine, funkelnde Episode mehr Leben und Bewegung zu haben schien als der ganze übrige Film. Das Girl im Smoking war Anita Berber», erinnerte sich 1928 Walter Kaul wehmütig im *Reichsfilmblatt*.

Wehmütig, weil es ein Nachruf war, den er da über eine in seinen Augen einmalige Filmbegabung zu schreiben hatte. Der Filmkritiker glaubte, sie sei «im Grunde ein einfaches Mädchen» gewesen, «das von dunklen Lebensgestalten und Mächten gehetzt und getrieben wurde, die sie nie beherrschte, wie sie es sich und anderen auch vorgegaukelt haben mag. Sie war nie die große Lebenskünstlerin, die sie sein wollte, und erlag diesen dunklen Gewalten und Mächten früh.»

Das mag stimmen – oder auch nicht. Wollte Walter Kaul hier in aller Gutmütigkeit das Klischee vom lieben unschuldigen Mädchen retten? Was waren denn die «dunklen Gewalten»? Die Trunksucht, die Drogensucht oder gar – schlimmste aller Vermutungen – die Sexsucht? Anita Berber lebte eine so freche, so radikale erotische Freiheit, wie es auch im toleranten Berlin kaum eine zweite Frau wagte. Einem Dandy mit ähnlichen sexuellen Gewohnheiten hätte man nicht abgesprochen, ein Lebenskünstler zu sein.

«Anita Berber hatte ein tolles Temperament», bestätigte die Schauspielerin Maria Merlott, «war großartig gewachsen, dabei blitzgescheit und voll ausgefüllt mit ihrem Leben.» Sie erinnere sich an einen gemeinsamen Besuch in der *Königin-Bar* am Kurfürstendamm, die dem Schwiegersohn des sozialdemokratischen Politikers Philipp Scheidemann gehörte. «Mehrere junge Offiziere führten am Tresen ein lautes Gespräch, um ihr zu imponieren. Da sagte Anita mit ihrer tiefen und rauhen Stimme: ‹Seid ruhig. Ich schlafe ja doch mit jedem von euch!›»

Anita Berber stand außerhalb jeder Kontrolle – ihrer eigenen und der anderer Leute. Sie war berüchtigt für ihre Unpünktlichkeit und Unzuverlässigkeit, sie machte Schluss mit jeder preußischen Disziplin, bis die Filmregisseure und Theatermanager an ihr verzweifelten. So manches Mal fiel ein Auftritt aus, weil sie betrunken war oder vom Rauschgift benebelt. Sie lebte alles aus, was ihr in den Sinn und den Weg kam, jede Liebschaft, jede Aggression, jede Sucht. Rudolf Forster erinnerte sich daran, wie er in Wien einmal eine Filmszene mit ihr drehen sollte: «Über die hohe Treppe wurde sie ins Atelier hinaufgetragen, wie ein Schwein geschultert, vollkommen bewußtlos, dürftig bekleidet, ihr Kopf baumelte hin und her.»

Die unbeherrschte, unbeherrschbare Berber war der Kontrapunkt zur disziplinierten Dietrich. Marlene Dietrich verkörperte Unzucht und Ordnung,

Anita Berber Unzucht und Unschuld. Ihre Nacktheit war unbekümmert, unverklemmt, unschuldig. Sie war Reinheit und Laster, Naivität und Erfahrenheit, Mädchen und Dämon. Aber anders als Marlene Dietrich schaffte es Anita Berber nicht, in der Widerspiegelung von fremden Wünschen und Ängsten die Balance zu halten. Für die einen war sie der Gipfel der Verkommenheit, für die anderen ein kleines Mädchen, das «dunklen Gewalten» erliegt. Sie wurde von ihrem Publikum gespalten, weil kaum jemand sie in Gänze aushielt. Sie sich selber wohl auch nicht.

Am 4. November 1929 begannen auf dem Ufa-Gelände in Babelsberg die Dreharbeiten für den *Blauen Engel*. Regisseur Josef von Sternberg hatte sehr genaue Vorstellungen, wer wo wie auftreten, sich bewegen, singen sollte, und Marlene Dietrich dankte es ihm: «Ich habe mich immer sehr gerne führen lassen. Nichts ist angenehmer, als zu wissen, was von einem erwartet wird, im Leben, bei der Arbeit und in der Liebe.» Friedrich Hollaender komponierte die Songs, mit denen die Dietrich ihre Weltkarriere eröffnete. «Ich bin die fesche Lola», sang Marlene als «Liebling der Säsong», angetan mit weiblichem Spitzenhöschen und männlichem Zylinder, aber ich such mir meine Geliebten selber aus wie ein Mann. Wer das nicht akzeptiert, wer mich befingert, dem hau ich auf die Finger und tret ihm gegen das Schienbein. Da war sie, die freche Erotik, die die Dietrich endgültig zur Verkörperung der «Neuen Frau» der zwanziger Jahre machte, zum Sinnbild selbst bestimmten weiblichen Begehrens, dem nicht nur ein Professor Unrat zum Opfer fiel.

Rittlings saß sie auf einem Stuhl, Hut, Korsage, kniehohe schwarze Seidenstrümpfe, Stöckelschuhe – nichts passte und alles war perfekt. In aggressiver Passivität, in herausfordernder Trägheit intonierte sie jenes Lied, das zum berühmtesten aller ihrer Filmlieder werden sollte: «Ich bin von Kopf bis Fuß auf Liebe eingestellt …»

«Na, wenn du das singst, Mädchen», entschlüpfte es bei der ersten Probe dem Schauspielstar Emil Jannings, der für seine Rolle als Professor Unrat ein Vielfaches von Marlene Dietrichs Gage erhalten hatte, «dann bin ich ja wohl abgemeldet.»

Auch Regisseur Sternberg ahnte, wie Recht Jannings behalten sollte. Nach Marlenes Song ließ er ungefähr eine Viertelminute Schwarzfilm einkleben, um den Zuschauern Gelegenheit zum Szenenapplaus zu geben. Der eitle Jannings, als er von dem Schwarzstück erfuhr, verlangte tobend dessen Entfernung, einer von Sternbergs Mitarbeitern soll sich deshalb eine saftige Ohrfeige von ihm eingefangen haben. Am Premierenabend war die Filmpause immer noch drin, doch sie reichte nicht für den lang anhaltenden rauschenden Beifall.

Mit dem *Blauen Engel* war Marlene Dietrich, das Mannweib, das so unvergleichlich dragonerhaft über die Bühne stolzieren konnte, auch zum Idol der lesbischen Welt geworden. Es habe damals einen Trend gegeben, sich wie die Dietrich anzuziehen und sich Marlene zu nennen, erinnerte sich eine Zeitgenossin.

Auch Anita Berber war ein Star geworden, auch sie prägte die Mode. Nachdem sie im *Nelsontheater* am Kurfürstendamm in einem Smoking einen Shimmy getanzt hatte, wurde der Smoking in Frauenkreisen schick. «Eine Zeitlang machten ihr in Berlin die mondänen Weiber alles nach. Bis aufs Monokel. Sie gingen à la Berber», berichtete Siegfried Geyer.

Fast vom Fleck weg heiratete die Berber den Mann, den sie nun kennen lernte, der sich Sebastian Droste nannte und in Celly de Rheydts Nacktballett als Tänzer aufgetreten war. Leo Lania lässt kein gutes Haar an ihm: Ein Hochstapler, eine Hülle ohne Inhalt sei er gewesen. Willy Knobloch mit echtem Namen, Sohn eines Strumpfwarenfabrikanten, egoistisch, berechnend, bar aller starken Gefühle. Als Droste Berber kennen lernte, habe er sofort gespürt, welche einmalige Chance er damit in den Händen hielt. Er habe sich vorgenommen, sie zu leiten, zu führen, sie mitzureißen, indem er selbst dabei unbeteiligt blieb. Alles, was in Anita echt war, Gefühl, Leidenschaft, kalte Wut, habe er rücksichtslos herausgeholt, um daraus Sensationen zu formen, Skandale zu provozieren. Und: Droste schwebte in derselben geschlechtlichen Zwischenwelt wie sie. «Er war mehr oder weniger als ein Mann, mehr oder weniger als eine Frau – anders. Also war er der beste Gefährte auf der Flucht in die Welt des Nebels, des Dämmers, der halben Erfüllungen und der ganzen Illusionen.»

Sie erfanden die *Tänze des Lasters, des Grauens und der Ekstase*, sie tanzten dem Publikum inmitten der Inflation 1922 die eigene Todessehnsucht, die eigenen Untergangsphantasien vor: *Der Gehenkte und die Lasterhafte*, *Die Leiche am Sezier-*

tisch, *Haus der Irren*, *Byzantinischer Peitschentanz* oder *Die Mondsüchtige und der Sträfling* waren einige Szenen ihres Repertoires.

Auch Fred Hildenbrandt, der Feuilletonchef des *Berliner Tageblatts*, dessen arrogante Selbstherrlichkeit Gabriele Tergit so abgeschreckt hatte, beschaute sich wollüstig schaudernd die Darstellungen von Droste, Berber und ihrer totenbleich geschminkten Mädchentanzgruppe in der *Weißen Maus*. Das morbide Knochengeklapper fand er «im Grunde erträglich». Aber, rechtfertigte er sich in seinen Erinnerungen, «wahrscheinlich hauste auch in uns der Hang zum Obskuren und sogar zum Obszönen, der bei jedem Manne tief in einem verborgenen Schacht seines Wesens, wohl behütet und strengt bewacht bei den meisten, ruht und lauert».

Die Männer wollten sich amüsieren, aber Anita Berber wollte ernst genommen werden. Jede Störung nahm sie übel, obszöne Witze beantwortete sie mit Beleidigungen. Selten dauerte es lange, bis sie nach der nächstbesten Flasche griff und sie dem nächstbesten Gast über den Kopf hieb, bis das gesamte Lokal von Geschrei, Gelächter und Gezeter erzitterte.

Der Kabarettbesitzer Peter Sachse bat deshalb Hildenbrandt um einen Vermittlungsversuch: «Red du ihr mal zu, sie soll den Radau unterlassen. Du bist von der Presse, auf dich hört sie vielleicht.» Fred Hildenbrandt spazierte in ihre Garderobe. «Sie begann, sich unbefangen zu entkleiden. Ohne Wandschirm. Sie war wunderbar gebaut. Breite schneeweiße Schultern, starre Brüste mit großen dunklen Höfen, die Hüften waren eine wundervolle Rundung, die Schenkel schön gewölbt, die Formen der Beine untadelig.» Hildenbrandt aber betrachtete sie «gleichgültig. Sie war für mich ohne sinnlichen Zauber.» Er redete ihr zu, die Gäste nicht so scheu zu machen: «‹Steh über den Dingen, wenn du weißt, was ich meine.›

‹Sie sind ja gar kein Journalist›, sagte sie kindlich, ‹Sie sind ja ein Psychoanalytiker. Ich weiß genau, was mit mir los ist. Ich bin verkommen. Ich schnupfe Kokain. Ich habe schon entzündete Nasenflügel davon, sehen Sie her.›

Anita Berber und Sebastian Droste in ihrem Tanz **Märtyrer**, 1922
Foto: Madame d'Ora

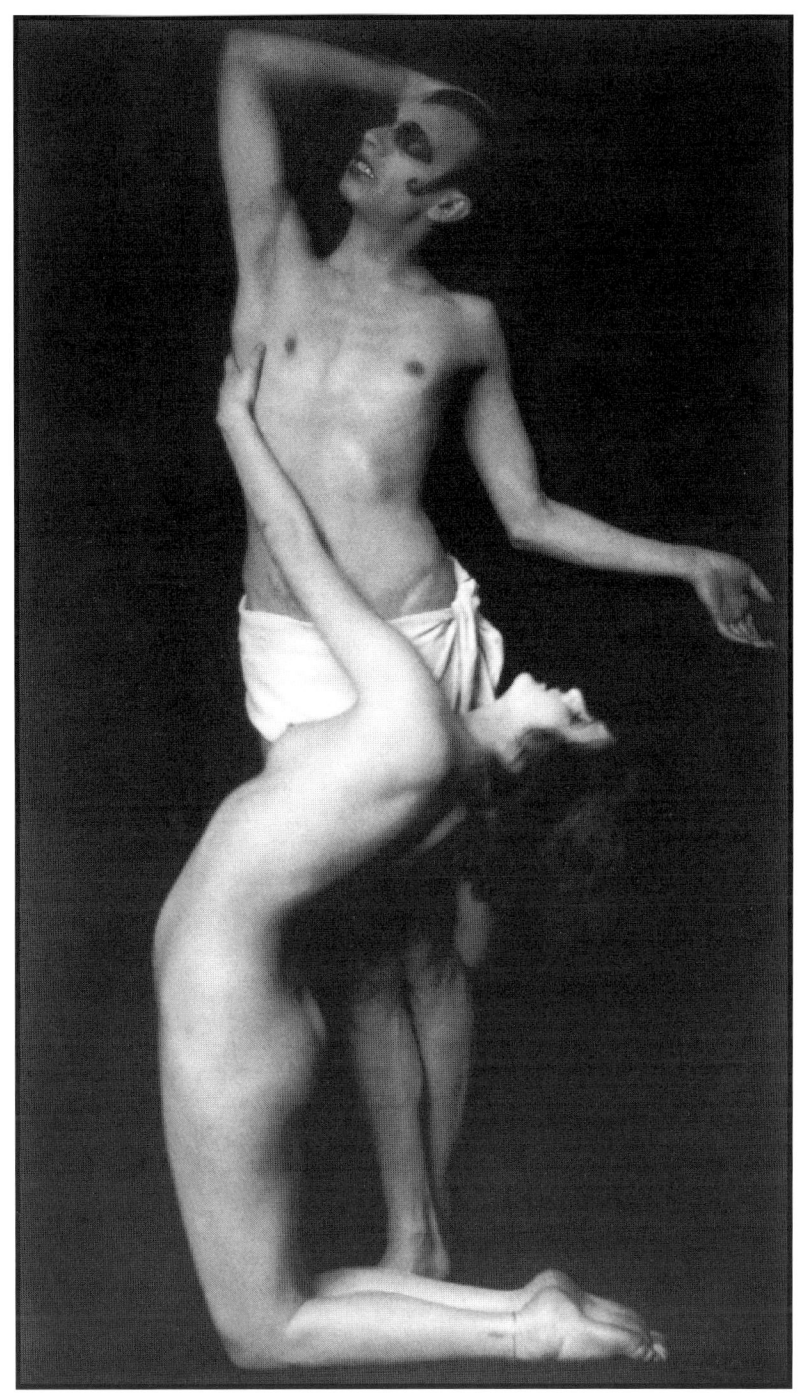

‹Schnupfe ruhig›, sagte ich, ‹aber laß es dir die Vorführung nicht verderben.›

‹Die Vorführung›, wiederholte sie träumerisch. ‹Die Vorführung ist mir Ernst. Ich habe das mit den Mädels lange einstudiert. Wir tanzen den Tod, die Krankheit, die Schwangerschaft, die Syphilis, den Wahnsinn, das Sterben, das Siechtum, den Selbstmord, und kein Mensch nimmt uns ernst. Sie glotzen nur auf unsere Schleier, ob sie nicht darunter etwas sehen können, die Schweine.›»

Anita Berber schminkte sich. «Wenn du willst, kannst du mit mir schlafen», bot sie dem Journalisten angeblich an. Er aber lehnte ab und ermahnte sie, «nicht jeden Abend bei jedem Zwischenruf eines Idioten mit Sektflaschen zuzuschlagen».

Eine Stunde später aber sei genau dasselbe wieder passiert. «Es war Anitas letzter Abend. Peter Sachse entließ sie fristlos.»

Die Tumulte in der *Weißen Maus* waren nur Vorspiel für den noch größeren Skandal um das skandalöse Paar in Wien. Im November 1922 hielten Berber und Droste dort ein Gastspiel ab und traten bei einem «Einzigen Tanz-Abend» auf. Die ausverkaufte Vorstellung wurde zur Sensation des Winters. Am nächsten Tag wurde der immer klamme Droste bei einem bekannten Juwelier vorstellig. Unter Berufung auf seinen angeblichen Freund, den Prinzen Taxis, lieh er sich 50 Millionen Kronen. Doch die Unterschrift war gefälscht. Die Sache flog auf, der Hochstapler wurde verhaftet, dann zwar wieder freigelassen, sollte aber nach Regelung seiner Schulden – 200 Millionen Kronen – am Ende des Monats aus Österreich ausgewiesen werden.

Anstatt wie vorgesehen seine Schulden im *Ronacher Theater* einzuspielen, trat Droste aber mit seiner Frau gleichzeitig in anderen Theatern auf. Neuerlicher Krach. Die Berber wegen Vertragsbruchs drei Tage in Arrest. Danach Droste verhaftet: 70 000 Lire, 200 Millionen Kronen und kostbaren Schmuck sollte er zwei Gräfinnen gestohlen haben.

Berbers Ehegespons wurde abgeschoben und reiste nach Budapest. Die *B. Z. am Mittag*, die wie die gesamte Presse über die Skandalnudelei rege berichtet hatte, schrieb Anfang 1923 über Berbers letzten Auftritt im *Tabarin*, Anita Berber habe bei ihrem Abschied von dort noch «als Faustkämpferin debütiert». Mit Hilfe von Bekannten habe sie versucht, Kleider und Wertsachen, die sie als Pfand hinterlegt hatte, aus dem Etablissement herauszuschmuggeln, darunter auch die Handtasche der Gräfin, die ihr Mann hatte mitgehen lassen. Als der Portier sie anhielt, habe sie ihm mit der Faust ins Gesicht gehauen. Der Getroffene habe zurückgeschlagen. «Es kam zu einer Raufszene, an der sich schließlich Kellner und Gäste beteiligten, die sich auf die wütend um sich schlagende Tänzerin stürzten.» Anita Berber wurde laut Lania «nicht unerheblich verletzt» und «halb bewußtlos in das Auto getragen».

Am nächsten Tag erschienen zwei Polizeibeamte und überreichten ihr die Ausweisung. «Aus Trotz trat sie den Männern ganz nackt entgegen», schreibt Lania, «was auf diese zwar sichtlich Eindruck machte, aber sie nicht von der Durchführung ihrer Pflicht abhielt.» Sie tobte, sie zerriss die Ausweisung und drohte, sie als Klopapier zu benutzen. Die Beamten waren auf den Wahrheitsbeweis nicht neugierig und gewährten ihr eine Ausreisefrist von drei Tagen.

Anita Berber folgte ihrem Gemahl nach Budapest, einige hundert Millionen Kronen Schulden blieben zurück. Wieder in Berlin, wandte sie sich erneut ihren lesbischen Leidenschaften zu, während ihr Mann sich den in der Inflationszeit sehr populären Schiebergeschäften widmete. Doch eines Tages war er verschwunden. Mitsamt allen kostbaren Ringen, Perlen und Armbändern Anitas. Mitsamt dem Meißner Porzellan und dem Schmuck von Geschäftsfreunden. Während Berber noch vor Wut tobte, spazierte Droste bereits an Deck jenes Schiffes, das ihn nach New York bringen sollte.

Glaubt man dem Schriftsteller Lania, war Sebastian Droste zwar ein verdammter Nichtsnutz, aber als Hochstapler unübertroffen. Kaum in Amerika angekommen, war er schon Baron. Gar bald galt er als der bestangezogene junge Mann der New Yorker Boheme, wurde Korrespondent der B. Z. am Mittag, ehelichte nacheinander Mae Murray, Pola Negri und Gloria Swanson, bis er 1926 nach Hamburg zurückkehrte und dort an der Schwindsucht starb.

Anita Berber ließ sich scheiden und zog wieder zu ihrer Mutter in die Zähringer Straße 13. In den fünf Zimmern wohnten jetzt nicht nur Lucie Berber, Oma Elise Thiem, Tante Else und Anita, sondern auch Susi Wanowski, ihre Freundin und Managerin, und das Ehepaar Grünbaum. Der Jude Fritz Grünbaum, ein kleiner, witziger, überaus beliebter Conférencier, starb später in einem KZ.

Doch auch im Mutternest und am Freundinnenbusen hielt sie es nicht lange aus. Sie sah den hoch begabten Tänzer Henri Châtin-Hofmann im *Blüthner-Saal* auftreten, einen frischen, lachenden amerikanischen Boy, und war hin und weg. Zwei Wochen später heiratete sie ihn.

Die Dinge wiederholen sich bekanntlich, das erste Mal als Tragödie, das zweite Mal als Farce. Wieder trat sie mit ihrem Mann gemeinsam auf, in Berlin, Breslau, Leipzig, Hamburg, wieder gab es ständig Krach, Stunk, Streit, weil der Beifall zu schwach gewesen war oder sich jemand an die Tänzerin herangemacht hatte. «Anita trat nackt vor den Vorhang und schüttete ganze Kübel solcher Schimpfworte ins Parkett, daß das Publikum unter Johlen und Pfeifen den Saal räumte, indes Herr Henri in irgendeinem Winkel mit einem unbotmäßigen Bewunderer einen Boxkampf austrug», schreibt Lania.

1924 lernte der kaum 18-jährige Klaus Mann das Skandalpaar in einer Bar kennen. «Achtzehnjährige erschüttert ein solches geschminktes Gesicht», schrieb er sechs Jahre später in der Zeitschrift *Die Bühne* über die Berber. Es «war eine düstere und böse Maske. Der stark geschwungene Mund, den man sah, war keineswegs ihrer, vielmehr ein blutigrotes Machwerk aus dem Schminktöpfchen. Die kalkigen Wangen hatten violetten Schimmer. An den Augen mußte sie täglich eine Stunde mindestens arbeiten.» Sie habe ununterbrochen geredet und ununterbrochen gelogen, sie habe Kokain genommen und auch ihm welches angeboten. «Henri döste irgendwo im Hintergrund.»

Er sei dann ziemlich oft mit den beiden zusammen gewesen. «Ich wurde mit dem Schicksal dieser rabiaten Frau und ihres sanfteren Gefährten vertrauter. Sie stand, von ihrer Legende umwoben, inmitten einer grauenhaften Einsamkeit. Um sie war eiskalte Luft. Um nicht zu erstarren, trieb sie es immer radikaler. Alles wurde zum Skandal um sie herum.» Aber nicht nur den Skandal habe sie gebraucht, sondern «auch die körperliche Gefahr. Auf der Straße biß sie einer Dame, die mit dem Finger nach ihr deutete, beinahe den ganzen Finger ab.»

Ein letztes Mal habe er die beiden in Magnus Hirschfelds *Institut für Sexualwissenschaft* getroffen, wo sie in einem Privatzimmerchen Zuflucht gefunden hatten. Anita ungeschminkt, verquollen, mit blauem Auge. «‹Ich habe gestern ein bißchen mit Henri getrunken›, erzählte sie uns unverdrossen.

Wahrscheinlich war dabei wieder mit Geschirr geworfen worden.» Der schwule Hirschfeld und die bisexuelle Berber hätten nicht nur platonischen Kontakt gehabt, berichtete später Charlotte Wolff unter Berufung auf Hirschfelds Sekretär Günter Maeder. Der Sexualforscher habe «kraftvolle» Frauen bewundert.

Anita Berber jedoch war gar nicht mehr kraftvoll. Und den letzten Rest ihrer Lebensenergie schien sie nach einem Zusammentreffen mit ihrem Vater verloren zu haben. Zufällig war sie im Sommer 1927 in München eines Plakates gewahr geworden, das einen Auftritt des Geigenvirtuosen ankündigte. Sie besuchte das Konzert und hinterher seine Garderobe. Sie traf auf einen sehr geschäftigen, höchst abweisenden Herrn. Sie nannte ihren Namen, und der Mann im Festanzug kehrte ihr den Rücken. Er bitte das Fräulein, seine Räumlichkeiten zu verlassen. Er sei nicht zu sprechen. Wortlos ging sie hinaus. Weinte die ganze Nacht, weinte um den endgültig verlorenen Vater. Packte ihre Sachen und floh mit Henri aus Deutschland Richtung Naher Osten.

Ein Jahr lang tanzten sie durch die Nachtlokale von Athen, Kairo, Bagdad, Beirut, Damaskus. Es war in Syrien, dass sie plötzlich noch einmal mit aller Kraft leben wollte. Sie erklärte ihrem Mann, nie wieder einen Tropfen Alkohol trinken zu wollen. Niemals mehr. «Sie, die Jahre hindurch allabendlich ganz allein eine Flasche Kognak auszutrinken pflegte», berichtet Lania, «entschloß sich von einem Tag auf den anderen zur vollkommensten Abstinenz.» Aber ihr Körper machte nicht mit. «Geschwächt durch das tropische Klima, stark mitgenommen durch einen Ausflug in die Berge, auf dem sie in eiskalter Nacht im Freien kampiert hatte, vertrug der jahrzehntelang so mißhandelte Organismus die radikale Entziehungskur nicht mehr. Eines Abends – es war der 13. Juli 1928 –, genau ein Jahr nach ihrer Abreise aus Europa, brach sie auf der Bühne zusammen.» Der herbeigeholte Arzt diagnostizierte «galoppierende Schwindsucht». War das das tödliche Erbe von Sebastian Droste gewesen, den die Krankheit schon vor ihr dahingerafft hatte?

Anita Berber reiste zurück, Richtung Europa, Richtung Berlin. Per Auto durch die Wüste, per Eisenbahn und Schiff. Immer wieder musste sie, krank, erschöpft, fiebernd, eine Pause einlegen. In Prag ging dem Ehepaar das Geld aus, die Fahrkarte bis Berlin war nicht mehr zu bezahlen. Freunde organisierten eine Sammlung, um sie heimzuholen. Im November 1928 wurde sie, zum

Skelett abgemagert, ins Bethanien-Krankenhaus in Berlin-Kreuzberg eingeliefert. Ihre letzten Getreuen versammelten sich um sie, begleiteten sie in ihrer Sterbewoche. Sie hustete, sie betete, sie litt entsetzliche Schmerzen und schrie nach Morphium.

Am Abend des 10. November 1928 war Anita Berber tot.

Auch Marlene Dietrich wurde in die Ferne gelockt. Der *Blaue Engel* war abgedreht und wurde gerade geschnitten, als sie im Januar 1930 ein Telegramm der Paramount-Filmgesellschaft in Hollywood erhielt. «Würden uns freuen», hieß es darin, «Sie in die glanzvolle Reihe der Paramount-Schauspieler aufnehmen zu dürfen stop Bieten Siebenjahresvertrag mit Anfangsgage von fünfhundert Dollar die Woche mit Steigerung bis zu dreitausendfünfhundert Dollar die Woche im siebten Jahr.»

Zuerst wollte sie nicht. Das Kind, was sollte mit dem Kind geschehen? Doch ihr Mann, inzwischen schon mit seiner Lebensgefährtin Tamara Matul zusammen, redete ihr gut zu. Das Kind habe doch ihn und Tamara und das Kindermädchen. Und sie eine einmalige Chance. Marlene Dietrich, ihrerseits inzwischen mit Josef von Sternberg liiert, ließ sich überreden. Ende März 1930 packte sie ihre Koffer.

Am Abend des 1. April fand im *Gloria-Palast* am Kurfürstendamm die Premiere des *Blauen Engel* statt. Kaum war der Film zu Ende, rief donnernder Applaus die Mitwirkenden vor den Vorhang. Marlene, in weißem Abendkleid und Pelzmantel, erstrahlte im Blitzlicht der Fotografen, nahm Buketts entgegen, genoss, sich verbeugend, den Jubel des Publikums. «Marlene! Marlene!», jubilierte die Menge ein ums andere Mal. Die Begeisterungsstürme hallten hinaus bis auf den Ku'damm, Autofahrer bremsten und wunderten sich. Emil Jannings, der von Marlene Dietrich entthronte Star, war wie betäubt.

Direkt nach der Premiere brachten sie ihre Freunde zum Zug nach Bremen, von wo sie in einem Passagierdampfer gleichen Namens Richtung Amerika reisen sollte. Sie habe einen Veilchenstrauß am Schoß getragen, behauptete die sie begleitende Ruth Landshoff später, und sei ihr im letzten Moment schluchzend um den Hals gefallen.

Kinder oder keine

Die neuen Freiheiten und ihre Grenzen

Institut für Sexualwissenschaft

Dr.-Magnus-Hirschfeld-Stiftung

Vier Mütter, sechs Söhne, dreimal ein Peter. 1928 im *Café Jädicke* hätten Helen Hessel, Vicki Baum, Gabriele Tergit und Dinah Nelken feststellen können, dass sie allesamt erfolgreiche Autorinnen und Mütter von Söhnen waren. Helen Hessel, damals 42, hatte einen 14-jährigen Ulrich und einen 11-jährigen Stephan, Vicki Baums Söhne Wolfgang und Peter waren elf und acht, Gabriele Tergit war mit 34 gerade erst Mutter eines kleinen Peter geworden, und die 28-jährige Dinah Nelken hatte schon einen neunjährigen Peter.

Sie alle waren bewusst und freiwillig Mutter geworden – eine Wahl, die ihren Vorfahrinnen in dieser Weise noch nicht freigestanden hatte. Der weibliche Eisprung war zu Beginn des 19. Jahrhunderts entdeckt worden, und erst um 1875 konnte man unter dem Mikroskop die Verschmelzung von Ei und Sperma beobachten. Die genauere Kenntnis des Zeugungsvorgangs ermöglichte nicht nur dessen Verhütung, sondern auch die zunehmende Trennung von Sexualität und Kinderkriegen. Diese Trennung wiederum war eine unabdingbare Voraussetzung dafür, dass sich seit Anfang des 20. Jahrhunderts dem weiblichen Geschlecht völlig neue Wahlmöglichkeiten boten: Kinder oder keine, Ehe oder nicht, Treue oder sexuelle Libertinage, Hetero- oder Homosexualität.

Im Dienste dieser neuen Freiheiten stand die ebenfalls neue Sexualwissenschaft, deren Zentrum in der deutschen Hauptstadt lag. Iwan Bloch hatte diesen Begriff 1906 in einem Aufsatz geprägt, 1913 gründete er zusammen mit dem jüdischen Arzt Magnus Hirschfeld die *Gesellschaft für Sexualwissenschaft*. Neben der weltweit ersten Gesellschaft entstand 1919 das weltweit erste *Institut für Sexualwissenschaft*, das Hirschfeld im Berliner Bezirk Tiergarten eröffnete.

Dort war auch Helene Stöcker tätig, die in Bern als erste deutsche Frau den Doktortitel der Philosophie erworben und schon 1893 das Recht der Frau auf Selbstbestimmung über ihren Körper, «ihr Recht auf Freiheit und ihr Recht auf Liebe» proklamiert hatte.

In den zwanziger Jahren wurde die Sexualwissenschaft – nicht zuletzt dank ihrer «Eltern» Hirschfeld und Stöcker – zur Massenbewegung für Sexualreform mit reichsweit zwischen 110 000 und 150 000 Mitgliedern. Der von Stöcker mitgegründete *Bund für Mutterschutz und Sexualreform*, die *Gesellschaft für Sexualreform*, der *Reichsverband für Geburtenregelung und Sexualhygiene* und andere Organisationen betrieben mehr als 400 Sexualberatungsstellen in Deutschland, davon fast 40 in Berlin, hat Kristine von Soden in ihrem Buch *Die Sexualberatungsstellen der Weimarer Republik* gezählt. Verhütung, Abtreibung, uneheliche Kinder, Prostitution, Homosexualität – alle Fragen, die jahrhundertelang unterdrückt worden waren, brachen sich Bahn. Die gesamte Nation diskutierte sie, je nach Standpunkt leidenschaftlich oder wütend, mit ungeheurem Nachholbedürfnis oder auch mit moralinsaurem Naserümpfen und unverhohlener Angst vor der «Verwilderung der Sitten». Auch unsere Autorinnen beteiligten sich engagiert an diesen Debatten.

Sexualität, Kriegsgebiet der Geschlechter: vermint, umzäunt, umkämpft. «Mittelalter», stellte die Justizreporterin Gabriele Tergit fest, als sie 1929 über die Gretchengeschichte eines Dienstmädchens schrieb, das aus Verzweiflung sein uneheliches Kind umgebracht hatte und dafür zu zwei Jahren Gefängnis verurteilt wurde. «Die Frauenbewegung hat für die Frau die Freiheit zur Arbeit erreicht. Aber die Bewegungen des erwachenden Herzens sind für die uneheliche Mutter noch immer ein Stoß in ihr Herz, das die Schande fürchtet. Was auf der einen Seite gepriesene Mutterschaft, ist auf der anderen die soziale Deklassierung. Der Freund ist schon beinahe selbstverständlich; das Kind erst macht die Frau verächtlich. Im Jahre 1929.»

Im Mittelalter galten Kindsmord und Abtreibung als dasselbe, jedenfalls waren die Strafen die gleichen: Zwicken mit glühenden Zangen, Pfählen, Enthaupten. Selbst Geheimrat Goethe, leuchtendster aller deutschen Dichter, Urverfasser aller Gretchendramen, verwarf leichter Hand die Begnadigung einer zum Tode verurteilten Kindsmörderin. Das Deutsche Reich von 1871 bescherte dann den Paragraphen 218, den wir noch heute kennen. Das Strafmaß für Abtreibende und Abtreiber wurde zwar verringert, aber die Anzahl der Verurteilten stieg seit der Jahrhundertwende immer mehr an. Der Kaiser brauchte Kanonenfutter, die Unternehmer schrien nach Maschinenfutter.

Im Abtreibungsverbot verschränkten sich die Geschlechter- und die Klassenfrage. «Es hat noch nie eine reiche Frau wegen § 218 vorm Kadi gestanden», wetterte Sozialdemokrat Gustav Radbruch. Nicht wenige befürchteten den endgültigen Untergang von Sitte und Ordnung, als er 1921 zum Justizminister ernannt wurde. Sofortige Gegenmaßnahme: die Gründung des *Volksbundes Rettet die Ehre*. «Erfreulicherweise», beruhigte «Lebensschützer» Pastor Legius in der Zeitschrift *Reformation*, «kommt ja ein erheblicher Prozentsatz moderner Berlinerinnen zur Strafe für ihre Fruchtabtreibungen in diesen sogenannten Wochenbetten um.»

Der neue sozialdemokratische Minister Radbruch verzichtete jedoch auf die lang versprochene Amnestie, alle wegen des Paragraphen 218 Verurteilten hatten zu früh gehofft. Dafür aber inszenierten die Konservativen im Jahre 1922 in Bayern und Württemberg eine regelrechte Hexenjagd. In Stuttgart verhörte die Polizei sämtliche Hebammen. In einer württembergischen Kleinstadt – nein, nicht Memmingen – holte sie 2000 Patientinnen eines Arztes aus ihren Wohnungen ins Rathaus, um sie zu vernehmen. «Jeder Frau wird von der Polizei auf den Kopf zugesagt, sie sei wegen einer Abtreibung in der Praxis des Arztes gewesen», heißt es in dem vom Landtagsabgeordneten Stettner zusammengestellten Material. «Mädchen werden lauthals des Geschlechtsverkehrs beschuldigt – nachher stellt sich bei angeordneten ärztlichen Untersuchungen heraus, daß sie Jungfrauen waren.»

Dinah Nelken, Helen Hessel, auch Hannah Höch wussten, was Abtreibung hieß. Nelken hatte einmal abgetrieben, Hessel dreimal, Höch zweimal. Auf jede Geburt, so schätzte man, kamen im ökonomischen Elend der Weimarer Republik ein bis zwei Schwangerschaftsabbrüche. Eine Viertel- bis eine halbe Million Frauen erkrankten jährlich an den Folgen der Kurpfuscherei, 10 000 bis 25 000 starben – eine Kleinstadt pro Jahr.

«Kein Geld, mein Kind, weint ich, kein Geld,

Für dich und mich in dieser Welt»,

dichtete Dinah Nelken ein *Wiegenlied für ein nie geborenes Kind*. Mit Unverständnis und Entsetzen erlebte die Gerichtsreporterin Gabriele Tergit so manche «moderne Gretchentragödie»: Rund 60000 Frauen, Abtreibende und Abtreiberinnen, wurden in der Weimarer Republik wegen Verstoßes gegen den Paragraphen 218 verurteilt. «Vor Gericht kommen meist nur Fälle, die mit Tod enden. Von den hunderttausenden, die Siechtum bringen, erfahren wir nichts», empörte sie sich im Januar 1931 in einem Artikel. «Aber aller Jammer und alle Empörung über diesen Paragraphen scheinen nichts zu nutzen.»

Die letzte Protestwelle gegen das Abtreibungsverbot, auf die Tergit in ihrem Bericht anspielte, begann 1929 im *Lessing-Theater* in Berlin. Auf dem Spielplan stand *Cyankali*, die Geschichte eines verzweifelten Arbeitermädchens, das sich von einer Engelmacherin Gift zur Tötung seines ungeborenen Kindes geben lässt und selbst daran stirbt. Der Verfasser Friedrich Wolf, Arzt, liniengerader Kommunist, Vater des späteren DDR-Spionagechefs Markus Wolf und des Filmemachers Konrad Wolf, versuchte, den Paragraphen 218 als Agitationsmittel gegen die Klassengesellschaft zu nutzen – von der Männergesellschaft war nicht die Rede. Großer Besucherandrang, erregter Beifall, an die hundert Aufführungen in zwei Monaten.

Die Justiz verhaftete den Stuttgarter Mediziner Anfang 1931 wegen «gesetzwidriger Abtreibung». Seine Kollegin Else Kienle, an die er Patientinnen überwiesen hatte, wurde ebenfalls eingebuchtet. Die KPD nutzte die Gelegenheit und organisierte eine Kampagne zu ihrer Freilassung und zur Abschaffung des § 218: «Schluß mit der weißen Schmach!» – «Heraus mit den verhafteten Ärzten!» In Berlin bildete sich der «Kampfausschuß gegen den § 218», 800 Zweigkomitees organisierten in kurzer Zeit rund 1500 Protestveranstaltungen. Ende Februar 1931 entließ man Wolf gegen Kaution, Ende März folgte, nach einem Hungerstreik total entkräftet, Kienle. Friedrich Wolf entrüstete sich: «Nie» habe er derartige Eingriffe vorgenommen, im Gegenteil habe er «viele gesunde Frauen in guter sozialer Lebenslage abgewiesen». «Empörung bis weit ins Bürgertum und Kleinbeamtentum», berichtete er stolz in der *Weltbühne*. Und meldete Vollzug: «Die Bezirksleitung der Kom-

Titelblatt einer Ausgabe der von Magnus Hirschfeld begründeten Monatszeitschrift
Die Aufklärung mit der Ankündigung eines Beitrags von Friedrich Wolf, 1931

Mit
Originalartikel
von
Dr. Fr. Wolf

Preis 1 Mark

3/4

Die Aufklärung

Begründet von San. Rat Dr. Magnus Hirschfeld

Willkommene Kinder – oder

§ 218

munistischen Partei gewann in den ersten zehn Tagen des Prozesses allein für Stuttgart 352 neu eingeschriebene Mitglieder.»

Nur wenige Tage vor der Machtübernahme Hitlers wurde das Verfahren gegen Wolf und Kienle vorläufig eingestellt. Die Ärztin hatte einen Amerikaner geheiratet und war in die USA gegangen, und aus formaljuristischen Gründen hätte Wolf nur zusammen mit ihr angeklagt werden dürfen. «Den größten Schädlingen an der Volksgesundheit», schäumte der *Nationalsozialistische Kurier* vom 12. Januar 1933, sei es möglich gewesen, sich «der gerechten Strafe zu entziehen».

In diesem Klima fanden literarische Werke über Schwangerschaftskonflikte reißenden Absatz. Vicki Baums *stud. chem. Helene Willfüer* hatte 1928 riesigen Erfolg, ebenso Irmgard Keuns 1931 publizierter Roman *Gilgi – eine von uns.* Auch der Plot war ähnlich: Sowohl die Chemiestudentin Helene als auch die Büroangestellte Gilgi sind unverheiratet und furchtbar tüchtig, beide werden ungewollt schwanger, wollen zuerst abtreiben und beschließen angesichts ihrer Tüchtigkeit zuletzt doch, ihr Kind zu kriegen. Der kleine Unterschied: Während Helene als Chemikerin mit «Vitalin» eine Art Viagra erfindet und zur Belohnung fürs Zähnezusammenbeißen einen Professor als Mann abkriegt, verlässt Gilgi ihren untüchtigen Freund und schlägt sich allein durchs Leben.

In einer der kitschigsten Szenen in *stud. chem. Helene Willfüer* bittet ein russischer Maler die schwangere Helene, sie möge ihm nackt Modell stehen: «Er suche die jungfräuliche Mutter, er wolle die Madonna malen, mit gesegnetem Leib, bevor sie Jesus gebärt.» Helene gewährt ihm nach einigem Zögern den Gefallen: «Ich stand dann lange Zeit, mehr als eine Stunde, mir war sonderbar zumute, ich kann nicht schildern, wie. Ich begriff alle geschundenen Heiligen, alle Märtyrer des Kalenders zugleich. Ich fühlte mich langsam selbst stigmatisiert, mir war, als müßte ich zu bluten anfangen aus inneren Wunden … Zuletzt fiel ich um und war ohnmächtig.»

Die Heilige und die Hure: auch bei Vicki Baum ein Thema. Die Hure ist in diesem Falle Helenes Vorgängerin, die untreue Gattin des Herrn Professors, die der unverhohlene Abscheu der Autorin trifft. Auch die Ehefrau lässt sich von einem Maler verewigen, aber diesmal ist es ein schwarzer Maler, der sie mit ihrem Liebhaber – einem Schnösel mit Puderwangen und Pomadefrisur –

in seinem mit Palmen, Lianen und Affen ausgemalten Atelier porträtiert. Schwarzer! Affe! Urwald! Sex! Schlimmer geht's nimmer.

Beide Bücher wurden zu ihrer Zeit als Selbstzeugnisse der «Neuen Frau» gefeiert, heutzutage sind sie eher Dokumente fraulicher Unentschlossenheit zwischen neuem Selbstbewusstsein und weiblicher Gefühlsduselei, ernst zu nehmendem Emanzipationswillen und altjüngferlicher Tugendhaftigkeit. Die Heldinnen Vicki Baums sind getreue Nachbildungen ihrer selbst: Einsam, aber tapfer kämpfen sie auf ihren Posten und setzen sich schließlich durch. Politik, Gesellschaft, Paragraph 218 – all das kommt entweder überhaupt nicht vor oder höchstens als widrige Begleitumstände, die jedoch von jederfrau überwunden werden können, so sie sich nur genügend anstrengt. Und die Moral von der Geschicht': Frau, allein an dir liegt's, ob du scheiterst oder nicht.

Vicki Baum, das zeigte der reißende Absatz ihrer Bücher, teilte mit vielen Frauen diese ambivalente Haltung, in der neue und alte Moralvorstellungen heftig miteinander kämpften. In der ganzen Gesellschaft, in jedem einzelnen Körper rangen die neuen Kräfte mit den alten, moderner Hedonismus mit preußischer Zucht, die Sehnsucht nach Freiheit mit dem wilhelminischen Korsett. «Verhältnisse» zu haben, damit brüsteten sich fast alle, aber Abtreibung blieb verboten, und uneheliche Kinder galten als Schande; Homosexuellenlokale schossen aus dem Boden, aber der Analverkehr wurde weiter verfolgt; Liebe und Lust wurden gefeiert, aber reaktionäre Politiker und konservative Frauenrechtlerinnen kämpften verbissen um die verlorene Einheit von Sexualität und Fortpflanzung. Die bürgerliche Frauenrechtlerin Gertrud Bäumer zum Beispiel fand die Vorstellung entsetzlich, dass eine Frau sich «sexuell auslebt, ohne Mutter werden zu wollen», und forderte, abtreibende Frauen weiterhin abzustrafen.

Aber auch die Konservativen konnten nicht verhindern, dass sich im Deutschland der zwanziger Jahre die patriarchale, monogame, kinderreiche Ehe alter Prägung allmählich auflöste zugunsten der «Kameradschaftsehe» von Gleich zu Gleich. Das Wort hatte der US-Richter Ben B. Lindsey geprägt, dem in seinem gleichnamigen Buch eine Ehe auf Zeit vorschwebte: Ein junges Paar solle erst einige Jahre kinderlos erproben dürfen, ob es überhaupt zueinander passe. Das ging nicht ohne Verhütungsmittel, die aber waren unzuverlässig und unzugänglich: Die Präservative platzten im unpassendsten Moment, die Pessare waren zu teuer, der Handel damit im 1900 verabschiedeten «Unzuchtsparagraphen» verboten worden. Dennoch sank die Geburtenziffer schon seit der Jahrhundertwende ebenso unaufhaltsam, wie die Scheidungsrate stieg.

Frauen wie Vicki Baum erlebten diese Entwicklung sehr zwiespältig. Die neue Kameradschaft zwischen Frau und Mann empfand sie als Wohltat, die sexuelle Freizügigkeit als Zumutung. «Ich bin höllisch eifersüchtig», bekennt die Autorin in ihren Memoiren. Darüber hinaus aber erfährt ihre interessierte Leserschaft wenig von Ehe und Ehemann. Nur so viel: «Ich glaube, unsere Ehe hat sich ihre wohltuende Frische dadurch erhalten, daß wir immer einmal eine Weile getrennt leben mußten.» Dass ihr Mann erst nach vielen Jahren «einmal einen Blick in eins meiner Bücher geworfen» hat, fand sie in Ordnung: «Von Frauen geschriebene Romane – das ist nichts für Männer, schon gar nicht für Musiker, die sich ganz in ihrer eigenen strengen, abstrakten Welt verkapseln.» Doch die Verteidigung gelingt ihr nur halbherzig: «Wie jedes junge Mädchen hatte auch ich einen gehörigen Stoß Illusionen in meine Brauttruhe gepackt, obenauf eine, daß meine Ehe wie keine andere sein möge, sondern etwas Einzigartiges, Musterhaftes, Vollkommenes. Daß es solche Ehen nicht gibt, ist eine abgedroschene Weisheit.»

Eine 1932 vom Frankfurter *Institut für Sozialforschung* erhobene Studie zur «neuen Sexualmoral» kam zu einem noch nüchterneren Ergebnis: «In der Nachkriegszeit ist die monogame Ehe noch viel mehr als in der Vorkriegszeit eine mit Mühe aufrechterhaltene Attrappe geblieben. Die Ehepaare, die einander aus Zuneigung und innerer Überzeugung treu blieben, sind zumindest in der Großstadt sehr selten.» Die Mädchen erlebten es als Schande, mit 18 oder 20 noch Jungfrau zu sein, beobachtete der Sexualforscher Wilhelm Reich 1929. Besonders im Arbeitermilieu sei außerehelicher Sex selbstverständlich.

In einem hatte Vicki Baum mit ihrer Skepsis Recht: Es gibt keine sexuelle Befreiung, die nicht gleichzeitig auch eine Unterwerfung unter neue Normen wäre. Die Sexualwissenschaftler von damals, darunter bezeichnenderweise nur vereinzelte Frauen, fanden tiefe Befriedigung darin, in zahlreichen Abhandlungen die unterschiedlichen Verlaufskurven männlicher und weiblicher Erregung zu referieren. Nur der gemeinsame Orgasmus, predigten sie, garantiere Eheglück, körperliche Fitness und gesunde Kinder und löse nahezu alle Menschheitsprobleme. Dazu aber, so hielten die Herren ihren Lesern vor, sei mehr Bemühung von seiten der Männer nötig. Der Ehemann, erklärte allen voran Th. V. van de Velde, Autor des 1926 erschienenen Bestsellers *Die vollkommene Ehe*, der in sechs Jahren 43 Auflagen erlebte, sei «der sexuelle Führer und Erzieher» seiner Frau. Allerdings solle er es nicht übertreiben, denn wenn eine Frau einmal erotisch erwacht sei, übertreffe ihre «Leistungsfähigkeit» meistens die des Mannes.

Vicki Baum fühlte sich vielleicht auch deshalb abgestoßen von der neuen Vorstellung eines «optimalen» Sexualakts, weil dieser in seinem vorgeschriebenen einheitlichen Ablauf – Vorspiel, Vollzug, Nachspiel – an die Deutsche Industrie-Norm des Ingenieurswesens erinnerte. Die Sexualwissenschaft der Weimarer Zeit, wenngleich eher progressiv ausgerichtet und der Aufklärung verpflichtet, war dennoch von den mechanistischen und sozialdarwinistischen Vorstellungen ihrer Zeit durchdrungen: Die Wissenschaftler sahen den Körper mehr oder weniger als Maschine, die, eingestellt auf das optimale Erregungsprogramm, stärkere Orgasmen und gesündere Kinder hervorbringen konnte. Auf diese Weise wurde die weibliche Sexualität vom alten Korsett befreit und gleichzeitig von neuen männlichen Wünschen domestiziert.

Die «Neue Frau» sollte eine Superfrau sein: sexuell aktive Geliebte, charmante, gebildete Gesellschafterin, selbstlose Kameradin, zärtliche Mutter, patente Mitverdienerin. Anschaulich geschildert im Juli 1930 in einem Artikel der Ullstein-Modezeitung *Die Dame*, für die auch unsere Journalistinnen schrieben: «Sie muß weiblich sein und energisch und selbstbewußt.» Sie müsse aber auch «gut angezogen sein, mit Geschmack flirten können und einer berühmten Schauspielerin ähnlich sehen ... Natürlich auch Kinder! Zwei zumindest. Gerade als Mutter beweist sich die moderne Frau – neue Erziehungsmethoden, Individualpsychologie – überhaupt ist Bildung sehr wichtig. Eine Frau, die sich keinen geistigen Kreis schaffen kann, ist reizlos. Sie muß im Mittelpunkt sein und Anregungen geben – allerdings dürfen die Männer das nicht merken. Es enterotisiert nämlich, wenn eine Frau zu klug ist, und erotischer Charme ist doch das mindeste, was man von einer gescheiten Frau erwarten kann. Und bitte noch eins – nicht so stark schminken.»

Zwischen «Sexualberatern» und «Eheberatern» tobte in dieser Zeit ein heftiger Kampf, am heftigsten in Berlin. Die einen fühlten sich den Zielen der Sexualreformbewegung verpflichtet, also der Befreiung der Körper, während es den anderen um die Verhinderung von «minderwertigem erbkranken Nachwuchs» ging, also um die optimale Menschenzüchtung. Ehewillige, so forderten Vereine wie die 1917 gegründete *Berliner Gesellschaft für Rassenhygiene*, müßten vor ihrer Heirat ein «Gesundheitszeugnis» ausgestellt bekommen. Bei Geschlechts- und Geisteskrankheiten oder «Entartungshysterie» – eine Krankheit, die nur in der Phantasie sozialdarwinistischer Ärzte existierte – solle gegebenenfalls ein «Eheverbot» erteilt werden.

Die Begeisterung für derlei kruden Biologismus, der wenige Jahre später im Massenmord der Nazis an «Geisteskranken» und «erblich Minderwertigen» endete, schwappte dabei weit hinein ins linke politische Lager. Das KPD-Mitglied Friedrich Wolf sah in dem aufkommenden «Rassenhygiene»-Wahn nur einen «Sport», einen «Spleen», nichts weiter. Der SPD-Gesundheitsexperte Alfred Grotjahn trat für einen «Ausschluß der Minderwertigen» – «Landstreicher, Alkoholiker, Verbrecher und Prostituierte» – von der Fortpflanzung ein. Im Gegenzug begeisterte sich Grotjahn für das «Dreikindersystem» als Produktionspflicht für jede Frau: «Mehr als bisher muß die Frau gerade von den übrigen Frauen danach eingeschätzt werden, wieviel Kinder sie zur Welt gebracht hat.»

Vicki Baum und Dinah Nelken, Gabriele Tergit und Helen Hessel werden solche Pläne nur mit Kopfschütteln zur Kenntnis genommen haben. Wie froh waren sie, dass sie nicht mehr zu denen gehörten, deren Verbindung zur Welt darin bestand, mit anderen Müttern Strickmuster und Kochrezepte auszutauschen. Dass sie nicht nur Kolleginnen waren, sondern darüber hinaus auch allesamt Mütter, empfanden sie als eine zusätzliche Bereicherung ihres Lebens und ihrer Beziehungen.

Sie alle bemühten sich, ihren Kindern eine unautoritäre, eine kameradschaftliche Mutter zu sein. Sie liebe ihren Sohn «mehr als mich selbst», gestand Dinah Nelken alias Fleur Lafontaine einer Freundin. «Der Junge ist das, was ich … gekonnt habe, das einzig Wirkliche. Wenn er nicht leben würde, warum sollte ich dann leben?» Für ihn focht sie jeden Kampf aus, wie den mit einem Lehrer, der ihn körperlich zu züchtigen wagte: «Meinen Sohn schlagen

Sie nicht, Sie Kulturbremser!» Dass er mehr woanders aufwuchs als bei ihr, zuerst bei der Großmutter, später in einem progressiv geleiteten Kinderheim, damit sie ihre Artikel schreiben und verkaufen konnte, erfüllte sie mit Trauer und Sehnsucht, vielleicht auch mit schlechtem Gewissen: «Hatte ich ihn

nicht schon verloren, als ihn Käthe Lafontaine aus meinem Arm in ihren nahm? Verlor ich ihn, da ich in der Bayreuther Straße über meinen Geschichten saß anstatt an seinem Bettchen wie die Mütter aus den Märchenbüchern einer guten alten Zeit, in der eine Frau nur selten gleichzeitig Mutter und Schriftstellerin, Geliebte, Haushaltungsvorstand und der eigenen Verzweiflung einziger Ratgeber war?»

Dinah Nelken mit ihrem Sohn Peter, um 1921

Auch Vicki Baum vergleicht in ihrem kleinen Feuilleton Die Mütter von morgen – die Backfische von heute geradezu staunend ihre eigene Generation mit der Generation ihrer Mutter. «Jetzt also sind wir an der Reihe, Mütter zu sein», schreibt sie. «Die Erziehung sieht jetzt zum Beispiel so aus: Mein Junge sitzt oben auf dem Dach der Laube mit der Stoppuhr in der Hand, und ich muß unten Dauerlauf üben. 700 Meter, 1000 Meter, 1500 Meter. ‹Zuck-zuck›, schreit der Junge oben, wenn ich ziemlich atemlos meine dritte Runde vorbeistrample, ‹nicht abfallen! Nicht nachgeben!› Nein, wo werde ich denn nachgeben, Junge. Es kommt uns ja so sehr darauf an, uns nicht vor euch zu blamieren, das feine Gespinst der Kameradschaft nicht zu zerreißen, in das wir euch eingefangen haben. Respekt und Vertrauen ist eine Sache geworden, die Mütter sich täglich neu verdienen müssen.» Und in ihren Memoiren bekennt sie: «Ich habe einen großen Respekt vor Kindern, ihren Geheimnissen, ihrem Innenleben. Meinen Kindern habe ich so früh wie möglich so viel Unabhängigkeit wie möglich gegeben, habe sie nicht viel gefragt, hab' ihnen nicht nachspioniert, hab' weiß Gott nicht an ihnen herumgenörgelt.»

Voller Optimismus schaute Vicki Baum auf die «kleinen Mädchen von heute», die «Mütter von morgen»: «Weiß Gott, genau so wachsen sie hinter uns her, wie die Jungens von heute sie wünschen: gesund und lustig, ohne Hysterie, ohne Blutarmut, ohne Nerven und Sentimentalitäten. Sie sind auf den Sportplätzen zu Hause und in den Laboratorien, sie arbeiten viel und machen kein großes Wesen aus jenen Gefühlen, die für uns damals so viel bedeuteten, weil sie halbversteckt, unterdrückt und verboten wucherten. Sie haben eine neue Art von Keuschheit, von Scham und Stolz, diese kleinen, sechzehnjährigen Amazonen in ihren kurzen Trikots. Weil ihre Körper frei sind, bleiben ihre Seelen sauber und gerade. Ja, man muß euch liebhaben und euch vertrauen …»

Auch in der Kindererziehung kämpften in den zwanziger Jahren hochmoderne Ideen gegen tiefe Reaktion. Bereits um 1900 hatte die schwedische Pädagogin Ellen Key ein Buch mit dem programmatischen Titel *Das Jahrhundert des Kindes* veröffentlicht, das, in alle europäischen Sprachen übersetzt, enormen Einfluss ausübte. Lasst die Natur reifen!, forderte sie, und die Kinder würden von selbst zu autonomen Persönlichkeiten.

Vieles, was die Generation von 1968 wieder neu erfinden zu müssen glaubte, das Recht des Kindes auf freie Selbstentfaltung, die antiautoritäre Pädagogik, die Reformschulen ohne Zwang und Noten, wurde damals schon erdacht und erprobt. Der Berliner Berthold Otto nahm an, mit seiner 1906 im Stadtteil Lichterfelde errichteten «Hauslehrerschule» «die freieste Schule der Welt» errichtet zu haben. Auch Ludwig Gurlitt, Gymnasiallehrer in Berlin-Steglitz und leidenschaftlicher Unterstützer der Jugendbewegung des *Wandervogel*, befand es für «vordringlich», das Kind «vor den Schulmeistern zu retten». Am radikalsten brachen die 1919 in Hamburg eröffneten «Gemeinschaftsschulen» mit der herkömmlichen Pädagogik. «Keine künstlichen Trennungen» lautete die antiautoritäre Parole, also versuchte man, die Grenzen zwischen Mädchen und Jungen, zwischen Schülern und «Lehrer-Kameraden» einzureißen. Die Nationalsozialisten aber zerstörten jede Spur dieser

Vicki Baum mit ihren Söhnen Wolfgang und Peter, 1929

freiheitlichen Pädagogik und schlugen auch hier eine Jahrzehnte umfassende Schneise in die kollektive Erinnerung.

Für viele hatte die alte wilhelminische Prügelpädagogik in den zwanziger Jahren schon gründlich ausgedient. Ob sie es nun so nannten oder nicht, auf dem Programm standen die Demokratisierung der Familie, die Enthierarchisierung zwischen Frauen und Männern, Eltern und Kindern. «Wie sollen wir unsere Kinder erziehen? Ja, sollen wir denn überhaupt unsere Kinder ‹erziehen›?», fragte Dr. Annie Vigeveno in ihrem gleichnamigen Aufsatz im 1931 erschienenen Sammelband *Die Kultur der Frau*. Ihre Antwort: «Erziehe dich selbst, dann bist du deinem Kinde das beste Beispiel.» Und: «Wir sollten nicht mehr das Kind als inferiores Wesen ansehen», forderte die Autorin und wird damit auf heftige Zustimmung unserer «Neuen Frauen» gestoßen sein, «sondern es einmal als gleichgestelltes, nur jüngeres Wesen betrachten, dem gegenüber dieselben Regeln und Gesetze, Sitten und Gebräuche gültig sind wie zwischen Erwachsenen.»

Auch Helen Hessel versuchte, nach diesem Programm zu leben. «Die beiden liebten sich eher wie Geschwister als wie Mutter und Sohn», schrieb Charlotte Wolff über ihre Freundin und deren Sohn Stéphane, als sie diese 1933 in Paris wiedersah. «Sie teilten sich ihr Leben mit einer an Besessenheit grenzenden Sorge füreinander.»

In früheren Zeiten war Helen Hessel allerdings weniger verlässlich gewesen. Manchmal verschwand sie über Wochen mit ihrem Liebhaber, dann lebte sie wieder treu mit Mann und Kindern. Ulrich, dem Älteren, schien es nicht viel auszumachen, seine Ersatzmutter war das Kindermädchen Emmy. «Mir genügte es zu wissen», sagte er später über seine Mutter, «daß es sie gab und daß sie zufrieden war, denn vor uns gab sie sich immer sehr zufrieden. Ihr häufiges Fortbleiben störte mich nicht.»

Helen Hessel mit ihrem Sohn Ulrich, Berlin 1916

Ulrich Hessel, aufgrund seiner Zangengeburt körperbehinderter Epileptiker, hatte kein leichtes Schicksal vor sich. 1925 zog er mit Mutter und Bruder nach Paris. Helens Liebhaber Henri-Pierre Roché war ihm zuwider, dessen Erziehungsversuche nicht minder. Der «Vatersohn» hielt zu seinem Vater Franz, den Helen 1938 aus Deutschland rettete, aber für Ulrich war es ein Schock, mit ihm zusammen zwei Monate in einem Lager interniert zu werden, als 1940 die deutsche Wehrmacht Frankreich überrollte. Sie kamen wieder frei, doch Franz Hessel starb kurz darauf. 1943 versuchte Ulrich mit seiner Mutter in die neutrale Schweiz zu fliehen, sie wurden aufgegriffen, wieder zurückgebracht. Ulrich versuchte sich umzubringen: «Ich kam mir überflüssig vor, nutzlos, ohne Aussichten.» 1945 kehrten sie nach Paris zurück und wurden bald darauf französische Staatsbürger. Der getaufte Protestant Ulrich Hessel arbeitete als Archivar im Jüdischen Dokumentationszentrum und trat in die katholische Krankenbrüderschaft ein: «Ich war Jude, Protestant und Katholik und außerdem Franzose und Deutscher … Ich war die Ausnahme zu allen bestehenden Regeln, ich war ein unregelmäßiges Verb in der Grammatik des Lebens.»

Auch Stéphane Hessel, der «Muttersohn», erlebte finsterste Zeiten. Das Kindermädchen Emmy sei «das Zentrum unserer Kindheit» gewesen, schreibt er in seinem Memoirenband *Tanz mit dem Jahrhundert*. Aber seine Mutter habe er verehrt, immer habe er ihr «an erster Stelle» gefallen wollen, und er habe gelernt, «das zu bewundern, was Helen aus vollstem Herzen bewunderte – das Schöne, das Unverhoffte, das Geschenkte». Der Gefangennahme durch die Wehrmacht entging Stéphane 1940 durch Flucht nach Südfrankreich, wo er eine Weile mit seiner jüdischen Frau Vitia lebte. Er wurde Kämpfer der Résistance, wurde 1944 in Paris von der Gestapo verhaftet, gefoltert, ins KZ Buchenwald gebracht. Unter abenteuerlichen Umständen, indem er seine Identität mit einem verstorbenen Typhuskranken tauschte, gelang ihm die Flucht. Im Februar 1945 erneute Verhaftung. Verbringung in das Strafkommando des KZ Dora-Mittelbau. Evakuierung des Lagers. Flucht hinter die amerikanische Frontlinie.

Am 8. Mai 1945 schloss Stéphane Hessel in US-Uniform seine Familie in Paris wieder in die Arme. Er studierte Philosophie, wurde Diplomat und gehörte 1948 zu denjenigen, die die UN-Menschenrechtserklärung aushandelten. Noch 1993, mit fast 76 Jahren, leitete er die französische Delegation bei der UN-Menschenrechtskonferenz. «Trotz eines gehörigen Maßes an enttäuschter Zuversicht und verlorenen Illusionen, erlebtem Schrecken und bitteren Schlüssen», so schreibt der in Frankreich weithin bekannte Diplomat in seinen Erinnerungen, «bleibt mir die Gewißheit: Alles, was wert ist, gewünscht zu werden, wird wahr.»

Stéphane Hessel versuchte der ganzen Menschheit zu dienen, Maria Riva hingegen schaffte es nie, über die Grenzen des Imperiums Dietrich hinauszuschauen, sich von ihrer Mutter zu befreien. Ihr Leben war eine blasse Blaupause des Lebens von Marlene Dietrich. Sie frisierte sich wie ihre Mutter, wurde Schauspielerin wie ihre Mutter, trat bei den US-Truppen auf wie ihre Mutter. Sie hatte nie eine eigene Identität und war deshalb bis zur Schädeldecke angefüllt mit brodelnder Hassliebe, Wut, Verbitterung. Und sie rächte sich. *Meine Mutter Marlene*, ihr Lebenswerk von fast 900 Seiten, ist vor allem eine bösartige Abrechnung. Genussvoll plaudert Maria Riva intime Details aus und zeichnet das Bild einer launenhaften, herrschsüchtigen, egomanischen Diva.

Folgt man Maria Riva, und das sollte man gewiss nicht ohne Vorbehalte tun, hat ihre Mutter sie behandelt wie Privatbesitz. Maria sollte immer und überall für sie da sein. Ihre aller Öffentlichkeit so sentimental vorgespielte Mutterliebe – «Maria ist die einzige Liebe meines Lebens» – sei verlogen, heuchlerisch, erdrückend, letztlich eben ohne Liebe gewesen. Monarchin Marlene habe die Familie dominiert und terrorisiert, und das oberste aller Gebote habe geheißen: Marlene Dietrich hat immer Recht. Ihr Vater, beruflich erfolglos, zum Verwalter aller Dietrich-Angelegenheiten degradiert, sei nicht minder autoritär gewesen und habe eine «natürliche Grausamkeit» besessen.

Einsam, ohne jedes Gefühl von Heimat, sei sie herangewachsen. Als ihre Mutter 1930 nach Hollywood entschwand, wurde sie hinterhergeschickt. Eingezäunt, abgeschirmt, ohne gleichaltrige Freunde und Freundinnen, habe sie im Luxus-Ghetto der Reichen und Berühmten gelebt und nicht einmal die Schule besuchen dürfen.

Maria wählte den Weg der Anpassung. Stets brav und gehorsam, tat sie, wie immer ihr geheißen, sie wurde verlogen, heuchlerisch und intrigant. Jedes Mal, wenn ein neuer Liebhaber der Dietrich anrollte, versuchte sie, sich mit ihm gegen ihre Mutter zu verbünden. Sie vergötterte die Geliebten ihrer Mutter und die Lebensgefährtin ihres Vaters, Tamara Matul, nach ihrem Urteil «der mitfühlendste Mensch auf Erden». «Tami» wurde laut Maria Riva zu mehreren Abtreibungen gezwungen, um dem Weltstar einen Skandal zu ersparen. Medikamentensüchtig landete sie in der Psychiatrie und starb.

Nach Rivas Schilderung lebte die Dietrich nach derselben Doppelmoral wie die Männer ihrer Zeit. Um ihr Kind vor «schlechten Einflüssen» zu schützen, zwang sie ihre Lover, noch vor dem Morgen aus dem Haus zu schleichen und zum Frühstück an der Tür zu klingeln. Ihr Vater spielte vor Maria genau dasselbe Theater: Tamara erhielt ein eigenes Zimmer und musste sich nachts über den Flur in Rudolf Siebers Bett schleichen. Niemand, außer «Tami», klärte Maria jemals in sexuellen Dingen auf, alles schien verlogen, alles hatte einen doppelten Boden.

In der Tradition der preußischen Körperfeindlichkeit aufgewachsen, war es Marlene Dietrich wohl unmöglich, zu ihren eigenen Leidenschaften zu stehen. Über ihre Frauenliebschaften verlor sie öffentlich kein Wort, statt dessen zog sie gern über Konkurrentinnen und erfolgreiche Frauen her. Die Garbo hasste sie aus vollem Herzen, Vicki Baum ebenso. Sie leistete sich zahlreiche Liebhaber, oft gleichzeitig, und spielte so manches Mal den einen gegen den anderen aus. Ihre Schuldgefühle und ihr Ekel vor der männlichen Penetration schienen sich mit der Zeit zu einer übermächtigen Schmutzphobie auszuwachsen. Eigenhändig schrubbte und desinfizierte sie nach Darstellung ihrer Tochter jede Toilette, egal, wo sie war, wegen «dem widerlichen Schmutz, den Männer an sich haben». Als Maria Riva selbst Mutter wurde, zog Großmutter Marlene sich eine weiße Schwesternkluft an, desinfi-

Marlene Dietrich mit ihrer Tochter Maria in Oberhof, um 1930

zierte sämtliche Räume, verklebte jede Fensterritze, bevor sie das Baby für ein paar Tage zu sich nahm.

Ihre Unerreichbarkeit und Unberührbarkeit, das Geheimnis ihrer Erotik, machten sie in den letzten Jahren ihres Lebens zur tragischen Figur. Alkohol- und tablettensüchtig geworden, stürzte sie immer wieder auf oder hinter der Bühne, bis sie schließlich nicht mehr aufstehen konnte. Zwölf Jahre lag sie in ihrer Pariser Wohnung, wollte sich von niemandem mehr berühren oder das Bett sauber machen lassen. 1992 starb sie, der Weltstar, im eigenen Dreck.

Amour fou

Helen Hessel und das Leben in Dreiecken

Im Herbst 1928, als sie wieder mal einige Zeit in Berlin weilte, ging es Helen Hessel gar nicht gut. Sie fühlte sich erschöpft und geschwächt. Sie hatte wieder einmal eine Abtreibung hinter sich. Und eine Beerdigung. Ihre Schwester Ilse war tot. Selbstmord. Zu viel Schulden, zu viel unglückliche Liebe.

Zu viel unglückliche Liebe, das empfand Helen Hessel manchmal auch für ihr eigenes Leben. Zerrissen zwischen zwei Männern, konnte sie sich weder für den einen noch für den anderen dauerhaft entscheiden. Ihr Mann Franz Hessel und ihr Liebhaber Henri-Pierre Roché waren eng befreundet – eigentlich ein ungeheures Glück, die ideale Voraussetzung, ohne Eifersucht und Streitereien zu leben, mal so, mal so, wie es sich spontan ergab. Und doch wollte sich das Glück immer nur zeitweilig einstellen. Vor fünf Jahren hatte ihr Franz die Liebe aufgekündigt, und wegen Pierres Unstetheit fühlte sie sich immer wieder gezwungen, die Früchte ihrer Liebe abzutreiben.

Helen Hessel, groß, athletisch, das Raubtier mit der Löwenmähne. Sie liebte das Drama. Das Risiko. Sie duftete nach Seide und Abenteuer, sie war mutig und sportlich, sie ging immer bis zur äußersten Grenze und darüber hinaus. Ihre Erlebnisse, ihre Leidenschaften und Schmerzen hielt sie ähnlich wie ihre beiden Männer in Tagebüchern fest.

Helen Hessel, «ein perfektes Beispiel einer befreiten Avantgardistin», habe Männer und Frauen gleichermaßen bezaubert, schrieb ihre Freundin Charlotte Wolff einmal. «Ihre blauen Augen, klar und kalt wie ein frostiger Frühlingstag, ihre Eleganz und Selbstsicherheit machten sie zum Inbegriff verführerischer Weiblichkeit. Es war keine Überraschung für ihren Mann und ihre Freunde, als sie eines Tages einer Wette wegen in die Seine sprang. Sie konnte ebenso gut einen Essay schreiben wie ein Pferd zureiten oder Auto fahren. Eine Draufgängerin, die leidenschaftlich liebte und haßte, arbeitete oder faulenzte. Beim Gehen hinkte sie leicht und stützte sich auf einen Spazierstock mit Elfenbeingriff, was ihre Eleganz noch betonte. Ihr Haar war schon vor ihrem 40. Lebensjahr ergraut, und als ihre Gesichtszüge mit den Jahren schärfer wurden, entwickelte sie eine erstaunliche Ähnlichkeit mit Friedrich dem Großen.»

Der 32-jährige Franz Hessel hingegen sah sich an Goethe erinnert, als er 1912 im Pariser *Café du Dôme* der 26-jährigen angehenden Malerin zum ersten Mal begegnete. Helen Grund, die tagsüber im Atelier des Malers Maurice Denis arbeitete, fühlte sich beklommen und fremd in diesen melancholischen Räumen, in denen brotlose Künstler und Hungertuchnager auf eine Wende des Schicksals warteten. Doch dann, erinnerte sie sich später, «als dieser peinliche Zustand schon eine Weile gedauert hatte, kam von einem Nebentische einer zu uns herüber, der hatte ein rundes Gesicht und einen kindlichen Mund. Er setzte sich auf die rote Polsterbank neben mich, sah mich mit freundlich geneigtem Kopf aus schmalen braunen Augen an und sagte ruhig: ‹Sie haben ja Augen wie Goethe in mittleren Jahren.›» Die Fortsetzung dieser Liebe und ihr Scheitern hat Manfred Flügge, der die schriftlichen Nachlässe von Helen Grund, Franz Hessel und Henri-Pierre Roché erforschte, in zwei Büchern dokumentiert: *Gesprungene Liebe* und *Letzte Heimkehr nach Paris*.

Franz Hessel, geboren 1880, entstammte einer wohlhabenden jüdischen Familie, die 1888 von Stettin nach Berlin ins Tiergartenviertel übersiedelte. Sein Vater war Getreidehändler und Bankier, über seine Mutter ist wie üblich nicht viel bekannt. Franz, das dritte der vier Kinder, verwand zeit seines Lebens niemals den Verlust seiner großen «Schwester-Braut» Anna, die 1903 im Kindbett verstarb. Womöglich war sie die Quelle seiner innigen Form des Liebens ohne Begehren. Franz Hessel, das war die sanfte Trauer, das melancholische Glück des Außenseiters. «Aber das Leben ist immer das Andre, das Draußen», glaubte er. Außen vor bleiben, flanieren, betrachten, bewundern, ohne besitzen zu wollen, und schreiben, das war seine Existenzweise.

«Alle liebten diesen seltsamen heiligen Franz, der abgeklärt wie ein Weiser aus dem Fernen Osten durch unser lärmendes Jahrhundert ging», befand die

Lyrikerin Mascha Kaléko. Sein Freund Walter Benjamin nannte den bekanntesten Spaziergänger von Berlin einen «Zauberer», der «zu verwandeln» verstehe. «Auch das Häßliche galt ihm als daseinsberechtigt, weil von diesem um so schöner das Schöne sich abhebt. Wüsten erschienen ihm nur als Vorwände für Oasen», schrieb Alfred Polgar über den Dichterflaneur, Feuilletonisten und Rowohlt-Lektor. Charlotte Wolff schilderte ihn folgendermaßen: «Hessel sah aus wie ein Buddha, er lächelte sanft, sein runder Kopf war kahl. In seinem großen Gesicht, den braunen Augen, den vollen Lippen und seinem heiteren Ausdruck verband sich die Verinnerlichung östlicher Meditation mit dem Wesen eines französischen Gourmets.»

Franz Hessel war kindlich rund, sanft und tapsig, aber auch eigensinnig und unbeeinflussbar. Er liebte Risse, Sprünge, bröckelnde Geschichte, die Antike und ihre Götter. An Geld und Besitz lag ihm nichts, er fuhr im Zug lieber dritter Klasse als erster, bewohnte stets das kleinste Zimmer und beanspruchte den geringsten Raum.

Von 1903 bis 1906 lebte er in München und liebte zum ersten Mal, lange vor Helen, eine Frau, deren Wildheit er sich unterwerfen konnte. Franziska zu Reventlow, Königin der Schwabinger Boheme, Schriftstellerin, wegen wiederholten Ehebruchs geschiedene Nonkonformistin, war für ihn die «Herrin». Franziska, ihr Sohn sowie ihre beiden Liebhaber Bogdan von Suchocki und Franz Hessel wagten den «Lebenskommunismus» und eröffneten eine Wohngemeinschaft. Es ging nicht lange gut.

Fernweh, Sehnsucht ohne Ort trieb den frankophilen Franz 1906 nach Paris, die «Heimat der Fremden». Dort lernte er Henri-Pierre Roché kennen. Franz fühlte sich tief verstanden, und Pierre schwärmte im Tagebuch von der «bezaubernden Empfindsamkeit» seines neuen Freundes. Ach, hätten sie sich doch geküsst! Aber sie wichen aus, sie hatten Angst vor ihren irritierenden, irrlichternden, immer wieder aufflackernden homoerotischen Gefühlen. Sie wählten den anderen, den indirekten Weg: Sie liebten dieselbe Frau. Im Paris des Jahres 1906 hieß sie Marie, in München 1907 Luise und Franziska, in Paris Maga, in Berlin Odile und Bertha.

Frauenkörper als Transformatoren unterdrückter Homosexualität. Eine Frau, zwischen zwei Männer geschoben, vermag verbotene Regungen zu heterosexualisieren, «finstere Triebe» abzufangen und sie zu hehren Werken zu verfeinern. Henri-Pierre Rochés *Jules et Jim*, die Geschichte zweier Freunde, die sich eine Geliebte teilen, Vorlage für Truffauts gleichnamigen Film, ist solch Werk, und es ist wohl kein Zufall, dass in seinem Titel der dritte, der weibliche Name nicht genannt wurde. Franz Hessels *Pariser Romanze* gehört ebenfalls dazu, sie ist ein einziger langer Brief an den Freund. Nur ganz selten, so im August 1920, wagte Roché doch einen Kuss auf Hessels Mund. In dieser Zeit liebte er schon Franz' Eheweib und gestand im Tagebuch seinem Freund: «Faire l'amour mit Helen ist für mich auch ein wenig faire l'amour mit Ihnen.» Und: «Das Beste in diesen Tagen ist das Wiederfinden von Franz.»

Franz und Pierre: Sie konnten unterschiedlicher kaum sein. Der Kunsthändler Pierre war weder sanft, noch ruhte er in sich selbst, er war unbeständig, egozentrisch, leidenschaftlich und besitzergreifend bis zur Gewalttätigkeit. Vielleicht bewunderten sie sich gegenseitig. Vielleicht fühlten sie sich eng verbunden durch das, was sie gemeinsam hatten: ihre Frauen, ihre enge Mutterbindung, ihre Vermittlertätigkeit zwischen den verfeindeten Nationen Deutschland und Frankreich. «Roché ist sehr nett», meinte Picasso einmal vieldeutig, «aber er ist nur eine Übersetzung.»

Henri-Pierre Roché, 1879 in Paris geboren, war hager, mit scharf gezeichneten Gesichtszügen, nicht schön, aber charmant und bestrickend. Er hatte eine dominierende Mutter, die ihn zeit seines Lebens nicht aus den Fängen ließ, vor der er alle seine Freundinnen versteckte. Also wandelte Pierre im Neurosengarten, pflückte hier eine Blume, dort eine und ließ sie allesamt wieder fallen. Er war der klassische Don Juan. Er selbst nannte seine Lebensweise «sanfte Polygamie».

Mit 18 Jahren verliebte er sich bei einem Aufenthalt in England in die Schwestern Margaret und Violet Hart. Die Verlobung mit nur einer hielt nicht lange, auch dass ihn die andere in Paris besuchte, genügte ihm nicht. In Ausstellungen notierte er sich die Namen von Malerinnen, deren Bilder ihm gefielen, und besuchte sie in ihren Ateliers. Daneben hatte er fast dreißig Jahre lang einen «geheimen Garten», wie er es nannte: Germaine Bonnard, die Puppenmacherin. Germaine hielt stille, nahm all seine Liebschaften hin und ließ mindestens zweimal ein Kind von ihm abtreiben.

1913 waren Pierre, Franz und Helen zum ersten Mal, und damals noch folgenlos, in Paris aufeinander getroffen. Franz, geradezu ergriffen verliebt, nahm den Freund beiseite: «Pierre, pas Helen, je vous prie, pas celle-là. Helen nicht, ich bitte dich, diese nicht.» In seiner *Pariser Romanze*, geschrieben 1916, schildert Franz Hessel seine frische Liebe zu Helen, eine Liebe, die ebenfalls homoerotisch anmutet: «Aber das Gesicht, das mich einen Augenblick ganz ansah, war mit seinen großen Formen, der festgezeichneten Nase, dem deutlichen und reichen Mund und der länglichen Wange, die in eine hohe Schläfe überging, so jünglingshaft.» Im Roman heißt der Jüngling «Lotte», er hatte eine lesbische Beziehung mit «Pamela», und sein Lächeln ist «archaisch»: «Es ist kein Frauenlächeln, es ist nicht das der lockenden Verführerin, wofür es viele halten. Engel und Heiden haben es, Selige und Heilige und die frühen Griechengötter. Was bedeutet Mann oder Weib, wenn ein Gott lächelt?» «Ein archaisches Lächeln: es nährt sich von Milch – und von Blut», sagt Film-Jules über die gemeinsame Geliebte.

Helen Grund war fasziniert von dem keuschen, hingebungsvollen Franz Hessel, der sie in seiner Art an ihren Vater erinnerte. Er gab nur und nahm nichts, las ihr vor, führte sie aus, er verehrte sie, so, wie sie war. «Als Lotte ein zartes weißes Huhn an die Lippen führte», schildert er seinem Freund Pierre in der *Pariser Romanze* einen Besuch im Wirtsgarten, «hatte ich ein seltsames Glücksgefühl … Ich fühlte mich von ihr zugleich ernährt und gegessen. Es sättigte mich, sie essen zu sehen.» Helen, die Freiheitsdurstige, musste nur essen und trinken, und schon war Franz satt. Einen besseren Ehemann konnte sie sich – zunächst – nicht vorstellen. Im Sommer 1913 heirateten sie in Berlin und kehrten nach Paris zurück.

Franz' Liebe war vor allem geistiger, sublimer, sublimierter Natur. Der nicht praktizierende Jude fiel vor Helen anbetend nieder: «Ohne daß sie etwas dazu tat, war sie der Mittelpunkt, auf dem das Licht wohnte wie auf dem göttlichen Kinde, dem die Könige aus dem Morgenland im Dämmern knieend ihre Gaben reichten.» Helen war erst entzückt, später entnervt: Dass ihm «alles recht war», dass sie die ganze «Liebesarbeit» leisten musste, ließ sich auch als Gleichgültigkeit lesen. «Genf 1914 – Ende der Liebe», notierte sie. Sie

Helen und Franz Hessel, 1920

war schwanger, hatte eine schwere Geburt, die Geburtszange brachte Sohn Ulrich eine lebenslange Behinderung bei. Franz brachte dem Kind scheinbar wenig Interesse entgegen. «Der Vater ist zu still, die Mutter ist zu wild, er will nicht viel vom sogenannten Leben und sie zuviel», notierte er später. Dennoch kam noch ein weiteres Kind: Stephan, in Paris später Stéphane genannt, 1917 in Berlin geboren.

Zu jener Zeit machte Helen endgültig Schluss mit der ehelichen Treue. Mal liebte sie diesen, mal jenen, und Franz ließ sie gewähren. 1919 flüchtete sie vor Mann und Kindern in die Bauernarbeit auf landwirtschaftlichen Gütern, in Hosen und Stiefeln wurde sie «junger Herr» gerufen. Franz zog mit seinen kleinen Söhnen in die Nähe von Helens Schwester Johanna, in die *Villa Heimat* in Hohenschäftlarn bei München. Johanna, «Bobann» genannt, war für ihn wie Helens Double. Sie hieß ebenfalls Hessel, denn sie hatte Franz' Bruder Alfred geheiratet, sah Helen ähnlich, war ebenfalls Malerin, hatte ein Atelier in München und einen Geliebten namens Eduard.

Irgendwann fand auch Helen den Weg in die *Villa Heimat*. Gemeinsam luden sie ihren Freund Henri-Pierre Roché nach Deutschland ein. Roché, der erfolgreiche Kunstmakler, der erfolglose Schriftsteller, der keinen Verleger für seinen Erzählband «Don Juan» fand, traf im August 1920 mit dem Zug in Hohenschäftlarn ein: ein Schicksalstag.

«Weißes Kleid – an jeder Hand ein Kind», notierte Helen Hessel über ihr Auftreten am Bahnhof in ihrem Tagebuch. «Der Zug kommt an. Dröhnen. Ist das Pierre? Ich erkenne ihn nicht wieder. Ich weiß wohl, daß er es sein muß. Er kommt näher, blaß, lächelnd …

Hinter dem Hause spiele ich mit den Kindern Ball. Ein Fenster, nie je zuvor geöffnet. Pierres Kopf in der Mitte. Das ganze Haus lebt. Er ist wie ich. Schöne Neugier. Ich verstehe, daß Hessel uns beide liebt.»

«Helen ist auf dem Bahnsteig – ich steige aus», schilderte Henri-Pierre Roché das Wiedersehen in seiner Kladde. «Helen ist nicht mehr der kleine Lukas, sie ist schöner geworden, ernsthafter, in ihr ist eine Kraft – es bewegt mich, sie wiederzusehn, sie anzuschauen, all die Tage hier betrachten wir uns kaum von Angesicht zu Angesicht, meine Anwesenheit macht sie leicht verlegen und mich ihretwegen – mich, weil ich sie lieben könnte und weil nicht klar ist, ob ich das darf.»

«Und nun sah er, wie Claude ausstieg, in jeder Hand einen Koffer», lautete Franz Hessels Version über «Claude» und «Lella» in seinem Romanfragment *Alter Mann*. «Und Lella ihm gegenüberstand, an jeder Hand ein Kind. Es war nur ein Augenblick, dann ließen beide los, was sie hinderte, sich die Hand zu reichen, aber in diesem Augenblick, da nur ihre Blicke sich trafen, begann ein Schicksal.»

Doch zuerst erforschte Claude das Haus und stieß «ein Bodenfenster auf, das noch keiner der Bewohner bisher geöffnet hatte. Aus dem steckte er den Kopf hinaus, und wieder traf sein Blick Lellas Augen». Seitdem «übten» sich beide mit allem, was sie taten, «aufeinander ein». «Sie waren die beiden vollkommensten in dem kleinen Freundeskreise, und das war ihnen wohl selbst nicht ganz recht, so fing jeder von beiden immer wieder mit andern an zu spielen, zu reden, und immer wieder drängte es sie dann beide zueinander, und es war, als wichen die andern ihnen aus, machten Platz, schoben sie einander zu. Wie schön sie war, wie sie aufblühte in dieser Zeit, seine Lella, dachte der alte Küster. Noch trug sie ihr fahlblondes Haar lang, und oft ging es auf beim Laufen und Spielen und hing als Löwenmähne auf den Kragen der derben Soldatenjoppe, in der sie meistens herumlief.»

Am dritten Tag seines Aufenthalts entdeckte Pierre ein Kindergewehr und zielte auf Helens Herz. Ein passender Beginn für eine leidenschaftliche Liebe voller Kampf und Gewalt.

Am achten Tag schliefen sie miteinander. Franz bat nur, kein Kind zu machen. Und seine Söhne sollten nichts merken. Pierre antwortete: «Ein wenig ist es, als liebte ich dich.»

Am zehnten Tag fuhr Pierre nach München zu Helens sanfter Schwester Bobann. Nun schlief er auch mit ihr. Zwischen zwei Schwestern – das kannte er schon, das war das Richtige für ihn. Man konnte beide lieben oder die eine gegen die andere. Pierre, Bobann und Helen in München – das Dreieck im Dreieck. Einmal ließ er sich von den Schwestern gemeinsam abduschen, ein andermal stand er, Helen liebend, Bobann Modell.

Zurück in Hohenschäftlarn, lebten Pierre, Helen und Franz wieder das andere Dreieck. Gemeinsam debattierten sie die Idee, ein Buch der Liebe zu verfassen, ein gemischtes Tagebuch oder einen Roman: Pierre, Helen und Franz. «Wir haben Franz mitgeliebt», notierte Helen nach einer Nacht mit Pierre.

Oder über das Mysterium des Sex: «Der Gott, der mich teilt und verteilt, gleitet ins Blinde.»

Liebe und Schreiben und Streit. Nicht zwischen Pierre und Franz, nicht zwischen Helen und Franz, immer nur zwischen Pierre und Helen, wegen Nichtigkeiten, Eifersüchteleien. Als Racheakt dann irgendeine Untreue und wieder neuer Streit. Die beiden konnten nur liebend kämpfen und kämpfend lieben, sie wollten beide die absolute Bindung und die absolute Freiheit. Einmal stand Helen schon auf den Schienen am Bahnhof und erwartete die Lok wie ein Torero den Stier. Seltsames Schicksal: Der Zusammenstoß folgte erst dreißig Jahre später, 1950, in den USA, als sie erneut auf einem Gleis stehend einer Lokomotive entgegensah. Helen überlebte den Unfall, die Lok wohl auch.

Schon nach kurzer Zeit zu dritt war Helen schwanger. «Das Kind gehört uns dreien, wir können alle dafür arbeiten: wir drei», schrieb sie in ihr Tagebuch. Die beiden Männer sahen das offenbar anders. Wenig später stand ihr Entschluss fest: Abtreibung. Wegen mehrerer psychiatrischer Fälle in ihrer Familie besaß sie ein Attest, das ihr legale Abbrüche ermöglichte. Sie fuhr nach München zu einem Arzt, Franz besuchte sie dort, der feige Erzeuger Pierre nicht.

Stattdessen baute Pierre eine Phantasiewelt auf. Zurück in Paris, entwickelte er in den kommenden Monaten eine regelrechte Obsession: Er wolle ein Kind von Helen. Ein Sohn sollte es sein, unbedingt. Aber wohin dann mit den schon existierenden Kindern? Pierre fragte schon mal brieflich bei einer Exfreundin an: Ob die wohl bereit sei, Ulrich und Stephan zu übernehmen?

Anfang 1921 trafen sie sich in Hohenschäftlarn alle wieder. Ich könnte ohne Helen nicht leben, sagte Pierre. Ich schon, entgegnete Franz, ich habe auf die Liebe verzichtet. Helen legte Scheidungsklage ein und verbrachte zur Feier des Tages eine Nacht mit Franz.

Gemeinsame Reisen mit Pierre: nach Berlin, nach Bad Saarow zu Helens Schwester Ilse. Erneut versuchte sich Pierre zwischen zwei Schwestern zu

Henri-Pierre Roché, 1920

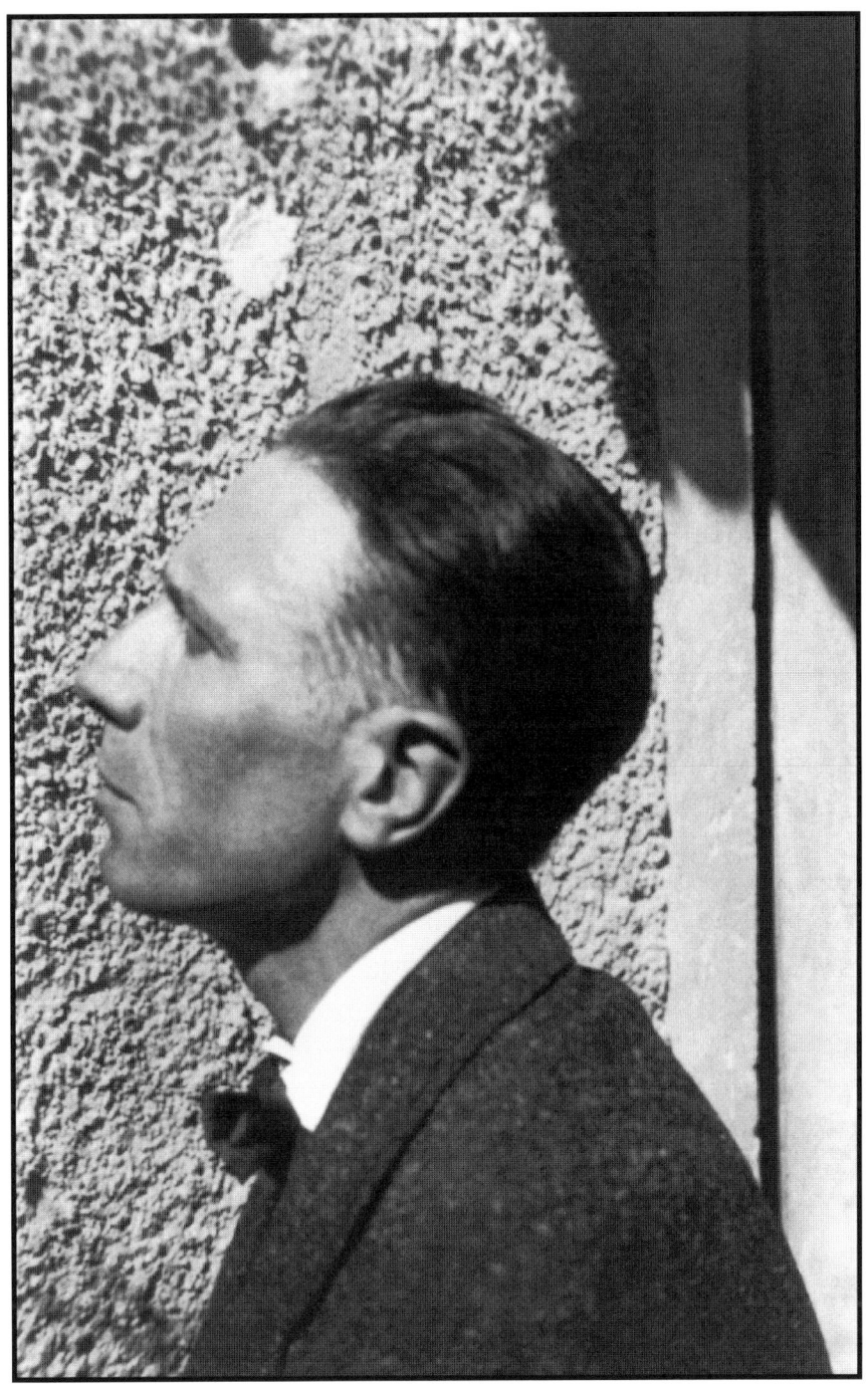

platzieren, doch diesmal wachte die eifersüchtige Helen wie ein Schlosshund. Als sie Pierre ihrerseits mehrere Seitensprünge gestand, schlug ihr Liebhaber zu: Ohrfeigen, Schläge in den Rücken. Sie rief Franz zu Hilfe. Schweigend schauten sie sich in die Augen. Unfähig zur Bindung, unfähig zur Trennung, verharrten sie in hilfloser Verstrickung.

Hysterische Zeiten in der *Villa Heimat*: Mal wollte Pierre die frisch geschiedene Helen heiraten, mal hatte er Angst, seine Pariser Freundin Germaine verließe ihn deswegen. Mal wollte Roché einen Roman zeugen, mal ein Kind. Ende 1921 war Helen wieder schwanger. Anfang 1922 trieb sie erneut ab.

Pierre, in Paris mit Germaine und drei weiteren Gespielinnen, war erleichtert. Er lebte für Sex, er schrieb über Sex, «wie Stendhal schreibe ich für künftige Generationen, wenn man einmal sexuelle Dinge in hellem Licht darstellen wird», notierte er grandios. Aber mit den Folgen wollte er nichts zu tun haben. Wenn er jetzt den Roman schriebe, erzählte er später Helen, dann hieße er «Das ungehabte Kind», «L'Enfant non eu».

Da war Helen schon wieder mit Franz verheiratet und lebte mit ihm ab August 1922 drei Jahre lang in Berlin-Tiergarten, Friedrich-Wilhelm-Straße 15. Zwischen Helen und Franz war die Leidenschaft jedoch erloschen, die Entscheidung zugunsten einer neuerlichen Heirat sei mit einem «Nein ans Bett» verbunden, schrieb sie ihrem Liebhaber. Pierre besuchte sie: wieder Streit und Eifersucht. Diesmal war es Helen, die Pierre wegen seiner Treulosigkeit ohrfeigte. Bei ihrer letzten Abtreibung, gestand sie, habe sie sich umbringen und Pierre mitnehmen wollen. Manchmal lag nachts ein geladener Revolver neben Helens Bett. «Meine Hosentaschenkatastrophe», nannte Pierre sie.

Hin und her, her und hin, ein endloses Gezerre und Psychodrama. Selbst Franz Hessel, dem Stoiker, wurde es zu viel. Im Juli 1923 erreichte Pierre und Helen auf einer Reise durch Italien ein bitterböser Brief von Franz: Er wolle sie nicht mehr zusammen sehen. Nicht einmal eine Stunde. Nur Pierre allein. Ihm werde er sein Leben und Leiden erzählen. Helen liebe er nicht mehr und auch keine andere. Sie respektierten Franz' Bitte nicht. Sie reisten zusammen nach Berlin, nach Wollin, nach Paris. Sie stritten und trennten sich wieder. 1924 ließ sich Helen die Haare kurz schneiden und fasste einen Entschluss: nach Paris!

Ab 1925 wohnte Helen in der französischen Hauptstadt und schickte ihre Söhne in eine Pariser Schule. Ihren Lebensunterhalt verdiente sie mit ihren Modeberichten für die *Frankfurter Zeitung*. Nun, mit ihrem Liebhaber in der Nähe, so glaubte sie, könne Klarheit in ihr Leben kehren. Sie schrieb ihre schönsten Feuilletons, über Reisen, Restaurantbesuche, über die Menschen in Paris. Wenn ihr Mann sie nicht besuchte, um mit Walter Benjamin zusammen eine Übersetzung der Werke von Marcel Proust zu erarbeiten, schickte sie ihm die wunderbarsten Briefe. Nur sie konnte einen banalen Friseurbesuch so zum Ereignis herausputzen:

«Es war voll von Amerikanerinnen mit Ketten von kirschgroßen Perlen, manche sahen wie Menschenfresserinnen aus. Die überlegenen, schnellen Frisiermädchen schwirrten um sie her wie Vögelchen um Kamele. Ein Massaker gabs, das blanke Parkett war bedeckt von langem Haar, in Strähnen und gerollt, schwarz und blond, ab und zu kam ein Mädchen und fegte die Pracht in die Ecke, die Friseure schüttelten das Gespinst von ihren Sohlen ab, das noch lebendig war von geheimnisvoller Frauenwärme, ohne Ekel, ohne Mitleid taten sie's. Eine schwarze Frau mit schwerem Blut und verhängtem Ausdruck nahm Nadeln aus ihrem Knoten, da fiel ihr ein Sturz Haar über den Rücken, kraftvoll wie Pferde. Und der Friseur zugefaßt und mit dem Rasiermesser gegen den Strich hineingeschabt. Daß da kein Blut floß!»

Auch von Pierre schrieb sie bisweilen. «O, ich bin wund wie nach einer Geißelung. Innen tropft es mir von den Wänden und fließt wie Blut und Honig. Das ist eine große Flut mit Schönheit und allem Schlamm und Scherben.» Oder von einer Urlaubsreise: «Ich gehe umher, ein Geseufz von Glück, ich laß mich los und leide an der Unzulänglichkeit der Liebe.» Oder auch das: «Ich weiß wohl, daß es mein Eigentliches wäre, ganz auszubrechen, wenn ich den letzten Mut dazu hätte. Mit dem Tod im Auge gewaltig zu leben. Wenn ich das nicht kann, dann sollte ich versuchen, die beste Mutter zu werden, eine Mutter, die nur Herbst sein will, irgendwo in der Stille mit dem Kind zu arbeiten, nicht mehr die Liebe zu treiben. Vielleicht hab ich schon alles erlebt, was zu erleben ist.»

Aber es war noch nicht genug erlebt und immer noch keine Ruhe. Die Puppenmacherin Germaine, seit nunmehr zwanzig Jahren mit Pierre liiert, hatte dessen amouröses Tagebuch entdeckt, die buchhalterische Auflistung all seiner Eroberungen. Pierre konnte sie nur beruhigen, indem er sie heimlich heiratete.

Im August 1928 lieferte sich Helen erneut dem Messer der Abtreibung aus und beerdigte ihre Schwester Ilse. Ihren Vater, den Bankier und Hobbymaler Fritz Grund, traf sie in Berlin in verzweifelter Stimmung an. Er habe seinen Töchtern nicht genügt, lässt ihn Franz Hessel in seinem 1940 erstellten Romanfragment *Alter Mann* sagen: «Die mir nahe waren, habe ich nie genug geliebt. Ihre Erscheinung habe ich genossen, ihre sichtbaren Freuden und Schmerzen genossen. Aber immer habe ich alles gelassen, wie es war. Ich habe nicht eingegriffen. Hab alles schön gefunden.» In seinem Schwiegervater erkannte sich der Dichter wie in einem Spiegel wieder. Machte er sich selbst Vorwürfe, alles schön zu finden, nicht einzugreifen und alles zu verdrängen?

Es war die Zeit der Tode. 1929 starb Pierres Mutter, 1930 Franz' Mutter, 1931 Helens Vater. Die Vatertochter Helen litt ebenso wie die Muttersöhne Pierre und Franz, doch am wildesten gebärdete sich Pierre. Noch vor seiner Mutter Tod bändelte er mit ihrer Krankenschwester an, zwei Tage nach ihrem Ableben mit einer gewissen Denise. Wie ein Pennäler seinen Stundenplan teilte er nunmehr seine Woche ein: Montag Denise, Dienstag Denise, Mittwoch Helen, Donnerstag Germaine, Freitag Denise, Samstag Helen, Sonntag Germaine. Helen, misstrauisch, eifersüchtig, wusste nichts von der Neuen. Aber sie spürte, dass sich Pierre zunehmend entzog. Im Herbst 1930 wieder ein gewalttätiger Kampf: Helen verprügelte Pierre mit einem Eisenstab, Pierre versuchte, sie k.o. zu schlagen.

Inzwischen hatte er Denise geschwängert. Das Kind muss vor Helen versteckt werden, verlangte der Vater. Sie solle es in ein Heim geben und anschließend adoptieren. Im Mai 1931 wurde der neugeborene Sohn der Assistance publique übergeben. Vermerk: «Vater und Mutter unbekannt». Seine feige Mutter hatte sich der Forderung seines feigen Vaters unterworfen, sie holte sich ihren Sohn als adoptierten zurück.

Die Zeiten wurden immer schwärzer, persönlich wie politisch. Im Juli 1933, ein halbes Jahr nach der Machtübernahme Hitlers, brach für Helen endgültig die Welt des individuellen Glücks zusammen. Sie waren in ihrer Wohnung, als Henri-Pierre Roché all seine Geheimnisse gestand: seine Heirat mit Germaine, seine Liebe zu Denise, den gemeinsamen Sohn.

Franz Hessel, um 1930

Sie lag da wie zerschlagen. Zerschlagen, muss sie gedacht haben, ist auch unser wichtigstes Fundament: die Ehrlichkeit. Eine Stunde später die ersten Tränen. Dann ein Aufleuchten in ihrem Gesicht: Sie geht zur Tür, dreht den Schlüssel herum und wirft ihn aus dem Fenster. Leg dich hin und bete, Pierre! Jetzt wirst du sterben.

Ihren Spazierstock hat er schon öfter bei Prügeleien gespürt, auch ihren Revolver, er weiß, dass es einen gibt. Verdammte Angst. Schon immer hat er Angst vor der ungebärdigen Helen gehabt, aber noch nie so viel. Er greift sie an, schleudert sie zu Boden, er schlägt zu, sie haut zurück. Du bist ein Feigling, Pierre, du hast Angst vor dem Tod! Ein Ringen, ein Keuchen, ein Kampf, den niemand von ihnen gewinnen kann. Sie wissen es. Irgendwann lassen sie erschöpft voneinander. Helen hat überall blaue Flecken. Pierre, reumütig, macht ihr kalte Umschläge. Helen telefoniert Charlotte Wolff herbei, ihre Freundin, die jüdische Ärztin, die vor den Nazis nach Paris geflohen war. Charlotte hebt den Schlüssel vom Bürgersteig auf und befreit die beiden aus der gegenseitigen Geiselnahme.

Noch ein paar Tage Dramatik und Todesdrohungen, dann war alles zu Ende. Helen Hessel wollte ihren Liebhaber, diesen feigen Schuft und Betrüger, diesen Charakterschwächling, nie wieder sehen. Sie hatte immer das Absolute gewollt, jenseits aller Grenzen. Schmerzen, Qualen, all das hatte sie bewusst in Kauf genommen, ja sogar gewollt, nur so hatte sie sich spüren können. Er aber war der Handwerker der Liebe geblieben, der sich in erster Linie für die «Präzision der Liebesarbeit» interessierte, und das vor allem bei anderen Damen. Diese «Präzision», von der er immer faselte und schrieb, dämmerte es Helen, war tatsächlich eine Technik: ein Trick, um sich an erotischen Details festhalten zu können, an einem schönen Ohr, einer wohlgeformten Wade, um niemals ganz in einer Frau versinken zu müssen. Hatte er überhaupt, abgesehen von seiner Mutter, jemals eine Frau geliebt, seelisch geliebt, nicht nur körperlich? War all seine angestrengte Körperarbeit jemals mehr gewesen als die Selbstbespiegelung und Selbstbestätigung eines schwachen Mannes?

Helen mochte es nicht zugeben, aber sie ahnte es: Ihre Liebe war weder revolutionär noch befreiend gewesen. Sie hatten keineswegs den neuen Weg jenseits von Eigentums- und Besitzdenken gefunden, den Weg zu dritt, viert, fünft, egal; sie hatten sich im Gegenteil mit Untreue und Eifersucht gequält bis aufs Blut. Ihre Liebe war auch nicht nur die göttlich funkelnde Liebe gewesen, auf die sie sich so viel eingebildet hatte, sondern auch schwärzester Hass, Wut und Rache. Und vor allem, und vielleicht war das das Schlimmste: ein unendlicher Reigen der Egozentrik.

Henri-Pierre Roché, den sie nie wieder sah, wurde zu einem alternden, zunehmend erfolglosen, zunehmend lächerlichen Don Juan. Auch Germaine und Denise verließen ihn, zumindest vorübergehend. Die Kriegsjahre verbrachte er im Örtchen Dieulefit, das zur italienischen Besatzungszone gehörte. Das Vichy-Regime war ihm, dem Unpolitischen, nicht einmal energisch genug. «Habe ‹Mein Kampf› zu Ende gelesen», vertraute er 1941 seinem Tagebuch an, «sehr mächtig, aktiv, ich verstehe seinen Erfolg.»

Einsam geworden, schwelgte er in Erinnerungen. 1942 begann er mit der Niederschrift eines ersten Entwurfes von *Jules et Jim*, mit Kriegsende war auch das Werk beendet. 1953 veröffentlicht, war es zunächst ein Misserfolg, bis 1955 François Truffaut ein Exemplar davon in die Hände fiel. 1959, vier Tage vor einem vereinbarten Besuch Truffauts beim Autor, starb Roché.

Wie anders als die Realität sieht die Filmgeschichte von *Jules und Jim* aus, wie friedlich-freundschaftlich teilen sich die beiden Männer ihre gemeinsame Geliebte Kathe. «Je suis une femme fatale», singt Kathe alias Jeanne Moreau alias Helen Hessel in ihrem Lied über den «Strudel des Lebens». Die alternde Heldin Hessel sah sich den 1962 gedrehten Film an, sooft sie konnte, er schmeichelte ihr, vielleicht tröstete er sie auch.

1933, direkt nach ihrer Trennung von Roché, war es jedoch vor allem ihre Freundin Charlotte Wolff gewesen, die sie tröstete, mit der sie zusammen in eine Wohnung zog.

Liebe deine Nächste

Lesben und Garçonnes: Charlotte Wolff und Helen Hessel, Marlene Dietrich und Claire Waldoff

«Helen und ich waren ein merkwürdiges Freundespaar», befand Charlotte Wolff in ihrer Autobiographie *Augenblicke verändern uns mehr als die Zeit.* «Immer schon hatte sie auf mich eine große Anziehungskraft ausgeübt, aber gleichzeitig hatte ich Angst, plötzlich von ihr zurückgewiesen zu werden. Ihre Freundschaft, ihr Bedürfnis, mich zu sehen, waren der Fels in der Brandung, an den ich mich klammerte», erinnerte sich die der Gestapo nur knapp entronnene Jüdin an ihre Ankunft in Paris im Mai 1933.

Charlotte Wolff war mit den Hessels aus Berliner Tagen befreundet. 1926 oder 1927, notierte sie in ihren Memoiren, habe Helen sie zu einem Urlaub in das kleine französische Dorf Sotteville eingeladen: «Helen und Pierre teilten sich ein Zimmer, ihr achtjähriger Sohn und ich hatten Einzelzimmer. Alle außer mir liefen nackt durchs Haus und zogen sich voreinander an und aus, ein Spaß, der ihnen in Fleisch und Blut übergegangen war.» In der dritten Urlaubswoche sei Franz Hessel aufgetaucht, und «man hätte erwarten können, daß er auf seine Frau und ihren Liebhaber eifersüchtig war. Doch es stellte sich heraus, daß Roché sein bester Freund war.»

In Paris jedoch erlebte Charlotte Wolff das Liebesdesaster mit: Das Ende der Beziehung mit Pierre brachte Helen völlig aus dem Gleichgewicht. «Dies veränderte unser Verhältnis zueinander. Wir kamen uns näher als je zuvor, denn jetzt war ich es, die ihr die Geborgenheit geben konnte, nach der sie sich sehnte.»

War es nur innige Freundschaft oder war es Liebe? Da Charlotte Wolff, später von Helen Hessel tief verletzt, nichts Genaueres darüber mitteilt, bleibt es ihr Geheimnis. Helen Hessel war den Andeutungen ihres Mannes zufolge bisexuell, sie liebte es, bisweilen als Mann aufzutreten, und hatte laut ihrer Freundin «die muskulöse Figur eines jungen Mannes». Wolff gehörte zu den ersten Frauen, die sich öffentlich zu ihrer Homosexualität bekannten, sie war auch die Erste, die dem Phänomen der lesbischen und der bisexuellen Liebe empirische Studien widmete.

Charlotte Wolff war am 30. September 1897 im westpreußischen Riesenburg geboren worden und in Danzig aufgewachsen. Ihr Vater war genauso wie Franz Hessels Vater ein Getreidehändler, Inhaber der Firma «C.Wolff, Getreide», ihre Mutter Hausfrau. Mit drei Jahren, so schreibt sie in ihren Erinnerungen, habe sie sich von ferne in eine Sechzehnjährige verliebt, mit elf oder zwölf in ihre Klassenkameradin Lotte, mit dreizehn in die drei Jahre ältere russische Jüdin Ida. «Weder Ida noch ich hatten jemals den Begriff Homosexualität gehört, noch wußten wir irgend etwas über gleichgeschlechtliche Liebe. Wir erlebten unsere Zuneigung ohne Angst, ohne Etikett, ohne Liebesvorbilder. Wir liebten uns ganz einfach. Uns zu küssen, bedeutete die größte Lust, und wir küßten uns zu jeder Stunde. Wenn wir miteinander schliefen, lagen wir mit engumschlungenen Beinen da und unser beider Münder verschmolzen zu einem. Das waren die glücklichsten Nächte, die ich je erlebt hatte», schreibt Wolff in ihren Memoiren. Sie hätten weder Angst noch Schuldgefühle gehabt, denn ihre Eltern «sahen entweder nichts Außergewöhnliches» in ihrer Zuneigung «oder wenn, ließen sie es uns nicht merken. Vielleicht waren sie so naiv wie wir. Später stellte ich fest, daß meine Eltern um meine Liebe zu Frauen wußten. Sie stellten mir keine Fragen, sondern akzeptierten mich so, wie ich war.»

Charlotte Wolff war ein schwieriges Kind: hoch begabt, mit einer außergewöhnlichen psychologischen Intuition ausgestattet, labil, empfindlich, zu Ängsten und Depressionen neigend. Mit zwölf Jahren schon schrieb sie Gedichte, ihr ganzes Leben fühlte sie sich zerrissen zwischen der Passion der Wissenschaft und der Passion der Schriftstellerei. Sie studierte Philosophie und Medizin in Freiburg, Tübingen, Königsberg und Berlin, wo sie 1928 ihr Examen ablegte und ihren Dr. med. erwarb.

Berlin: Dort erlebte sie die «aufregendste Zeit meines Studentenlebens», sie atmete die «Luft von Freiheit und Toleranz». «Der verlorene Krieg und die jetzt auftretende Hyperinflation» hätten die Menschen «ganz wild» darauf gemacht, stellte sie fest, «ihr Leben in vollen Zügen zu genießen. Es war der berühmte Tanz auf dem Vulkan. Zu keiner anderen Zeit hatte es ein solch kreatives Verlangen unter den deutschen Künstlern und Denkern gegeben. Die Kultur stand in voller Blüte, während das Land in den Abgrund taumelte. Es war die Zeit des Überschwanges erotischer Vergnügungen und intellektueller Späße.» Und sie sei dabei gewesen und «konnte all das erleben! Der Himmel war nicht irgendwo über uns, sondern hier auf Erden, in der deutschen Hauptstadt.»

Sie lernte die Benjamins kennen, die «ein schönes Haus in der Dellbrückstraße 23 in Grunewald» bewohnten. Auch der linkische Walter Benjamin mit seinen «rosigen Apfelbäckchen» und seiner kindlichen Entdeckerfreude «hatte eine homo-emotionale Seite. Die Art, wie er über seinen Freund, den Dichter Heinle sprach, ließ keinen Zweifel an seiner Liebe für ihn … Liebe und Tod waren Benjamins wichtigste Themen, mit denen er sich ständig beschäftigte. Er erlebte nie das quälende Gefühl der Eifersucht, weder in Bezug auf seine Frau, noch bei seiner geliebten Jula, die seine Gefühle nicht erwiderte.» So einfach scheint es denn doch nicht gewesen zu sein, denn das Ehepaar benötigte zu jener Zeit eine «Vermittlerin», eine Rolle, die Charlotte Wolff gerne übernahm. Zum Dank dafür beschaffte ihr Dora Benjamin in den schlimmsten Inflationszeiten ein Stipendium, ausbezahlt in wertvollen Devisen, aufgebracht von einem niederländischen Arzt.

Über Walter Benjamin lernte sie Franz Hessel kennen, den sie den «Feinschmecker» nannte, denn er sei ein «exzellenter Koch» gewesen. Bei ihm fühlte sie sich «behaglich und geborgen wie bei einer fürsorglichen Mutter – genau das Gegenteil zu der Atmosphäre in Walter Benjamins Haus. Dieser verschwand nach und nach aus meinem Leben, während Hessel und ich uns näherkamen.»

Berlin in den zwanziger Jahren galt als toleranteste Stadt Europas, als das Eldorado der Homosexuellen. «Sie kamen von überall auf der Welt dorthin», erinnerte sich die Wolff, «besonders aber aus England, um hier eine Freiheit zu genießen, die ihnen in ihren Heimatländern verwehrt wurde.»

Das war vor allem Magnus Hirschfeld zu danken, dessen vielfältige Aktivitäten weit über Deutschlands Grenzen hinaus bekannt wurden. Das von

Hirschfeld bereits 1897 gegründete *Wissenschaftlich-humanitäre Komitee*, die erste Selbstorganisation von Homosexuellen, setzte sich noch vor der Jahrhundertwende in einer von mehr als 6000 Menschen unterschriebenen Petition an den Reichstag für die Abschaffung des Paragraphen 175 ein, letztlich vergeblich. Es stand Homosexuellen vor Gericht bei und führte 1903 die weltweit erste Umfrage über das Sexualverhalten von Männern durch. Von 1696 befragten Studenten der Technischen Hochschule Charlottenburg gaben 1,5 Prozent an, sie seien homosexuell, und 4,5 Prozent, sie seien bisexuell. Sechs Studenten zeigten Hirschfeld wegen Beleidigung und Verbreitung unzüchtiger Schriften an, und er wurde zu 200 Mark Geldstrafe verurteilt.

Nach dem Ersten Weltkrieg erwarb der Arzt mittels einer Erbschaft eine herrschaftliche Villa In den Zelten 9a bis 10 in Tiergarten und eröffnete dort 1919 sein *Institut für Sexualwissenschaft*. Die geschmackvoll eingerichtete Villa hatte stolze 115 Räume: im Souterrain Büros, Küche, Angestelltenwohnungen, im Parterre Empfangsräume, im ersten Stock Hirschfelds Privatwohnung, im zweiten Laboratorien und Untersuchungszimmer. Weiterhin waren untergebracht: der gerichtsmedizinische Dienst für gutachterliche Stellungnahmen. Eine Institutspension für die zahlreichen internationalen Gäste. Eine Bibliothek mit rund 100 000 Bänden. Ein Institutsmuseum mit einer riesigen Sammlung von Sexualfetischen, Dildos und Selbstbefriedigungsapparaten, einer davon mit Tretantrieb in Form eines Dreirades, mit Tausenden von Fotos von Homosexuellen, Transvestiten oder Prostituierten, mit erotischen Zeichnungen von Patienten, darunter 2000 Frauenbeine und 800 Frauenhände.

Der ebenfalls dort untergebrachten ersten Sexualberatungsstelle lief das Publikum alle Türen und Tore ein, allein 1919 zählte sie 3000 Ratsuchende, unter ihnen nicht wenige Schwule und Lesben. Hirschfeld und seine Mitarbeiter, darunter als einzige Frau Helene Stöcker, berieten bei Sexualproblemen, darüber hinaus sammelten sie sexualwissenschaftliche Daten, hielten aufklärerische Vorträge vor gelehrtem Universitäts- und ungelehrtem Arbeiterpublikum, gaben diverse wissenschaftliche Zeitschriften heraus. Stöcker kämpfte für besseren Mutterschutz, für das Recht auf Abtreibung und gegen die Bestrafung lesbischer Liebe, wie sie in konservativen Kreisen gefordert wurde.

War es der Einfluss von Magnus Hirschfeld und seinen Verbündeten, der Deutschland zum freiheitlichsten europäischen Land werden ließ, oder machte die Weimarer Republik einen Sexualwissenschaftler wie Hirschfeld erst möglich? Charlotte Wolff konnte sich für keine Antwort entscheiden. Aber: «Wie dem auch sei, die Zeit muß für beide reif gewesen sein. Bars für Schwule und Nightclubs schossen nicht nur im modischen Westberlin, sondern auch in ärmeren Stadtteilen aus dem Boden. Man konnte Mercedeswagen genausogut vor homosexuellen Bars wie vor schicken lesbischen Nichtclubs parken sehen.»

«Diese Frauen sind authentisch», begeisterte sich Dora Benjamin, wenn sie mit Charlotte Wolff zusammen einen Club wie die *Verona Diele* besuchte. Viele der Frauen, wusste Wolff, «waren Prostituierte. Diese lesbischen Stammgäste verdienten sich ihren Lebensunterhalt auf der Straße, doch zu Hause liebten sie Frauen».

Ein anderes lesbisches Lokal war der *Topp-Keller* in der Schöneberger Schwerinstraße, in dem später Dinah Nelken ihr Kabarett eröffnete. Es war ein Ort, in dem sich Frauen aller Gesellschaftsschichten trafen, umweht vom Ruch des Geheimnisvollen. «Zu einer bestimmten Zeit», so Wolff, «wurden die Türen verriegelt. Dann fühlte man sich mehr eingesperrt als sicher. In einem Vorraum wurden die Namen der Besucherinnen sorgfältig notiert. Hier herrschten zwei liebenswürdige Lesbierinnen, die – dick und bärtig – jede hereinkommende Frau mit einem Kuß begrüßten.» Der Höhepunkt des Abends gegen elf Uhr wurde als «schwarze Messe» berühmt. Eine schöne, große, männlich wirkende Frau mit Sombrero, von allen «Napoleon» genannt, stand in der Mitte der Tanzfläche und gab Befehle aus. «Wir tanzten vor und zurück, hielten unseren Drink in der einen Hand und unsere Nachbarin an der anderen. So tanzten wir immer weiter und weiter, bis sie den Befehl erteilte, auszutrinken und das leere Glas über unsere Schulter zu werfen.»

Offenbar eine Spezialität der Schwerinstraße. Ein paar Häuser weiter, im Lesbenverein *Die Pyramide*, wurde meist Montag abends die «Cognac-Polonaise» aufgeführt, bei der alle Tänzerinnen aus einem Cognacglas trinken mussten, ohne die Hände zu benutzen. Hier schmissen auch Claire Waldoff, Anita Berber und ihre Freundin Susi Wanowski die Gläser zu Scherben. «Der Vorstand waren ältliche Damen», erinnerte sich Claire Waldoff in ihren

Memoiren. «Man mußte durch drei Haustore gehen, bis man ins verschwiegene Eldorado der Frauen kam, Entrée 30 Pfennig. Vier Musiker mit Blasinstrumenten spielten die verbotenen Vereinslieder. Ein Saal mit Girlanden geschmückt, bevölkert von Malerinnen und Modellen. Von der Seine sah man bekannte Maler; schöne elegante Frauen, die auch mal die Kehrseite von Berlin, das verruchte Berlin kennenlernen wollten; und verliebte kleine Angestellte.» Die «Cognac-Polonaise», die im Laufe des Abends immer wieder ertönte, musste man, «auf dem Tanzboden kniend, mit dem gefüllten Cognac-Glas vor sich» zelebrieren. Den «unparlamentarischen» Text der Polonaise wollte Claire Waldoff nicht überliefern, hier «sträubt sich meine Feder».

Im *Topp-Keller* wiederum verkehrten Prostituierte, die «in Männerkleidung und langen Stiefeln» rund um den Nollendorfplatz Freier suchten. So manch ein Masochist suchte hier nach einer peitschenden Domina. «Eines Tages», erinnerte sich Wolff, «näherte sich ein spröder Aristokrat unserem Tisch und forderte mich zum Tanzen auf. Als er mir ein Apartment anbot unter der Bedingung, daß ich ihn dort zweimal die Woche fesseln und auspeitschen sollte, mußte ich laut herauslachen und beendete damit abrupt seinen aussichtslosen Annäherungsversuch.»

Die Welten der Homo- und der Heterosexuellen vermischten sich damals mehr als heute. Besuchte eine Frau eine Lesbenbar, ließ sie sich oftmals von einem Freund oder gar vom Ehemann begleiten, und in Schwulenbars verkehrten auch weibliche Wesen. «Auch Männer und Frauen, deren eigene Neigungen eher heterosexuell waren, betrachteten begierlich die Vorgänge in dieser ‹Untergrund-Welt›», beobachtete Charlotte Wolff. «Einige von denen, die nur als Beobachter gekommen waren, machten sich einen Spaß daraus, mit gleichgeschlechtlichen Partnern zu tanzen.» Es war eben schick, in der Halbwelt zu verkehren.

Es war auch deswegen schick, weil das Verbotene kitzelte. «Die Furcht vor Razzien», schreibt Wolff, sei im *Topp-Keller* «jederzeit präsent» gewesen. Die Polizei in der Weimarer Republik fand es offenbar interessanter, Homosexuelle zu drangsalieren, statt straffällig gewordene Nazis zu jagen. Wegen Verstoßes gegen den Paragraphen 175 kamen indes nur Männer hinter Gitter. Zwar wurden in Preußen bis 1747 die Todesstrafe und danach Freiheitsstrafen gegen weibliche Homosexuelle verhängt, doch mit dem Preußischen

Strafgesetzbuch von 1851 und dem Reichsstrafgesetzbuch von 1871 wurden «nur» noch die Schwulen mit Gefängnis bekämpft. Die Diskriminierung in der Diskriminierung war für die lesbischen Frauen von damals ein Glück: Wenn zwei «Zweitrangige» sich liebten, galt das offenbar als drittrangig, ergo nicht strafwürdig. Was nun also der Sinn der gelegentlichen Razzien in den lesbischen Clubs sein sollte, blieb nicht nur Charlotte Wolff verborgen: «Die wahren Interessen der Polizei blieben uns allen ein Rätsel.»

1928 legte Charlotte Wolff ihr Examen als Ärztin ab. Sie bekam eine Anstellung im Rudolf-Virchow-Krankenhaus, danach in der Beratungsstelle für Schwangere, die die Allgemeinen Krankenkassen in Berlins Kleineleuteviertel Neukölln eingerichtet hatten. «Nie habe ich mich zufriedener und sicherer gefühlt als während der fünf Jahre als Ärztin bei den Krankenkassen Berlin», schreibt sie. Das soziale Umfeld ihrer Arbeit bildete sie zur Sexualwissenschaftlerin und Sexualtherapeutin weiter. Sie wurde Vizedirektorin der Schwangerschaftsfürsorgedienste, hielt Beratungsstunden und Vorträge über Familienplanung, passte Pessare an.

Mit ihrer Freundin Katherine lebte sie zusammen am Wilmersdorfer Südwestkorso 53a; um die Ecke, am Laubenheimer Platz 3, mitten in der so genannten Künstlerkolonie, betrieb sie nebenher eine kleine Privatpraxis. Dort, rund um den heutigen Ludwig-Barnay-Platz, hatten die *Berufsgenossenschaft deutscher Bühnenangehöriger* und der *Schutzverband deutscher Schriftsteller* zwischen 1927 und 1929 in grünem Idyll drei Wohnblöcke errichten lassen, in denen fast alle wohnten, die klangvolle Namen hatten: Ernst Busch, Ernst Bloch, Johannes R. Becher, Walter Hasenclever, Axel Eggebrecht, Arthur Koestler, Manès Sperber, Joachim Ringelnatz und viele andere. Nach Hitlers Machtübernahme war die Künstlerkolonie die letzte Bastion in Berlin, in der rote und schwarzrotgoldene Fahnen aus den Fenstern wehten. Jedenfalls bis zu einer Großrazzia der SA im März 1933, bei der zahlreiche Bewohner verhaftet wurden.

Schon 1932 wurde das Auftreten der Nazis immer bedrohlicher. Um die Jüdin Charlotte Wolff zu schützen, versetzte sie der leitende Arzt der Krankenkassen auf eine «neutrale Stelle», 1932 ernannte man sie zur Direktorin des *Elektro-physikalischen Instituts* in Neukölln. Im Frühjahr 1933 jedoch wurde sie entlassen und von der Gestapo verhaftet. Sie sei «eine Frau in Männerklei-

Charlotte Wolff, 1933

dung und eine Spionin». «Aber das ist doch Frau Dr. Wolff, die meine Frau im Neuköllner Ambulatorium behandelt!», rief aufgeregt ein Wachmann auf dem U-Bahnhof Hasenheide, als er sie dort in der Gewalt der Gestapo sah. Sie wurde freigelassen, doch drei Tage später durchsuchte man ihre Wohnung nach Bomben, jemand hatte sie als «gefährliche Kommunistin» denunziert. Am 26. Mai 1933 rettete sie sich in den Zug nach Paris.

Helen Hessels Stimme am Telefon in Paris war für die gerade noch ihren Häschern Entkommene «wie eine zärtliche Berührung». Sie lebten zusammen in einer Pension, später in einer Wohnung. Charlotte Wolff, die als Ärztin nicht mehr praktizieren konnte, verlegte sich auf Handanalysen und Handstudien, aus denen später mehrere Bücher entstanden.

Mit der Zeit wurde Helen ihr gegenüber «immer reservierter». Vielleicht auch deshalb, überlegt Charlotte Wolff in ihren Memoiren, weil sie sich irgendwann «in die Prinzessin Armande de Polignac verliebt hatte und Helen diese Frau, die tägliche Telefongespräche mit mir führte, nicht mochte». Jedenfalls: «Eines Tages beleidigte Helen mich mit einer unmißverständlichen antisemitischen Äußerung. Ich sah sie lange an, sagte aber kein Wort. Dann ging ich auf mein Zimmer, packte meinen Koffer und ging.»

Der Bruch mit Helen führte auch dazu, dass sie «alles Deutsche» abzulehnen begann. 1936 verließ sie Paris Richtung London, um einen Neuanfang zu wagen. In den siebziger Jahren machte sie dort Furore mit ihren sexualwissenschaftlichen Pionierwerken *Love Between Women* und *Bisexuality: A Study*. 1978 und 1979, als Westberliner Lesben sie zu Lesungen einluden, sah sie Berlin noch einmal wieder. Doch bis zu ihrem Tod 1986 lautete ihre Antwort auf Fragen nach ihrer Nationalität: «Ich bin eine internationale Jüdin mit einem britischen Paß.»

«Mit Befriedigung» erkannte Charlotte Wolff bei ihrem Frontstadt-Besuch den Bülowbogen in Schöneberg wieder: «Es beruhigte mich, mir die Homo-Bar vorzustellen, die es einst unter dem Bülowbogen gegeben hatte und in der ich die wilden Tänze gleichgeschlechtlicher Paare in der Begleitung von Helen und Franz Hessel hatte genießen können.» In der Bülowstraße reihte sich damals ein Homolokal an das andere: der *Nationalhof*, der *Continental-Club*, das *Bülow-Casino*, das *Conti-Casino*, das *Dorian Gray*, das *Hollandais*, das *Dédé*, die *Hohenzollerndiele* und die *Pan-Diele*. Einige Bars hatten «Elitetage», die einem

Geschlecht vorbehalten waren. Die Gegend rund um den Nollendorfplatz und bis zum Kurfürstendamm war damals jedoch keineswegs das einzige Zentrum homosexueller Subkultur. Die einschlägigen Lokalitäten, schon 1922 neunzig bis hundert an der Zahl, waren auch in der Vergnügungsmeile Friedrichstraße vom Halleschen bis zum Oranienburger Tor zu finden, im Scheunenviertel in Mitte oder südlich vom Spittelmarkt.

Besonders berühmt war das *Eldorado*, das ab 1927 in der Schöneberger Martin-Luther-Straße residierte. «Einen Abend im Eldorado zu verbringen, das ist die letzte Mode der Berliner ‹Gesellschaft›. Dort sitzt ein bekannter Großbankdirektor, da ist ein Großer aus der Industrie, viel Theater und Film. Ein paar junge Filmschauspieler, schöne regelmäßige Gesichter, denen sich hier freilich bald ein böser Zug einprägen wird», vermerkte die *Berliner Volkszeitung* im Jahre 1927 durchaus nicht wohlwollend.

Was ihren Reporter abstieß, zog andere Heterosexuelle, vor allem aus Künstler- und Literatenkreisen, geradezu magisch an: die neue Freiheit, die Geschlechterdemokratie. Es war Spaß, Modetrend, Dernier Cri, aber auch die Ahnung, dass alle aufatmen konnten, wenn das Korsett der Geschlechterrollen gesprengt war.

Es war der gleiche Aufbruch und Ausbruch, die gleiche Bewegung, die die Geschlechter sich trennen und näher kommen hieß. Frauen wollten von Männern nichts mehr wissen, Männer von Frauen, und doch zelebrierte man gemeinsam das Fest der androgynen Annäherung. «Je eleganter das Lokal, um so effeminierter ist der eine Teil der Männer», wusste Curt Moreck in seinem 1930 erschienenen *Führer durch das lasterhafte Berlin*. «Im vornehmeren Westen vollzieht man die Angleichung ans andere Geschlecht mit Puderquaste und Lippenstift. Man ist etwas verschwenderisch mit Parfüm und kokettiert mit seidener Wäsche in süßen Farben. Man ist pomadisiert und geschniegelt, onduliert und epiliert. Man trägt die weiche Tolle. Man blickt aus Belladonnaaugen schmachtend und träumerisch. Man lebt hier ein wenig nach der Literatur.»

Am Ku'damm promenierten Männer in Frauenkleidung, Frauen als Männer und Mädchen mit hohen Stiefeln und Peitschen. Von Noblesse und Prominenz überrannt wurden Homobars wie die *Silhouette* in der Geisbergstraße und die *Schnurrbartdiele* in der Grünstraße. Dort saßen Schnurrbart an

Im **Eldorado**, vorne links die einzige Frau der Gruppe, 1926

Schnurrbart, wilhelminisch fesch gewichst, hindenburgisch nach oben gebogen, mann hielt sich an den Händchen, tanzte Walzer und schaute sich tief in die Augen.

Völlig neu waren diese Trends freilich nicht. Der erste verbürgte Transvestitenball von Berlin fand 1868 statt. «Vornehmlich um 1900 herum bildeten die großen Urningsbälle in ihrer Art und Ausdehnung eine Spezialität von Berlin», wusste Magnus Hirschfeld, der die Schwulen «Urninge» nannte – ein Begriff, den er von Karl Heinrich Ulrichs, dem ersten Vorkämpfer der Homosexuellen im 19. Jahrhundert, übernommen hatte. Die stolze Tradition der Urningsbälle wurde durch Polizeiverbote unterbrochen, aber in geringerem Umfang auch noch in den zwanziger Jahren gepflegt. Harmlose Vergnügungen sah die Obrigkeit darin immer noch nicht. So wie sich aus undurchsichtigen Gründen manch eine Lesbe auf der Polizeiwache wieder fand, so wurde auch manch ein Transvestit aufgegriffen und wegen «groben Unfugs» vor Gericht gezerrt. «Der grobe Unfug trägt sehr sittliche, dunkelgraue Baumwollstrümpfe», berichtete Gabriele Tergit aus dem Strafgericht Moabit über solch einen Fall. «Hier Ecke der Krausenstraße aß er ein paar Würstchen und wurde von einem Sittenpolizisten wegen groben Unfugs arrestiert.»

Die Frauen indessen spielten das umgekehrte Spiel und gingen als «Garçonne»: kurzhaarig, beschlipst, manchmal sogar behost. Der gleichnamige Nachkriegsroman von Victor Margueritte war 1924 ins Deutsche übersetzt worden, und «Garçonne» hieß sodann nicht nur der neue Modetrend, sondern auch eine Lesbenzeitschrift sowie ein Lokal, das Anita Berbers Freundin Susi Wanowski 1931 in der Kalckreuthstraße unweit des Nollendorfplatzes eröffnete.

Während konservative Politiker gegen solche Symptome «krankhaften Mannweibtums» wetterten, debattierte frau in der Zeitschrift Garçonne, was eine «Männin» sei, in einem Jargon, den wir heute biologistisch nennen würden, der aber in ganzer Linie dem damaligen Denken entsprach: «Unter Männin wird eine Frau verstanden mit sehr starkem männlichen Einschlag, sei es in körperlicher, sei es in seelischer Beziehung, oder auch in beiden Beziehungen zugleich. Die Männin ist ein Gemisch von Frau und Mann … Ihr Gegenstück ist im anderen Geschlecht der … verweiblichte Mann.» Der erste Typus der Männin sei die Lesbierin, der zweite die Transvestitin, der dritte die Amazone, die von einem starken Willen zur Macht geleitet werde.

Die Garçonne, früher Frauenliebe, erschien von 1926 bis 1932. 1931 durften sie und andere Lesbenzeitschriften wie Die Freundin, weil in eine Liste von «Schund- und Schmutzschriften» aufgenommen, nicht mehr an den Kiosken ausgehängt werden. Die Frauenliebe, anfangs mit einer Seite «Der Transvestit» ausgerüstet, fungierte als Wochenschrift der Homosexuellenorganisation Deutscher Freundschaftsverband; die Garçonne war Organ des dem Freundschaftsverband angehörenden Damenclubs Monbijou des Ostens.

Auch die lesbischen Clubs waren keine neue Erfindung. Viele waren schon um die Jahrhundertwende entstanden und nannten sich gerne, zur Tarnung, Kegelclub, Sparverein oder Lotterieverein. Zwischen 1900 und

1933 gab es an die dreißig solcher Vereinigungen in Berlin. Der elitäre Club *Monbijou des Westens*, in dem Filmstars, Sängerinnen und Schauspielerinnen verkehrten, hatte stolze 600 Mitglieder, der *Violetta-Club* 400, der *Kegelclub Die goldene Kugel* 150.

Die meisten gehörten wiederum einem reichsweiten Zusammenschluss an, etwa dem *Bund für ideale Frauenfreundschaft* oder dem *Deutschen Freundschaftsverband*, später umbenannt in *Bund für Menschenrecht*. Letzterer hatte zeitweilig rund 48 000 Mitglieder, 46 500 Männer und 1500 Frauen, haben die Autoren und Autorinnen des Buches *Eldorado – Homosexuelle Frauen und Männer in Berlin 1850–1950* gezählt. Der *Bund*-Vorsitzende, der schwule, betont maskuline Verleger Friedrich Radszuweit, lag sich mit Magnus Hirschfeld in der Wolle, weil er dessen Theorie der sexuellen «Zwischenstufen» mit dem Typus des femininen Schwulen nicht akzeptieren mochte, gab sich unpolitisch und duldete einen SA-Chef Ernst Röhm in seinen Reihen.

Wenn Deutsche eine Revolution machen wollen, und sei es eine sexuelle, dann gründen sie einen Verein zur Planung der Revolution e.V. Die meisten Damenclubs waren urdeutsche Zusammenschlüsse mit Satzung, Vereinsvorsitzenden, Fahnen und Wandertagen. Mit Rucksack und Feldflasche, singend und jubilierend, zog frau gemeinsam ins Wochenende.

Radfahrten, Kremserpartien, Unterhaltungsabende, Jahresbälle: Das war das Hauptprogramm. Die *Garçonne* und andere Vereinsorgane waren voll von Berichten über diese amüsierlichen Ereignisse, daneben gab es blumige Gedichte und illustre Kurzgeschichten aus der Welt der Stars and Stripes, der Schauspielerinnen und Strippenzieher. Und natürlich Kontaktanzeigen: «Dame, 39 Jahre, in guten Verhältnissen lebend, sehr einsam, sucht Dame in ähnlichen Verhältnissen, zwecks Briefwechsel.» Oder: «Selbständige Dame, 34 Jahre alt, mit guter Dauerexistenz, sucht liebevolle Dauerfreundin mit etwas Vermögen, zur Erweiterung des Geschäftes.»

In dieser Atmosphäre zwischen Blümchensex und Rebellion durfte auch eine gemeinsame Hymne nicht fehlen:

Titelblatt der populären, 14-tägig erscheinenden Lesbenzeitschrift **Die Freundin**, Ausgabe vom 14. Mai 1928

ſcheint 14tägig Montags

4. Jahrgang — Nummer 10
14. Mai 1928

20 Pf.

Die Freundin

Offizielles Publikationsorgan
des „Bundes für Menschenrecht, e. V.", Berlin.

(Das ideale Freundſchaftsblatt)

Halbmonatsſchrift für Aufklärung über ideale Frauenfreundſchaft

Freundinnen

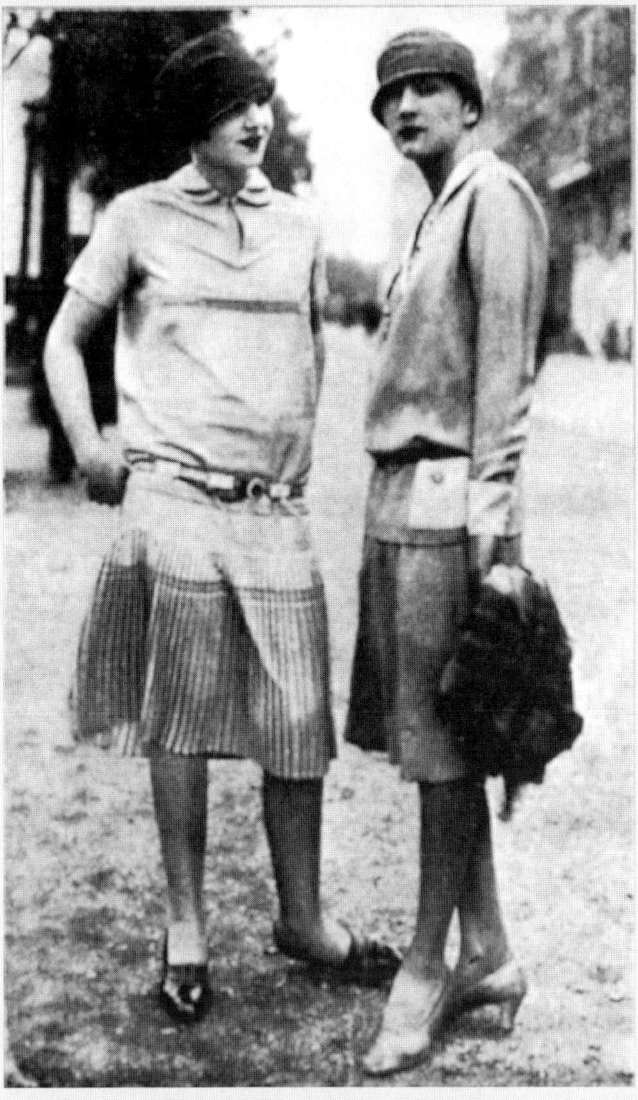

Photo:
Manuel Fréres

«Wir sind nun einmal anders als die Andern,
die nur im Gleichschritt der Moral geliebt …»

Anders als die Andern, so hieß auch der verbotene Film von Richard Oswald mit Anita Berber. *Andersrum* war ein Lied der Operettensängerin Fritzi Massary. «Andersrum» wurde zur wohlwollenden Umschreibung aller Homosexuellen, und «Andersrum» war Mode. Wer nicht wohlwollend war, und das waren immer noch sehr viele, benutzte Formulierungen wie Franz Scheda in seiner Abhandlung *Abarten des Geschlechtslebens*: «Die lesbische Liebe findet sich vornehmlich bei Frauen von entweder sehr niedriger Intelligenz und mit sittlichen Defekten, wie bei Prostituierten oder bei solchen, deren Gehirntätigkeit über das für Weiber zulässige Maß in Anspruch genommen wird (studierte Frauen, Schriftstellerinnen, auch Künstlerinnen).»

«Andersrum» war auch das öffentliche Auftreten vieler Frauen in Hosen, Schlips und Sakko. Während der «Garçonne-Stil» mit Bubikopf und kurzem Rock durchaus breite gesellschaftliche Anerkennung erfuhr – es lasse sich damit «besser sowohl tanzen und Sport treiben wie auch in Fabriken arbeiten», anerkannte 1926 Heinrich Mann stellvertretend für viele –, wurde das Tragen von Hosen, jenem jahrhundertealten Symbol männlicher Macht, immer noch als provokant empfunden. Schon die Sprichwörter verraten es: Wer «die Hosen anhat», hat das Sagen, wer «die Hosen runterlassen muss», wird gedemütigt. Weibliches Hosentragen wurde zum Symbol für die Aneignung männlicher Vorrechte. Eine Frau in Hose beansprucht einen Teil der Männermacht, ein Mann im Rock erlebt eine Degradierung.

Schauspielerinnen waren die Ersten, die in Hosen auftraten – und die wichtigsten Vorbilder in einer Gesellschaft, die unablässig Kinos und Theater einrannte. Asta Nielsen präsentierte sich schon 1912 im Stummfilm *Jugend und Tollheit* in einer Hosenrolle, 1920 mimte sie in Strumpfhosen einen weiblichen Hamlet. Elisabeth Bergner trat 1925 als *Dona Juana* auf, Louise Brooks hatte in Frank Wedekinds Lesbenstück *Die Büchse der Pandora* die Hosen an, und Greta Garbo bewies 1934 als *Königin Christine*, wie maskulin-kraftvoll, mit den Schultern voraus, sie in Manneskleidung vorwärts stürmen konnte.

Auch Anita Berber, Marlene Dietrich und Claire Waldoff standen in der ersten Reihe jener jungen Pioniere der Androgynität. Marlene, die auch privat am liebsten die Hosen anhatte, trat schon 1926 im *Duell am Lido* als Garçonne mit Monokel und seidenem Hosenanzug auf. Im *Blauen Engel* zeigte sie, wie männlich sie ausschreiten konnte, in *Marokko*, 1930 in Hollywood aufgenommen, küsste sie in Frack und Zylinder eine andere Frau auf den Mund.

Ihr Regisseur Josef von Sternberg gab zu, das alles bewusst inszeniert zu haben: «Ich wollte ihr nicht nur einen lesbischen Touch geben … sondern auch beweisen, daß ihr sinnlicher Reiz nicht nur auf den klassischen Beinen beruhte.» Die *Marokko*-Marlene wurde der US-Öffentlichkeit mit dem Slogan «Die Frau, die alle Frauen sehen wollen» angekündigt. Ein in der Drehzeit aufgenommenes berühmtes Porträt zeigt sie unterteilt in eine weibliche und eine männliche Körperhälfte. Rechts Licht, blonde Locken, weiche Linien, ein Lächeln. Links harte Schlagschatten, eine lässig im Mundwinkel gehaltene Zigarette, ironische Unnahbarkeit.

Die burschikose Waldoff hatte schon 1907 bei ihrem ersten Kabarettauftritt im *Roland von Berlin* einen Hosenanzug tragen wollen, jedoch war derlei Bekleidung damals für Damen nach 23 Uhr auf der Bühne verboten. Aber schon zwei Jahre später wurde es der inzwischen zum «Stern von Berlin» Aufgestiegenen gestattet: im *Chat noir* zeigte sie sich im Anzug eines Eton-Boys. Sie kreierte die Mode des Männerschlipses zur Frauenbluse und des Bubikopfs, sie rauchte Zigarren und kippte Schnäpse. Mit ihrer Hymne auf *Hannelore* nahm sie sich in unvergleichlicher Weise selber auf den Arm: «… Keiner unterscheiden kann, ob du'n Weib bist oder 'n Mann!»

«Die Waldoff war die erste Berlinerin mit kurzgeschnittenen Haaren», schreibt der Journalist Walther Kiaulehn, «ein Dreikäsehoch mit großen Nasenlöchern über einem schottisch-karierten Lavallière, ‹Krawallschleife› nannte man das 1910. Sie konnte den roten Bubikopf wunderbar in den Nacken werfen und einen Schrei der Lebensfreude ausstoßen, der ganz tief in der Kehle begann und mit einem leisen Lachen endete.» In ihrem Gesang habe «die ganze Philosophie der Berliner Hinterhäuser» gelegen, «das genügsame Glück der emaillierten Kaffeekanne, der Muckefuckseligkeit, zwei Lot Zichorie und ein Lot Kaffee, Rollmops und Streuselkuchen».

Auch Claire Waldoff war, ähnlich wie Charlotte Wolff und doch ganz anders, eine wichtige Figur der lesbischen Szene. Fröhlich, unbekümmert jedwede Konvention ignorierend, wohnte sie seit 1920 mit ihrer Lebensgefährtin Olly von Roeder zusammen. Sie dachte nicht daran, ihre Homosexualität zu verstecken, und schuf auf diese Weise neue Freiräume für ähnlich Fühlende. Diesem von Frauen wie Männern verehrten Star, diesem Original, dieser «Berliner Schnauze mit Herz» konnte niemand was krumm nehmen.

Wie keine andere wusste sie das Lebensgefühl der Menschen in Lieder und Chansons umzusetzen, in freche, schnoddrige, romantische und witzige, je nach Bedarf. «Sie war das Volk von Berlin», schwärmte Kabarettist Willi Schaeffers. Seine «Klea Waldoff» sei eine lebendige «Berolina», «det Wappen von die Stadt Berlin», schwärmte ihr Verehrer Kurt Tucholsky in einem Gedicht.

Die Ironie der Geschichte: Sie war gar keine Berlinerin. Am 21. Oktober 1884 wurde sie in Gelsenkirchen als Klara Wortmann geboren. Nach ihrer Biographin Helga Bemmann (*Claire Waldoff – Wer schmeißt denn da mit Lehm?*) war sie das siebte von zwölf Kindern, nach ihrer Biographin Maegie Koreen (*Immer feste druff – Das freche Leben der Kabarettkönigin Claire Waldoff*) das elfte von sechzehn Kindern. Von ihrem rheinländischen Vater, der eine Gastwirtschaft mit angeschlossenem Varieté führte, habe sie «die Sangesfreude geerbt, von der Mutter, die aus Westfalen stammt, den Dickkopf», so Fräulein Wortmann über ihre Eltern. Maegie Koreen wispert ihren Lesern jedoch ins Ohr, Claires Vater sei in Wirklichkeit der rothaarige Friedrich Köddings gewesen, und der Rechtsanwalt Theodor Schmitz, ein Freund der Familie und Vater von Theo Lingen, habe geholfen, den Skandal zu vertuschen.

Bei den Eltern von Theo Lingen wohnte Klara Wortmann auch, als sie ab 1896 die von Frauenrechtlerin Helene Lange eingerichteten ersten Mädchengymnasialkurse in Hannover besuchte. Eigentlich wollte sie Medizin studieren, aber ihre Eltern ließen sich scheiden, der Vater meldete sich nicht mehr, und die Mutter konnte sie finanziell nicht unterstützen. Also entschied sie, sich nach unbekanntem Vorbild «Claire Waldoff» zu nennen und direkt nach dem Abitur zum Theater zu gehen. Ihr erstes Engagement hatte sie 1903 im *Fürstlichen Sommertheater* in Pyrmont als naive Liebhaberin, 1904 bis 1906 absolvierte sie ihre «Lehr- und Wanderjahre» bei der «Provinzschmiere», dem Kattowitzer *Interimstheater*. Arm wie eine Kirchenmaus, hatte sie nicht einmal Geld für die selbst zu bezahlenden Bühnenkleider, zumal sie jeden Pfennig lieber für Bücher und Reclam-Klassiker ausgab und wie eine Besessene las. «Sie war außerordentlich gebildet und belesen», lobte Trude Hesterberg ihre Bühnenkollegin.

1906 fasste sie einen Entschluss: auf nach Berlin, in die Theaterstadt. Olga Wohlbrück, Leiterin des kleinen *Figaro-Theaters* am Ku'damm, engagierte sie, und Claire Waldoffs komisches Talent durfte sich in Einaktern und Grotesken von Paul Scheerbart entfalten. Als das *Figaro-Theater* 1907 pleite ging, erhielt sie die kleinstmögliche Rolle in einer Posse im *Neuen Schauspielhaus*: Einen einzigen Satz sollte sie aufsagen, doch den muss sie umwerfend komisch gesprochen haben. «Nur, weil meine berühmten Kollegen auf einmal nicht mehr Zeuge meines täglichen Beifalls auf offener Bühne in der kleinen, armseligen Rolle sein wollten», schreibt sie in ihren Memoiren, sei sie von der Direktion entlassen worden.

Kurz entschlossen klopfte Claire Waldoff an die Pforte des mondänen Kabaretts *Roland von Berlin* in der Potsdamer Straße. Die Waldoff, die schon immer gern in allen Tonlagen gesungen und gezwitschert hatte, wollte mit Volksliedern und Scheerbart-Humoresken auftreten, und bitte schön im Hosenanzug. Wenige Tage vor der Premiere erschien wie üblich der Zensor, um den Auftritt zu genehmigen. Tat er aber nicht: Scheerbart war zu antimilitaristisch-antimännlich, der Hosenanzug zu antiweiblich und die dazugehörende Schleife sowieso unmöglich. Ihr neuer Chef Paul Schneider-Duncker wollte sie sofort wieder entlassen. Claire Waldoff verwies energisch auf die achtmonatige Laufzeit ihres Vertrags. «Merken Sie sich das, Herr Direktor, ich bin ab heute acht Monate lang nicht zu beleidigen!»

Also übte Hauskomponist Walter Kollo, der ihr Talent roch, mit ihr neue Lieder ein. Eins, getextet von Hermann Frey, handelte von einem liebestollen Erpel, der das Entenweibchen *Schmackeduzchen* anschmachtet. Dazu watschelte sie wie eine Ente über die Bühne. Wieder war sie so sagenhaft komisch, dass das Publikum bereits bei ihrem allerersten Auftritt nach neun Wiederholungen schrie. Der «Stern von Berlin» war geboren.

Als Claire Waldoff acht Monate später in Rudolf Nelsons *Chat noir* in der Friedrichstraße anheuerte, war sie bereits stadtbekannt. Selbst Kaiser Wilhelm zählte zu ihren Bewunderern und bat, verklemmt wie alle Zotenliebhaber, um fünfmalige Wiederholung eines anzüglichen Ladenmädel-Songs. 1910 wurde sie zum Star des benachbarten *Linden-Cabarets*, ihre Lieder wurden auf den Straßen geträllert, als Noten gedruckt und zu Schallplatten gepresst. *Hermann heeßt er*, ihr meistgesungenes Lied, erklang hier 1913 zum ersten Mal

Claire Waldoff und Olly von Roeder in Hamburg, um 1919
Foto: J. Dehé, Hamburg

und bis in die Nazizeit hinein. «Rechts Lametta, links Lametta, und der Bauch wird immer fetta, und in Preußen ist er Meester, Hermann heeßt er!» Diesen Spottvers auf Hermann Göring hat allerdings nicht sie, sondern die Berliner Schnauze hinzugefügt.

Über den «Hermann»-Texter Hermann Frey lernte sie Heinrich Zille kennen, den Maler des Berliner «Milljöhs». Der 26 Jahre ältere Zille, ihr «väterlicher Freund», nannte sie «Karl», weil sie ein «Kerl wie Samt und Seide» sei, und verewigte sie in seinen Bildern. Die Waldoff verewigte ihn auch, mit einem selbst gedichteten neuen Hermann-Lied zu seinem siebzigsten Geburtstag: *Heinrich heeßt er.*

Doch zuerst kam, 1914 bis 1918, das Völkergemetzel des Ersten Weltkrieges. Claire auf Schallplatte wurde zum Soldatentröster an der Front, Claire im *Nollendorf-Theater* erfreute den Fronturlauber Tucholsky als eine von *Drei alten Schachteln*, Claire im *Metropol-Theater* sang ein Liedchen von der «Soldatenlust» – selbst verfasst und ihr später höchst peinlich.

Die Kabaretts, im Krieg geschlossen, eröffneten 1919 wieder. Die Waldoff trat fleißig auf und füllte die Säle des *Schwarzen Kater*, des *Schall und Rauch*, des *Charlott-Casinos, Admirals-Cabinetts, Linden-Cabaretts,* des *Alt-Bayern* und wie sie alle hießen. In dem Milljöh-Schwank *Alwine,* den sie auf der Bühne des *Schwarzen Kater* probte, schräg gegenüber von Anita Berbers Bühne in der *Weißen Maus,* spielte auch eine gewisse Ottilie Freiin von Roeder mit. Claire Waldoff kam, sah und liebte.

Olly von Roeder, damals 32, war schlank, groß, elegant, schwarzhaarig und entstammte schwäbisch-amerikanischem Militäradel – alles das glatte Gegenteil von Claire. Ihr Vater war Baron, zuletzt Flügeladjutant des Königs von Württemberg, ihre Mutter war die US-Schauspielerin Mary Barrett. Die Tochter wollte ebenfalls Schauspielerin werden, was den trunksüchtigen Vater zur Raserei brachte. Olly, eine in seinen Augen gefallene Tochter, floh nach Berlin.

Claire war entflammt, doch Olly zögerte noch. Mit lesbischer Liebe hatte sie keine Erfahrung. Claires stetiges Werben mit Blumen und Geschenken zeitigte irgendwann Erfolg. Anfang 1920 zogen die beiden zusammen, in eine Wohnung in der Regensburger Straße 33 in Schöneberg. Eine Liebes- und Lebensgemeinschaft, die bis zu Claire Waldoffs Tod hielt. «Wir hatten beide das große Los aneinander gezogen», schrieb Claire in ihren Memoiren. «Olly ist überhaupt ein seltener und lauterer Charakter, ein wunderbarer Mensch.»

Und die Sache mit Marlene? Was da wirklich passierte, ist bis heute das Geheimnis der beiden geblieben. Die Dietrich erwähnt es in ihren Memoiren ebenso wenig wie die Waldoff. Aber bis ins höhere Alter hinein soll Claire ihre Olly bisweilen, um sie von Flirts abzuhalten, mit Marlene-Geschichten geärgert haben. So erzählte sie ihr, sie habe noch einen Pantoffel der Dietrich im Nachtschrank.

Im Herbst 1926 jedenfalls, es war bei den Proben zu Eric Charells neuer Revue *Von Mund zu Mund* im *Großen Schauspielhaus*, begegneten sich Claire und Marlene zum ersten Mal. «Wie scheen det Kind is! Die Beene!», rief Claire, die Ältere, nach der Erinnerung von Filmkritiker Curt Riess bewundernd aus. Claire Waldoff sollte als Cäsarin im Streitwagen auf die Bühne fahren und ihr Lied *Raus mit den Männern aus dem Reichstag* schmettern, Marlene Dietrich sollte ein Frühlingsliedchen und einen Charleston-Song vortragen. Die Dietrich war noch ungeübt im Gesangsauftritt, und die erfahrene Waldoff sprang ihr helfend bei. Auch noch zwei Jahre später, bei den Proben zur neuen Charell-Revue *Es liegt in der Luft*, mit Marlene Dietrich und Margo Lion als «besten Freundinnen», war Claire Waldoff nicht von der Probenbühne wegzukriegen.

Warum soll er nich' mit ihr? hieß eines der populärsten Lieder der Waldoff. «Warum soll sie nich' mit ihr?» wurde daraus in den Klatschrunden der Künstlerstammtische, als man Marlene und Claire immer öfter zusammen sah. Sie besuchten das *Eldorado* oder vergnügten sich auf Kostümbällen, die Waldoff als Oscar Wilde, die Dietrich als «Blue Boy», nach einem von Homosexuellen besonders verehrten Gemälde Thomas Gainsboroughs.

Hatte die Ältere die Jüngere nur unter die väterlichen Fittiche genommen? Brachte sie ihr bloß Sangeskunst bei oder noch mehr? Claire Waldoff ersuchte die Familie der Dietrich um ein vertrauliches Gespräch. Sie wolle sich um Marlenes künstlerische Entwicklung kümmern, erklärte sie, damit diese zu einem eigenen, ganz persönlichen Stil finde. Die Mutter war beeindruckt. Josephine von Losch und die Waldoff blieben noch lange Jahre in Verbindung.

Damals war Claire Waldoff weit berühmter als ihre Freundin Marlene. Noch mehr als ihre Kabarett-Einlagen hatten zahllose Schallplatten und

Rundfunkauftritte sie populär gemacht. Der 1923 gestartete erste deutsche Sender, die *Welle 400* unter dem Dach des Voxhauses, nahe dem Potsdamer Platz, hatte mit einem dreiköpfigen Radiokabarett – Claire Waldoff, Trude Hesterberg und Dichter Klabund – seine Zuhörer beglückt, wobei sich die kleine Waldoff auf einen Stapel Telefonbücher stellen musste, damit sie an das Mikrofon heranreichte. Fast jedes Kind pfiff und trommelte Waldoff-Lieder.

Doch nach der Machtübernahme der Nazis ging es abwärts. Zwar erhielt Claire Waldoff nie ein offizielles Auftrittsverbot, aber der Rundfunk sperrte sie, mehrere Kabaretts lösten ihre Verträge, weil sie auf Solidaritätsveranstaltungen der *Roten Hilfe* aufgetreten war, ihre Engagements und Einnahmen gingen um ein Drittel zurück. Wegen ihrer Homosexualität hatte sie ewig Angst vor Repressalien, aber zu emigrieren traute sie sich auch nicht – wovon sollte eine deutsche Volkssängerin im Ausland schon leben? Von *Muss i' denn, muss i' denn, zum Städtele hinaus?* 1939 verließen Claire und Olly Berlin und zogen sich ganz in ein Häuschen in Bayrisch-Gmain nahe der österreichischen Grenze zurück. Ab und zu noch ein paar Veranstaltungen, das war's.

Auch jetzt, in dörflicher Einsamkeit, dachte Claire immer mal wieder an Marlene Dietrich – und ihre Mutter Losch. «Ein feiner, gütiger, sehr tragischer Mensch», schrieb sie im Frühjahr 1944 an eine Freundin in Berlin, «aber unendlich einsam, allein, in dieser Zeit. Bitte rufen Sie sie öfters an od. sprechen Sie mal mit ihr od. treffen Sie sich mal mit ihr od. seien Sie lieb u. gut mit ihr.» Drei Monate später, nach dem gescheiterten Attentat auf Hitler am 20. Juli 1944, hätte ihre eigene Familie dringend Hilfe gebraucht: Der Mann von Ollys Nichte Annemarie, Eberhard Finck, war ein guter Freund des Attentäters Stauffenberg, er wurde als Mitverschwörer in Paris verhaftet und in Berlin-Plötzensee hingerichtet.

Als der Krieg der Nazis sich nach der Vernichtung halb Europas endlich ausgebrannt hatte, war Claire Waldoff schon über sechzig. Wie gerne wäre sie nach Berlin zurückgekehrt, wie gerne hätte sie auch Marlene Dietrich wieder gesehen, die dort ihre Mutter begrub und sich bei dieser Gelegenheit nach Claire erkundigte. Aber wie sollte sie dorthin gelangen? Es gab keine Verkehrsverbindungen, nur jede Menge Passierschein-Bestimmungen. Sie blieb im Lande und nährte sich kläglich.

Doch, sie trat noch auf, in Kabarettabenden in Bad Reichenhall, München oder Stuttgart, aber Geld gab's kaum, Essen gab's kaum, und statt Strom flackerten Kerzen. Durch die Währungsreform verlor sie alle Ersparnisse und lebte von einer Kümmerrente von 70 Mark. Sie, die vor den Nazis geflohene Freunde mit Paketen versorgt hatte («Ist die Not am größten, ist die Waldoff am nächsten»), war nun ihrerseits dringend auf die Carepakete alter Gefährten angewiesen. 1951 musste sie jede Tätigkeit einstellen: Herzmuskelschwäche, Bluthochdruck, schließlich ein Herzanfall und Krankenhaus. Sie konnte die Klinikrechnung nicht bezahlen, sie glaubte, ihr Häuschen verkaufen zu müssen. «Wir denken allmählich an das Abschiednehmen. Ich denke an 30 Tabletten im Röhrchen oder ein wenig Zyankali», schrieb sie 1953 einen bitteren Brief an Freunde in den USA. Das Geld, das sie rettete, kam telegrafisch.

Silvester 1956 auf 1957 folgte ein Schlaganfall. Drei Wochen lang konnte die 73-jährige Claire weder sprechen noch sich rühren. Im Krankenhaus Bad Reichenhall starb sie in den Armen von Olly.

1963 folgte ihr die Lebensgefährtin. Vereint liegen sie nun in der Familiengruft Roeder in Stuttgart.

«Für Frauen, wie wir es sind, gibt es aber heute noch keine Männer»

Dada: Ein bürgerliches Trauerspiel –
Hannah Höch und Raoul Hausmann

 Auf den Eisentischchen der Konditorei Jädicke lagen, wie es sich für ein anständiges Journalisten-Café gehörte, Zeitungen und Zeitschriften aus. Womöglich blätterte eine der Damen, die dort 1928 einen Kaffee schlürften, in einem Exemplar der *Photographischen Rundschau* herum.

Sieh da!, hätte sie vielleicht ihrer Nachbarin zugerufen. Hier sei die Rezension einer Ausstellung von Hannah Höch abgedruckt. Die habe doch im Ullstein Verlag immer die Schnittmuster gezeichnet für *Die Dame* und andere Zeitschriften. Ein nettes Mädchen! Immer freundlich, immer zu einem Schwatz aufgelegt.

Aber was ist denn das? Die neue Kunst der Fotomontage, die auch in der neuesten *Film-und-Foto-Ausstellung* des *Deutschen Werkbundes* zu sehen sei, schreibt hier Rezensent Professor Hans Hildebrandt, reiche von Man Ray und Moholy «bis zu den geistreichen, oft witzig grotesken, oft unheimlich abgründigen Traumphantasien der Holländerin Hanna Höch». Ja, wieso denn Holländerin?

Vielleicht hätte eine andere Tischnachbarin zu erzählen gewusst, dass Hannah Höch inzwischen in die Niederlande verzogen sei, nach Den Haag. Angeblich wegen einer Frau.

Wegen einer Frau? Sie sei doch damals mit diesem schrecklichen Dadaisten liiert gewesen, Raoul Hausmann, diesem Krawallmacher.

Ach ja. Jaja. Damals sei sie im *Club Dada* schon deshalb aufgefallen, weil sie dort die einzige Frau gewesen sei. Und sie habe die Fotomontage erfunden, zumindest miterfunden. Ihre Collagen, die seien zu Recht von aller Welt gelobt worden. Oder ihre Dada-Puppen. So viel Wort-Bild-Witz. Grotesk, verspielt, manchmal sarkastisch, aber nie so zynisch wie bei Grosz oder Heartfield. Sie würde es der Höch jedenfalls sehr gönnen, wenn sie in den Niederlanden einen Erfolg erlebe.

Doch: Hannah Höch hatte dort einige Erfolge, zumindest Achtungserfolge. Sie beteiligte sich an Ausstellungen der Künstlergruppe *De Onafhankelijken* (Die Unabhängigen), und 1929 lud die Den Haager Galerie *De Bron* das Publikum zu ihrer ersten Einzelausstellung, die später nach Rotterdam und Amsterdam weiterwanderte: Ölbilder, Aquarelle und, natürlich, Fotomontagen. Zu sehen waren Werke, die noch heute zu Hannah Höchs wichtigsten zählen: *Roma, Die Mücke ist tot* oder *Die Journalisten* – eine Abrechnung in Öl mit jenen arroganten, lüsternen, sensationsgierigen Herren, die sie in Berlin kennen gelernt hatte.

Doch: Hannah Höch fühlte sich glücklich in ihrer neuen Wahlheimat. Die Kritiken fielen zwar nicht immer schmeichelhaft aus, aber in der niederländischen Künstler- und Intellektuellenszene fand sie Widerhall. Und Liebe. Ihre Freundin Til Brugman, dieser lustige, temperamentvolle Harlekin, liebte sie in all ihrem Überschwang.

Berlin lag weit hinter ihr. Berlin, das war eine produktive Zeit gewesen, aber auch eine dunkle, entsetzlich angstvolle. Das Dunkle hatte einen Namen: Raoul Hausmann. Inzwischen konnte sie sich nicht mehr vorstellen, warum sie es sieben lange Jahre mit ihm ausgehalten hatte. Es war die Hölle der Liebe gewesen.

Hannah Höch wurde am 1. November 1889 im thüringischen Gotha als Älteste von fünf Kindern geboren. Der Vater Direktor einer Versicherungsgesellschaft, Jäger, Naturliebhaber, die Mutter eine frühere Haushälterin und Vorleserin mit vielseitigen künstlerischen Interessen. Eine gutbürgerliche, recht harmonische Familie, in deren Schoß sie auch als Erwachsene, auf der Flucht vor Raoul Hausmann, immer wieder zurückkehrte. Wenn Hannah nicht auf die kleineren Geschwister aufpassen musste, dann malte und zeichnete sie und entdeckte schon als Kind ihre Spezialität: Klebebilder.

Sie besuchte eine Schule für höhere Töchter, musste sie jedoch wieder verlassen, um ihre jüngste Schwester zu betreuen. Der Vater wollte «ein Mädchen verheiratet» wissen, aber «nicht Kunst studieren lassen», schrieb sie in ihrem

Lebensüberblick. Erst mit fast 22 Jahren durfte sie die Kunstgewerbeschule in Berlin-Charlottenburg besuchen, 1912 wurde sie in die Fachklasse für Glasgestaltung aufgenommen. Mehr war nicht drin: Bis zur Novemberrevolution war dem weiblichen Geschlecht der Zugang zu den staatlichen Akademien verwehrt. Wer Malerin werden wollte, musste wie Helen Hessel nach Paris gehen oder sich mit einer Ausbildung im Kunstgewerbe begnügen.

Der Erste Weltkrieg begann. Die Kunstschulen mussten schließen. Hannah Höch wurde Rotkreuzhelferin: «Aus den schwerelosen Jugendjahren kommend und glühend mit meinem Studium beschäftigt, bedeutete diese Katastrophe den Einsturz meines damaligen Weltbildes», heißt es in ihren Erinnerungen. Ihr war unbegreiflich, wie euphorisch ihre Mitmenschen an die Front zogen. Der Krieg ließ die Bürgertochter mit dem Bürgertum brechen, auf ihre, auf die leise Weise.

1915 öffneten einige Schulen wieder. Das Kunstgewerbe genügte Hannah nicht mehr, also wechselte sie in die *Unterrichtsanstalt des Kunstgewerbemuseums.* Die Lehranstalt unter der Leitung des *Simplicissimus*-Karikaturisten und Architekten Bruno Paul hatte europaweit einen guten Ruf; Höch wurde in Emil Orliks Klasse für Grafik und Buchdruck aufgenommen. Ihren Lebensunterhalt musste sie selbst verdienen, von 1916 bis 1926 verdingte sie sich für drei Tage in der Woche als Entwurfzeichnerin in der Handarbeitsredaktion des Ullstein Verlags: Schnittmusterbögen, Kinderkleidung, Filetmuster, Spitzenvorlagen.

Von dunkelhaariger Schönheit und knabenhafter Zierlichkeit, «zart wie ein Libellenflügel», wie ihr Verehrer Salomo Friedlaender alias Mynona einmal schrieb, war Hannah Höch für damalige Männer eine Traumfrau: androgyn, geheimnisvoll, zerbrechlich wirkend und doch voller eigenständiger Kraft und Klugheit.

Es war der 28. April 1915, als sie Raoul Hausmann an der Kunstschule kennen lernte. Noch Anfang Juni, als sie gemeinsam Ausstellungen besuchten, siezten sie sich, erst im Juli begannen Hausmanns Briefe zu glühen. Sie war 25 und ledig, er 28 und verheiratet, Vater einer Tochter.

Raoul Hausmann: Geboren 1886 in Wien, war er 1900 mit seinen Eltern und seiner Schwester nach Berlin übergesiedelt. Rebell und Querulant, der er war, hatte er nach eigener Aussage schon im Wiener Realgymnasium «nichts als Unfug» getrieben, und in Berlin weigerte sich der 14-Jährige strikt, je wieder einen Klassenraum zu betreten. Sein Vater, ein Maler aus begüterter Familie, ließ ihn gewähren, weil er ihn ohnehin nicht mehr bändigen konnte. 1920 nahmen sich seine Eltern das Leben.

Hausmann weigerte sich ebenso strikt, einen Beruf auszuüben: Er glaubte an seine Berufung. Das Geld zum Überleben schafften seine Frauen heran. Seine Gattin Elfriede Hausmann-Schaeffer, mit der er seit 1905 in der Mommsenstraße 54a (heute Markelstraße) im Bezirk Steglitz zusammenlebte, die er nach der Geburt der gemeinsamen Tochter 1908 heiratete, verdiente das Notdürftigste für die Familie mit Geigenunterricht. Seine Freundin Hannah Höch teilte sieben Jahre lang das, was sie bei Ullstein verdiente, klaglos mit ihrem Geliebten. Zeitweise nahm sie ihn sogar in ihrem kleinen Atelier auf: Friedenau, Büsingstraße 16, Dachgeschoss.

Nicht weit davon, in der Wilhelmshöher Straße im selben Bezirk, lag das Atelier von Ludwig Meidner. Dort traf sich seit 1913 ein Kreis expressionistischer Künstler, dort lernten sich die zukünftigen Dadaisten Raoul Hausmann, George Grosz, Franz Jung, Wieland Herzfelde und Johannes Baader kennen. Jung erschien in der Erinnerung Meidners nur, um sich hemmungslos zu betrinken, und Hausmann führte «seine Gespräche immer mit schneidender Schärfe», «oftmals brillant, aber zugleich auch etwas giftig und in einer Art, die betont ungefällig war». Dadaist Hans Richter befand, der stämmige Hausmann sei «fanatisch selbstsicher, Widerspruch verbietend und herausfordernd» gewesen. «Kleines Gift, muß auch sein», charakterisierte die Dichterin Else Lasker-Schüler den Mann mit den stechenden Augen. Herzfelde konnte ihn erst recht nicht leiden. «Ach, Sie sind Maler, ich dachte, Sie sind ein Schwein?», hielt er ihm einmal in Meidners Atelier entgegen.

«Bei Ihnen, sehr geehrter, geschätzter Herr Hausmann», las ihm 1920 der Graphologe Walter Asch die Handschrift, «verbindet sich eine übergroße Empfindsamkeit (Sensibilität) mit einer übergroßen Empfindlichkeit (Sensitivität), gepaart mit einer übergroßen Eitelkeit und einem ungemein entwickelten Selbstbewußtsein. Sie sind sicher ein sehr origineller Kopf, sehr gebildet und belesen, aber Ihre übergroße Subjektivität und zu große Unruhe und Ihr bedauerlicher Mangel an Sachlichkeit, verbunden mit Ihrer Sucht, unter allen Umständen als extravagant zu erscheinen, lassen es nicht zu

Hannah Höch und Raoul Hausmann, Doppelbelichtung, 1919

einem durchgebildeten sicheren Urteil und einer abgeklärten Welt- und Lebensanschauung kommen.» Asch bescheinigte seinem Klienten «Kunstsinn und Musikverständnis», «bedeutendes Talent zur Satyre», aber auch eine Neigung «zur gelegentlichen Brutalität und Launen und Stimmungen nur zu sehr nachgebend. Im Grunde genommen doch berechnete Natur, auch in der Liebe, dabei oft stürmisch und nur zu rücksichtslos».

Talent zur Satire? Ja, manchmal. Aber Raoul Hausmann fehlte die wichtigste Voraussetzung für Humor: die Fähigkeit zur Distanz sich selbst gegenüber.

Und das – ein Dadaist? Dada, das war doch Protest gegen Krieg und Spießerkultur, antiautoritäre anarchistische Antikunst, Rebellion gegen alle Institutionen. Dada, das war doch Kindersprache, fröhlicher Unfug, Spiel mit dem Spiel, die Leichtigkeit des Seins in einer bleischwer militaristischen Zeit. Dada war doch die Revolte gegen die Väter, die mit klingendem Spiel in den Krieg gezogen waren. Dada war in Zürich, Berlin, Paris und New York, Dada war übernational, antinational, überall. Dada war, was die 68er erst wurden.

Eine Deutung, die gewiss nicht falsch ist, aber eben nur die halbe Wahrheit. Dada war, aus weiblicher Perspektive her betrachtet, ein bürgerliches Trauerspiel. Die Dadaisten waren eine lärmende Schar von Bürgerschrecks, die sich auf Kosten ihrer Mütter, Frauen, Freundinnen von ihrer eigenen Aggressivität erholten. Auch Hannah Höch nahm sich selbst zugunsten ihres Gefährten immer wieder zurück. «Ich selbst verdanke ihm viel», formulierte sie später einmal im Rückblick, «wenn ich auch, durch Hintansetzung meiner Persönlichkeit, zu spät zu meiner eigenen Entwicklung kam.»

Im Berliner Herrenclub der Dadaisten befand sie sich als einzige Frau immer am Rande, nie richtig akzeptiert, weder von den Dadaisten noch von ihren Chronisten. Hans Richter sah in ihr «ein tüchtiges Mädchen! Eine Ameise unter uns Grillen!» und lobte sie für ihre angeblichen «belegten Brötchen mit Bier und Kaffee, die sie trotz Geldmangels auf irgendeine Weise hervorzuzaubern verstand», was sie selbst heftig bestritt. Andere sahen sie als «Hannchen», als «nettes Mädchen» oder «munteres Mädchen», als «Spitzenklöpplerin des Dadaismus».

«Die meisten männlichen Kollegen betrachteten uns [Frauen] lange Zeit als reizende, begabte Amateure, ohne uns je einen beruflichen Rang zuerken-

nen zu wollen», schimpfte sie 1960. Oder, in ihren Notizen für einen Vortrag 1966: Die Dadaisten seien «keineswegs gewillt» gewesen, «von der Herren- und Mann-Moraleinstellung zur Frau abzugehen». Zwar hätten sie, «durch Freud aufgeklärt» und schon «aus Protest» gegenüber den Älteren, die «Neue Frau» sehr wohl «begehrenswert» gefunden. Aber die nötigen «Neueinstellungen» dafür hätten sie «brutal» abgelehnt. Also sei das Privatleben jener Männer angefüllt gewesen mit «wahrhaft Strindbergischen Dramen». Mit den «Schicksalen» ihrer Gefährtinnen «wären viele Bände zu füllen». Ihre an anderer Stelle formulierte Schlussfolgerung: «Für Frauen, wie wir es sind, gibt es aber heute noch keine Männer.»

Die Frauen hatten gleich doppelten Grund zur Revolte, gegen die Spießer, gegen ihre Dada-Männer, aber in der doppelten Verneinung verblieb ihnen nur Sprachlosigkeit. Dada, die Revolte der Söhne gegen die Väter, ging sie nicht wirklich etwas an. Vom Rande aus konnten sie beobachten, wie ernst mancher Spaß war, wie erbittert die Kämpfe um die Vorherrschaft im *Club Dada*, wie autoritätsverliebt die Selbstverleihung von Titeln wie «Oberdada» oder «Präsident des ganzen Erdballs», wie verbissen der Streit, wer das Wort Dada oder die Fotomontage erfunden habe. Hausmann, Grosz und Heartfield machten sich gegenseitig diesen Erfolg streitig, dabei waren es Hausmann und seine Freundin Höch gemeinsam gewesen. Eine ziemlich gemeine Patentfälschung, wenn man bedenkt, welchen Siegeszug die Fotomontage antrat, wie sie uns heute noch von jeder Plakatwand angrinst.

Die zwanziger Jahre blieben den revoltierenden Söhnen vorbehalten. Sie rebellierten gegen den selbstgerechten Konformismus ihrer Väter, die das Deutsche Reich mitgegründet hatten, gegen ihre starren Lebensregeln, ihre Prügelpädagogik, ihre unerträgliche Selbstgewissheit, ihren militärisch uniformierten Autoritarismus, kurz: gegen das gesamte Korsett ihrer Lebensüberzeugungen. Der Novemberrevolution, dieser ersten Auflehnung gegen die väterliche Autorität, folgte eine Flut literarischer Stücke über den Vater-Sohn-Konflikt: Walter Hasenclevers *Der Sohn*, *Vatermord* von Arnolt Bronnen, *Vater und Sohn* von Joachim von der Goltz, *Nicht der Mörder, der Ermordete ist schuldig* von Franz Werfel. Autoritär Erzogene aber ergehen sich nicht ungestraft in Ungehorsam: Schuldgefühle, Selbsthass, unterdrückte Sehnsüchte nach dem starken Mann sind die Folge. Die Wahl Hindenburgs zum Reichspräsidenten und der Nazis zur stärksten Partei muss auch vor diesem Hintergrund gesehen werden.

Für Hannah Höch hatte das Vater-Sohn-Thema besonders bizarre Folgen. Zu Raoul Hausmanns Freundeskreis gehörte auch der österreichische Psychoanalytiker Otto Gross. Der Nervenarzt Gross, der 1917 dem Dichter Franz Jung eine komplizierte Neurose attestierte und ihn so vor dem Kriegsdienst schützte, war selber wegen einer Nervenkrankheit entmündigt worden. Der mit seinem eigenen Vater bis aufs Blut verfeindete Gross deutete den kindlichen Grundkonflikt anders als sein Lehrvater Freud: Das in einer autoritären Vaterrechtsgesellschaft aufwachsende Kind werde gezwungen, sich entweder bedingungslos anzupassen oder Angst machende Einsamkeit zu erleben. Sein eigentlicher Konflikt sei kein ödipal-sexueller, sondern der zwischen dem Eigenen und dem Fremden, dem Individuellen und dem Aufgezwungenen. Auch die Sexualität in der Vaterrechtsgesellschaft sei aufgezwungene Vergewaltigungssexualität. Das Patriarchat treibe die Frauen in einen unlösbaren Konflikt zwischen ihrem angeborenen «Trieb zum Muttersein» und ihrer «eigenen unabhängigen Individualität». Raoul Hausmann, der Gross' Schriften verschlang, probierte sie am Objekt Hannah Höch aus. Seine Form der antipatriarchalen Umerziehung und Zwangsemanzipation schloss auch Prügel mit ein.

«Ich kämpfe für Dich – gegen Deinen Großvater und gegen Deinen Vater», schrieb er ihr nach einjährigem Zusammensein im Mai 1916. «Ich muß Dich aus den Täuschungen, die Dich von klein an umgeben, befreien.» Im Herbst 1916 zitierte er seitenlang aus Gross' Artikeln, «weil ich Dir zum ‹Freisein› verhelfen will». Hausmanns Psychoanalyse auf seiner Laiencouch und in seinem Bett umschloss auch die Forderung: «Töte Deinen Vater in Dir!» Was er nicht vorhersah: «Darauf sagtest Du unter Tränen: er will mir wohl.»

Noch ein Jahr später, im Juli 1917, stand für Dr. psych. Hausmann die Diagnose fest: «Meine Sexualität ist ruhig, real. Erinnere Dich daran, was ich in solchen Momenten ‹denke›; nur mit jeder Faser das Wunder meines starren Vordringens in Dein Fleisch.» Sie aber sei «ganz irreal romantisch entrückt. Also noch ganz bestimmt von Deiner ungesunden 26 Jahre langen Verdrängung.» Überhaupt sei sie selber schuld, wenn er sie schlage: «Und die sexuelle Spannung wurde so stark, daß wir uns mit Worten zerrissen, und ich Dich schlug, weil ich schließlich ein stärkerer Mensch bin, radikaler als Du.» Er sei schon mit 19 Jahren Anarchist und «gegen Gewalt» gewesen, sie aber begreife nicht, «daß meine Schläge von Deiner unruhigen Sexualität hervorgerufen sind. Es ist Gewalt, aber sexuelle – also beiderseitige.»

Für Hausmanns Männerphantasien war Höch eine wunderbare Projektionsfläche, streng geteilt in die Schmutzige und die Reine, die Schuldige und die Unschuldige. Die Schmutzige war schuld an seiner Gewalt, die Reine sollte ihn davon erlösen und all seine Wunden heilen. Die weiße Frau Hannah Höch, das war für ihn eine überirdische Mischung aus Krankenschwester, Eva, Jungfrau Maria, Mutter und Jesus. «Ich schrieb Dir, ich sähe in Dir das erste Weib und eine Heilige», heißt es in einem Brief vom Mai 1916. Und zwei Monate später: «Meine Jungfrau, daß Du stärker warst als der Tod! Daß Du ihn für uns überwunden hast!» Oder, im Juli 1918: «Hannah – ich falte täglich die Hände.»

Er wisse, er stehe «in einem Dualismus von noch ungebändigtem bösen Tier und geistigem Menschen». Aber: «Es muß Dir gelingen, mich zu Deiner Reinheit und zu Deinem Himmel oder Gesetz zu führen, durch allen meinen Dreck hindurch.» Sie soll also nicht nur sich selbst emanzipieren, sondern auch ihn: «Die wirkliche Loslösung des Mannes aus erbtem Despotismus und aus dem Vergewaltigungswillen ist schwerer als die Befreiung der Frau: Die Frau ist Instinkt und der Mann Intellekt.»

«Was bin ich für ein Mensch?», fragt er 1917 seine Freundin. «Nicht Christus» – aber er sei sicher, dass er «einmal mehr Bedeutung für die Menschen haben werde» als der Philosoph Comenius und der Mystiker Böhme.

Die Dadaisten – ein Klerikerverein? Sein Freund, der bärtige Grabmalsarchitekt Johannes Baader, sah sich selbst als «Oberdada», als Religionsstifter und Prophet. Dass er in den Dada-Jahren 1918 und 1919 sich zum «Präsidenten des Erd- und Weltalls» und zum «wirklich geheimen Vorsitzenden des intertellurischen oberdadaistischen Völkerbundes» ernennen ließ, dass er im Berliner Dom im Bezirk Mitte «Jesus ist uns Wurscht» predigte und für sein «Acht-Sätze»-Manifest *Die Menschen sind Engel und leben im Himmel* alle fünf Nobelpreise für sich reklamierte, all das war nur für sein Publikum eine Gaudi, er selbst meinte es ernst.

«Das einzige Institut für Humor in dieser traurigen Zeit», missverstand ihn die B. Z. am Mittag, habe mit der Forderung nach den Nobelpreisen «wieder einen neuen Spaß ersonnen … Eine Million Mark für 25 Zeilen, da hat man wenigstens bald ausgedichtet.» – «Lese man doch diese Sätze des Herrn Baader einmal wie ein ernsthafter Mensch», forderte daraufhin eine diesmal ebenfalls überraschend bierernste Höch in einem Leserbrief. «Ich sehe, diese Dadaisten sind Menschen; und zwar Menschen, die noch Zeit finden, ‹jeden Tag einmal die Hände zu falten›.»

Baader lohnte diesen Freundschaftsdienst nicht. Im Juni 1919 forderte er Höch ultimativ auf, sich endlich für Hausmann aufzugeben: «Du hasst die Frau, die neben ihm steht, die er Dir aber opfern will, wenn Du Dich ihm ebenso opferst, wie Du sie geopfert sehen willst.» Fast zeitgleich sprach ein Gericht den «Jesus-ist-uns-Wurscht»-Prediger vom Vorwurf des «beschimpfenden Unfugs» wegen «krankhafter Störung der Geistestätigkeit» frei. «Sie haben hier den typischen Fall, daß ein einzelner Mensch mit der gesamten Menschheit ringt. Da sie sich ihm noch nicht gewachsen fühlt, kneift sie», schrieb der ob des Freispruchs beleidigte Baader den Richtern. Drei Monate später meldete er Vollzug bei seinem Versuch, das Dreierverhältnis Hausmann, Hausmann-Schaeffer & Höch auf eigenwillige Art auszubauen: «Ich beehre mich, Dir mitzuteilen», dass er Raouls Frau «zur letzten Genossin meines Leibes gemacht» habe.

Ob Raoul Hausmann das freute? Nach seinem Manuskript Der Besitzbegriff in der Familie ist die Ehe «die Projektion einer Vergewaltigung in ein Recht», deshalb sei sie genauso aufzuheben wie die Verurteilung außerehelicher Beziehungen. Das Recht jeder Frau auf Mutterschaft sei anzuerkennen, befand Hausmann in Anlehnung an seinen Freund Gross. Wenn aber Ehe und Familie nicht mehr gelten, was dann mit den Kindern? Sein eigenwilliger Schluss: «Hieraus folgt die Verstaatlichung der Minderjährigen.»

Der eigene Sohn, den er sich von Hannah Höch wünschte, der für ihn eine ähnliche Wahnidee wurde wie für Henri-Pierre Roché, sollte nach seinen Vor-

Hannah Höch und Raoul Hausmann
vor ihren Werken auf der **Ersten Internationalen Dada-Messe**
in der Kunsthandlung Otto Burchard, Berlin, 30. Juni 1920

stellungen allerdings nicht unter die Verstaatlichung fallen, sondern selbstredend von seiner Mutter aufgezogen werden. Im November 1918 warf er Hannah Höch vor, «mein Anrecht auf Dein Kind wie überhaupt meine Anrechte auf die sich aus unserer körperlichen Gemeinsamkeit ergebenden Beziehungen» abzulehnen. Manche Frauen seien wie große Jungfrauen, hatte er ihr schon im Juli 1916 geschrieben, «die geben sich nur einmal und nur einem hin, alle andern weisen sie zurück, ihr ganzes Leben warten sie auf den Einen. Der ist der Vater ihres Kindes. Wieviel Mut muß ein Mann zu solcher Frau haben.»

Höch hatte hier offensichtlich andere Ansichten. Sie verweigerte die Rolle der Jungfrau Maria, sie trug den mit Gott gezeugten Jesus nicht aus: Während ihrer Zeit mit Hausmann ließ sie zwei Schwangerschaften abbrechen. Über ihre Gründe lässt sich nur spekulieren. Dass sie vielleicht doch Kinder wollte, könnte man, wenn man wollte, aus ihren Geburtsbildern der damaligen Zeit herauslesen oder auch aus ihrem «Hundstagserlebnis» von 1924: Ein von ihr zeitweilig in Pflege genommenes Stieglitzpaar bekam unerwartet Junge, und sie notierte: «Ich traute meinen Augen nicht, ich hatte geboren.»

Raoul Hausmanns Beweggründen, unbedingt Vater werden zu wollen, schien sie nicht zu vertrauen. «In mir ist auch ein Kindliches», schrieb er ihr im April 1918. «Dies ist wahr – wie hätte ich sonst der Vater Deines Kindes sein wollen können? Und ich wollte Kind sein, trotz allem Widerstreben in mir gegen meine Auflösung als Mann in Dir, der Frau. Ich fliehe nicht mehr. Du hast die Macht, mit mir zu bleiben: Vertraue, daß ich mich überwinde. Mache mich zum Kind. Du fliehe auch nicht mehr vor mir: Sei meine Mutter.»

Mutter Maria erlöse mich – wehe dir, wenn nicht. Die Beherrschung des Bösen in ihm «wird mir vielleicht kein andrer Mensch geben können als Du», flehte Hausmann Höch im September 1917 an. «Rette mich vor dem Gedanken, daß ich Dich töten muß, wenn Du mich verlässt! – Weil ich Dich im Innersten anbete wie ein Idol – und es mir scheint, als würde ich das nicht tragen können, daß mein Idol mich verrät durch: Aufgeben!»

Raoul Hausmann, der Anarchokommunist, der radikale Kritiker alles Besitzdenkens, der Theoretiker der neuen freien Lebensgemeinschaften, erging sich in Mordgedanken, um seine Geliebte für immer und ewig besitzen zu können. Es waren keineswegs nur faschistische Freikorps-Soldaten, die solche Vernichtungsphantasien entwickeln, wie Klaus Theweleit in seinen *männerphantasien* vermutet.

Oft habe sie ihn angesehen, schrieb er ihr im Februar 1918, als sei er nicht er, sondern Elfriede Hausmann-Schaeffer. «Und dann wollte ich Dich töten, dann wäre kein Mißtrauen mehr gewesen. Hinter aller Gewißheit unseres Ineinanderseins stand immer diese andre Frau … Verstandest nicht mein Betteln: sieh mich! Du sahst mich unrein, und wir wurden befleckt. Einmal, vor nicht langem, da warst Du so schön, in Schmerzaufgelöstheit: fuhr es durch mein Denken: töte sie! und dann wärst Du tot schön gewesen. Immer für mich dann schön geblieben.» Hausmann verstand ihre Eifersucht nicht: «Und was mußt Du diese Frau hassen, die mich hielt, hält! Für Dich? Könnte ich Vertrauen haben, ohne diese Frau?» Ihre Eifersucht machte ihn eifersüchtig und mordlüstern: «Denn Du siehst statt meiner die Andere – und Du wirst schreien und ich müßte Dich schlagen – und da will ich Dich töten, daß Du tot, vielleicht, die letzte Sekunde, einmal nur mich siehst, mich, mich, mich.»

Ich! Ich! Ich! Wie musste einer zumute gewesen sein, die solch einen Brief erhält? Hannah Höch entwickelte massive Todesangst.

Aus Todesangst war sie auch nicht beim ersten Berliner Dada-Abend im April 1918 in den Räumen der Künstlervereinigung *Sezession* am Kurfürstendamm 208 zugegen. Richard Huelsenbeck trug das *Dadaistische Manifest* vor. George Grosz schleuderte wüste Verse ins Publikum. Raoul Hausmann schickte sich an, sein Manifest über dadaistische Malerei vorzutragen, bis ihm jemand das Licht ausdrehte. «Einige gebärdeten sich veitstänzerisch», berichtete der *Berliner Börsen-Courier*. «Ein junger Dichter, in Wutekstase, erbrach weißen Schaum. Man bot sich Ohrfeigen an.» Und Hannah Höch saß zitternd in ihrem Versteck bei ihrem Bruder Danilo. «Es ist eine schreckliche Zeit für mich, ich komme aus der Todesangst nicht heraus», schrieb sie an ihre Schwester Grete. Als seine Geliebte strikt ihre Rückkehr verweigerte, griff Hausmann zum letzten Mittel. Am 23. April 1918 bat er ihren Bruder, ihr auszurichten: «Wenn Hannah mich aufgibt, für immer aufgibt», werde er sich «erschießen».

Ein paar Wochen noch blieb Hannah Höch standhaft. Und kam dann doch wieder zurück. Empfing ihn in ihrem Atelier. Versuchte wieder ein Stück Alltag zu leben. Weil sie ihn immer noch liebte? Oder weil sie Angst hatte, er brächte sie andernfalls um?

Am 5. Juni 1918 erhielt sie einen langen Brief von ihm. Gut möglich, dass sie beim Lesen, wie es ihr am liebsten war, auf einem Atelierhocker zwischen Farb- und Blumentöpfen saß, kerzengerade, als ob diese preußische Haltung sie schützen könnte. Das letzte Zusammentreffen war schrecklich gewesen, der Brief war es ebenfalls.

Sie seien zusammen ins Kino gegangen, zählte Raoul Hausmann in seinem Brief pedantisch die vorgestrigen Ereignisse noch einmal auf. Nach einem Streit sei er aus dem Zimmer gegangen: «Schloß mich in der Toilette ein, 3/4 Stunden lang, bis ich ganz ruhig war und dachte, Du wirst schon kommen und an die Tür klopfen. Denn ich hatte Dir nichts tun wollen und war nur ärgerlich geworden, weil Du gleich so sehr aufgeregt warst. – Da hörte ich was auf dem Dach, dann Dich husten – stürmte ins Zimmer – sah Dich halb draußen sitzen (ein Bein hocherhoben!) und riß Dich weg – weil ich dachte, Du wolltest zum Fenster hinaus. Jetzt war ich sehr ärgerlich und machte Dir Vorwürfe, aber Du sagtest in einem mir unglaubhaft scheinenden Ton, Du hättest nur Luft haben wollen.» Er habe ihr vorgeworfen, sie löge, sie habe ihn angeschrien, und als er gehen wollte, «stiegst Du eben zum zweitenmal aus dem Fenster. Als ich Dich zurückriß und schimpfte und auf Dein Bett warf – da schriest Du mir vor, ich würde Dich noch diese Nacht ermorden, jaaa, – ich wußte nicht, war das Irrsinn oder was – und bespritzte Dich mit Wasser. Da tratst Du nach mir [wie] ein Teufel, dann begoß ich Dich. Und weil Du wieder tratst, wurde ich wütend und schlug Dich.» Eigentlich habe er ihr gar nichts tun wollen, aber sie sei aus dem Fenster gegangen und habe ihn getreten und beschimpft. «Und dann später schüttelte ich Dich, weil Du immer schriest, ich wolle Dich ermorden: und brüllte Dich an, daß Du lögst und aus mir ein Schwein machtest und daß das von Dir Schwindel sei und Du sehen solltest, was Du tätest – aber Du sangst fortwährend: ja, jaa, Du wirst mich ermor-deeeen, jaa, schlag nur zuuu, immer feste, das ist das letzte Mal – so daß ich ra-send wurde. Es tut mir bitter leid, daß ich Dich so schlug – aber ich war zuerst so beherrscht, daß ich gehen wollte – und Du fingst gleich von Mord an – ja – warst Du irrsinnig?»

Eigentlich müsste sie jetzt tödlich böse sein. Seine Briefe sind eine Kette von

Gemeinheiten. Er schlägt zu und gibt alle Schuld dafür ihr. Er sei gewalttätig, weil sie ihn provoziere. Manchmal findet sie ihn – teuflisch. Es wäre nötig, überlebensnotwendig, ihm unheilbar böse zu sein. Aber sie schafft es nicht.

Und doch, und doch. Säulenheiligengerade sitzt sie da, versucht sich zu versteinern, alle Poren zu schließen. Das Begehren kann sie nicht aus sich herausreißen und die Dankbarkeit auch nicht: Durch ihn fand sie den Zugang zur Welt der Künstler, Schriftsteller, Dadaisten.

Die nächsten Tage und Wochen wird er sie mit Briefen und Entschuldigungen überschütten, sie erneut bedrohen, anbeten, verfluchen, auf Knien bitten. Nach zwei Wochen endlich, am 17. Juni 1918, wird sie die Kraft finden, einen Abschiedsbrief zu formulieren.

«Ob mich Sehnsucht langsam zernagen wird? Ob diese immerwährende dumpfe Beklemmung zum Irrsein führt? Ob mich die Einsamkeit erfrieren läßt? Gleichviel …»

Und dann ging es doch wieder mit ihr durch. «Warum kamst Du nicht mit mir? Ich stieg so schüchtern zu Dir hinab und brachte Dir doch auch ein reiches Leben – Erleben mit.» Nein, durchgestrichen. «Du spürtest doch die Wunder meines hemmungslosen Leibes, Geistes Dir gegenüber und erlebtest, wie ich in schwindelnde Höhen nach Dir griff – zu lösen zu Zweien den Geist, zu lächeln zu Zweien der Bergwiese, dem Nachthimmel, zu sammeln zu Zweien mitleidig des Weltjammers fallende Blätter, zu jubeln der Sonne, zu fühlen die Allkraft, demütig zu sein vor der Blütenpracht, zu erproben und zu entspannen physische Kraft

meine Sehnsucht jubelte um Dich, ich hatte doch einmal göttliche Kraft – mein Blut aber sang dem Einen, der mein Eigener und dem ich die Einzige sei.»

Er aber sei nicht mitgekommen. Er habe ihre Seele in «harte Abgründe» gestoßen. Sie habe viel verloren, aber: «Ich klage nicht – ich gewann noch mehr. Ich danke Dir Wissen, Klarheit über mich, über die Menschen, ich lernte wissend das Mitleid kennen, ich … erlebte ‹das Wunder des fühlbaren, geliebten Körpers›.

Warum kannst Du Dich nicht loslassen, alles andere fallen lassen, um mit mir zu sein? Warum suchtest Du, und suchst ja noch heute nach nichtwahren Motiven gegen mich, die verdecken sollen Dein Wissen, daß ich nichts gebraucht hätte wie einen ganzen Raoul Hausmann? Warum? Warum?»

Immer schiebt diese Frau, Ehefrau, verheiratete Elfriede Hausmann-Schaeffer, sich dazwischen. Und immer dreht er alles um. Sie will den ganzen Hausmann, er gibt sich nur halb, aber er wirft ihr vor, sich ihm vorzuenthalten. Genug von allem, übergenug. «So aber kann ich nie etwas für Dich tun, weil ich nie zu Dir selbst gelangen kann, weil ich überall an Schranken, Irrwege, Hinterhälte stoßen muß, die mich böse machen; und weil ich an Dir böse werden muß, darum hasse ich Dich. Ich habe mich an Dir 3 Jahre todwund gestoßen. Nun habe ich Dich aufgegeben, weil Du nicht mein bist, so frei wie ich Dein bin.»

Und dann noch einen Schlusspunkt: «Ich gehe jetzt.» Das Abschiedsfanal, die Trompete, täterä, die Höch geht jetzt …

Sie ist gegangen.

Und ist doch wieder zurückgekommen.

Damals «noch so naiv und schrecklich anständig», sei sie in dieser Zeit «enttäuscht, zertreten, zermanscht worden», notierte Hannah Höch 1966 im Rückblick. Noch 44 Jahre später sei es ihr «fast nicht möglich», sich mit diesen Jahren zu befassen. Hausmann sei zwar «von hoher Intelligenz» gewesen, «mit tiefsinnigen Einsichten und weit voraus greifenden Erkenntnissen», habe sich aber durch seine «Großmannssucht» immer wieder alle Chancen verdorben. Durch seine Charakterschwächen habe er «in ewigem Streit mit sich selbst» gelegen, was ihn «zu einem schwierigen, ja oft lächerlichen Zeitgenossen» gemacht habe.

Sie erinnerte sich an den Sommer 1918: als sie und Hausmann zusammen während eines Urlaubs im Dörfchen Heidebrink auf der Insel Wollin das Prinzip der Fotocollage ersannen. Den Anstoß dazu gaben die damals in jedem Wohnzimmer hängenden Militär-Gedenkblätter, auf denen das fotografierte Porträt des Dienst tuenden Soldaten der Familie, umrankt von vielen Schnörkeln, Wappen und Eichenlaub, vor einer gemalten Kaserne zu sehen war. «Bei Gelegenheit eines Ferienaufenthaltes an der Ostsee erfand ich die Fotomontage» wurde daraus in Raoul Hausmanns Dada-Biographie «Es war wie ein Blitz: man könnte – ich sah es augenblicklich – Bilder machen, ganz und gar aus zerschnittenen Fotos zusammengestellt.» Hannah Höch hatte schon als Kind Collagen angefertigt und wäre doch niemals auf die Idee gekommen, die Urheberschaft für die Fotomontage für sich zu beanspruchen.

Hannah Höch mit ihren Dada-Puppen in ihrem Atelier in der Büsingstraße 16,
Oktober 1919

Sie erinnerte sich an den Sommer 1919: als sie erneut vor ihm nach Gotha zu ihrer Familie floh, während im frauenlosen *Club Dada* von Berlin die Zeitschrift *Der Dada* gegründet wurde. Herausgeber: Hausmann. Texte: Raoul Hausmann, Richard Huelsenbeck, Tristan Tzara, Johannes Baader. Von ihr erschien eine einzige Illustration, ein Holzschnitt mit falscher Namensnennung: «M. Höch».

Sie erinnerte sich an den Sommer 1920: als sie mit ihrer Fotomontage *Schnitt mit dem Küchenmesser Dada durch die letzte Weimarer Bierbauchkulturepoche Deutschlands* Aufsehen erregte. 27 Männer und 1 Frau zeigten ihre Werke auf der *Ersten Internationalen Dada-Messe* in der Kunsthandlung Otto Burchard am Lützowufer, und ihr Werk wurde berühmter als alle anderen dort gezeigten.

Mit dieser Collage habe sie die «beispiellos» turbulente Zeit und ihre Protagonisten – Spartakisten, Militaristen, Anarchisten, Religionserneuerer, Suffragetten – bildlich einfangen wollen, formulierte sie 1976 in einem Interview.

Wenig später floh sie erneut vor Hausmann, diesmal Richtung Rom, sie überquerte wie einstmals Hannibal die Alpen zu Fuß. Sie sei mit Raoul Hausmann «nicht fertig», schrieb sie ihrer Schwester Grete. Er habe eine «ausgeprägte Bösartigkeit», aber sie sei eine «sehr starke Frau», die vielleicht als Einzige dazu fähig sei, «zu leiten, zu zügeln und – ja, auch zu bessern, denn vieles ist bereits gemildert». Sie werde also zurückkommen, um sich «noch einmal kreuzigen zu lassen».

Sie erinnerte sich an den Sommer 1921: als das Malerehepaar Segal vergeblich versuchte, zwischen Hausmann und Höch zu vermitteln, aber: «Weil wir Sie beide lieben, dürfen wir uns nicht hineinmengen.» «Dadaistenunfug in der *Urania*», berichtete damals die *Bohemia*. Kurt Schwitters habe sein berühmtes Gedicht von Anna Blume vorgetragen, «Hausmann tanzte wie ein Bär, brüllte wie ein Dadaist und las ein Manifest über ‹Presentismus› vor, das sehr langweilig und phrasenhaft war».

Und sie erinnerte sich an den Sommer 1922: an den leisen Tod des Dadaismus. Ein letztes Klassentreffen von Dadaisten und Konstruktivisten in Weimar, aber ohne sie. Nun endlich und endgültig getrennt von Hausmann, wünschte auch sie sich den leisen Tod: «Wenn ich jetzt aus dem Leben ginge, so würde ich doch nie eingestehen müssen: den absoluten Unsinn meines geführten Lebens.»

Hannah Höch aber wollte sich nicht mehr erinnern, sie wollte vergessen. Zwei Jahre lang fand sie neue Stabilität im Reisen: Frankreich, England, wieder Frankreich, schließlich im Sommer 1926 zu ihrem neuen Busenfreund, dem *Merz*-Künstler Kurt Schwitters, der mit seiner Frau Helma im niederländischen Kijkduin urlaubte.

Holland: Es sollte eine kurze Sommerfrische werden, es wurden drei Jahre daraus. In Kijkduin verliebte sich die 36-jährige Hannah Höch in die 37-jährige Til Brugman, Schriftstellerin, Sprachenlehrerin und laut Höch ein «Eulenspiegel unserer Tage, der seine Possen zwar nicht auf den Straßen trieb, aber mit Drolerien auf hoher Ebene ihre Umgebung Tag und Nacht in

Atem hielt». Nach Flitterwochen in Grenoble und Paris zogen die beiden zusammen in eine Wohnung in Den Haag.

Drei Jahre gemeinsam in Den Haag, danach sechs Jahre zusammen in Berlin, dazwischen Reisen, Ausstellungen, Reisen. «Einer Frau ganz verbunden sein, heißt für mich … Geist von meinem Geist erfassen – mit ganz nah Verwandtem sich auseinandersetzen», begeisterte sich Hannah Höch 1926 in einem Brief an ihre Schwester Grete.

Sie war nicht die einzige bildende Künstlerin ihrer Zeit, die so empfand. «Erforderlich oder zumindest günstig ist es für eine Künstlerin», meinte die Malerin Gertrude Sandmann einmal in einem Interview, «nicht in einer Verbindung zu leben, die Ansprüche im Sinne der patriarchalischen Rollenverteilung an sie stellt, sondern in einer Bindung, die ihre Arbeit nicht hindert, ihre Entwicklung nicht hemmt, also eine Verbindung, die viel Gegenseitig-Kameradschaftliches enthält. Darum erscheint es mir als ein Glück, wenn man als Künstlerin Lesbierin ist und sich auch wie ich ohne Schuldgefühle dazu bekennen kann.» Und weiter: «Ebenso wie Käthe Kollwitz erscheint es mir als fast notwendige Vorbedingung, daß der Künstler nicht einheitlich Mann oder Frau ist, sondern deutlich beides, Aktives und Passives, in sich vereint, wenn er das vielleicht auch nicht auslebt. Es ist so, daß die Wesensart des Künstlers homosexuell oder zumindest bisexuell ist.»

Neun Jahre hielt die Liebe zwischen Höch und Brugman. Neun produktive Jahre. Von ihrer Kunst zu leben gelang ihr zwar immer noch nicht, sie erstellte Buchumschläge und Gebrauchsgrafik, während ihre Freundin Schwänke und Geschichten schrieb, aber ihre Bilder reisten durch die halbe Welt: Schweiz, Österreich, Belgien, Japan, USA. Die *Werkbund*-Ausstellung *Film und Foto*, an der die angebliche Holländerin Höch mit 17 Arbeiten beteiligt war, machte das Prinzip der Collage weltberühmt. In Berlin inzwischen höchlich bekannt, sah das Publikum auch dort neue höchsche Werke. In der Ausstellung *Frauen in Not*, 1931 im Berliner Haus der *Juryfreien*, war sie neben Käthe Kollwitz, Otto Dix und Max Beckmann vertreten, das Rahmenprogramm gestalteten unter anderem Helene Weigel und Gertrud Eysoldt. «Das größte Opfer dieser Zeit ist die Frau», bilanzierte der Ausstellungskatalog das zunehmende ökonomische Elend inmitten der Weltwirtschaftskrise.

Im selben Jahr, nach fast zehnjähriger Trennung von Raoul Hausmann, wagte es Hannah Höch, ihrem Exgeliebten freundschaftliche Beziehungen anzubieten. Der hatte sich 1923 von Elfriede Hausmann-Schaeffer scheiden lassen, um danach Hedwig «Heda» Mankiewitz zu ehelichen, Malerin aus begütertem Hause. Das Wiedersehen mit ihm in einer Wohnung in Berlin-Charlottenburg, wo er mit Heda Mankiewitz und Vera Broido lebte, wurde zum Debakel. Ihre sie begleitende Freundin Til und sie hätten «einen Harem» vorgefunden, notierte Hannah Höch. «Ich wurde zutiefst enttäuscht. H. gefiel sich noch mehr in egozentrischen, oberflächlichen Bespiegelungen.» Er «spielte da nur den Photographen, den Liebhaber von Vera B., schnitt schrecklich auf mit dem, was er sich nun leisten konnte – von Geist war keine Spur mehr». Auch «Arbeit war keine – absolut keine entstanden in den 10 Jahren».

Weil seine beiden Liebhaberinnen Jüdinnen waren, floh Hausmann 1933 mit ihnen nach Ibiza. Dort fotografierte er und schrieb einen Roman, «Hyle», für den er keinen Verleger fand. Über Zürich, Prag, Paris verschlug es ihn 1939 nach Haute Vienne, wo er kärglich von Sprachunterricht lebte. Ab 1944 wohnte er in Limoges, wo er 1971 mit 85 Jahren verstarb.

Hannah Höch und Til Brugmann trennten sich 1935, nachdem sie die ersten zwei Jahre der Naziherrschaft gemeinsam in Berlin erlebt hatten. «An ihrer starken Persönlichkeit und einem ausgeprägten Geltungstrieb litt meine eigene Spannkraft, und ich mußte wieder zu mir selbst zurückfinden», schrieb Hannah Höch 1967 im Rückblick. Diesmal war ihr die Erinnerung nicht bitter, im Gegenteil: «Diese nie endenden, purzelnden, sarkastischen, verrückten Einfälle, die auf einem riesigen Wissen ‹tanzten›, machten die Jahre mit Til zu den amüsantesten meines Lebens.»

Die Zeit unter Hitler hingegen wurde zu einer Zeit grausamster Isolation. Im April 1933 verweigerte sie der Selbsthilfeorganisation *Künstler-Läden e.V.* eine Erklärung, dass sie «auf dem Boden der nationalen Bewegung» stehe «und nicht jüdischer Abstammung» sei. Sie durfte dort nicht mehr verkaufen und nicht mehr verkauft werden, sie wurde mit Ausstellungsverbot belegt und galt als Vertreterin der «entarteten Kunst». Sie fühlte sich extrem einsam, die meisten Freunde waren längst geflüchtet, aber Kontakte ins Ausland wurden immer gefährlicher. Sie wurde krank, musste am Kropf operiert werden, für eine Emigration ihrerseits sah sie keine Möglichkeit mehr.

Sechs Jahre konnte sie ihre Einsamkeit mit Kurt Heinz Matthies teilen, einem zehn Jahre jüngeren promovierten Volkswirt und Schweißelektroden-Vertreter, den sie 1937 heiratete: «Ich brauchte ein Kind, er brauchte eine Mutter.» Die Ehe war nicht stabil: Streit und Liebesschwüre, Krach und Versöhnung und Reisen, immer wieder Reisen, ständige Flucht vor der Nazi-Realität. 1942 war alles aus: Ihr Ehemann bandelte mit ihrer Freundin Nell von Ebneth an, ihrem jüngeren Ebenbild. Scheidung.

Die letzten drei Jahre bis zum Kriegsende harrte Hannah Höch alleine in ihrem Häuschen in Berlin-Heiligensee aus, wochenlang ohne ein Wort zu sprechen. Stocksteif auf einem Hocker im Garten sitzend, überstand sie die Luftangriffe der Alliierten, sie mied die öffentlichen Luftschutzkeller, aus Angst, als «Kulturbolschewistin» denunziert zu werden. Hauptgrund ihrer Sorge: Sie hütete einen Schatz, die größte aller hinterlassenen Dada-Sammlungen. Teils in Kisten im Garten vergraben, teils hinterm Kamin versteckt, nur für solch zierliche Gestalten wie sie erreichbar, blieb er der Nachwelt erhalten.

Nur mühsam fand Hannah Höch nach dem Ende des Zweiten Weltkrieges ins Leben zurück. 1946 organisierte die *Galerie Rosen* ihre erste Nachkriegsausstellung, 1961 war sie Gast in der *Villa Massimo* in Rom, 1965 wurde sie in die Akademie der Künste Berlin berufen.

Was sie wohl rückblickend über ihr Avantgarde-Leben in den zwanziger Jahren dachte? «Wir alle waren wie in einem Korsett eingeschnürt und wurden nun in die Freiheit entlassen», hatte sie damals gesagt. Sie hatte sich nicht passiv entlassen lassen, sie hatte tatkräftig das Korsett gesprengt. Die Wunden, die sie dabei erlitt, spürte sie wohl bis zu ihrem Lebensende. 1978 starb sie, fast 89 Jahre alt geworden, und wurde in Berlin-Heiligensee begraben.

Gabriele-Tergit-Promenade

Oder: Was sie wollten, was sie wurden

Berlin 1999. Ich gehe einige Schritte aus dem U-Bahnhof Mendelssohn-Bartholdy-Park Richtung Potsdamer Platz, und mein Blick fällt auf ein Straßenschild: Gabriele-Tergit-Promenade. Promenieren ist leider unmöglich, nach wenigen Metern endet das Sträßlein unvollendet in den Kabeln, Röhren und Stangen, die Europas größte Baustelle buchstabieren.

Stumm, verwunderten Blickes, staunt eine alte Dame das Straßenschild an und ich sie. Sie kommt mir bekannt vor. Ich kenne sie, jawohl, doch woher bloß? Klein ist sie, ein bisschen gebeugt und gedrungen, mit einem Stock hält sie sich aufrecht. Die große, schwarz umrandete Brille, die fleischige Nase, das kurze, weiße, flatternde Haar: schleiereulenhaft sieht sie aus. Die Augen funkelnd zwischen unzähligen Lachfalten. Über neunzig ist die Dame bestimmt.

«Gabriele-Tergit-Promenade», liest sie sich selbst noch einmal vor und schüttelt den Kopf. «Nein, damit habe ich nun wirklich nicht gerechnet. Auf Berlins zentralstem Platz haben sie eine Straße nach mir benannt. So eine niedliche kleine Sackgasse!»

«Sie sind, Sie sind …?», stottere ich. Aber das ist doch nicht möglich!

«Ganz recht, junge Dame. Ich bin. Ich bin immer noch», nickt die Greisin. «Ich musste hier doch mal nach dem Rechten gucken.»

«Und … und da sind Sie extra von London gekommen?»

«Sicher. Aber woher wissen Sie, dass ich in London lebe?»

«Nun ja, ich habe mich ein bisschen mit Ihrer Person beschäftigt. Sie kommen in einem Buch vor, das ich gerade geschrieben habe.»

«Sieh mal einer an. So viel Ehrung an einem Tag. Erst eine Straße. Dann ein Buch. Heute Abend muss ich mir aber meine Nase wieder runterziehen!»

«Sie kommen wohl gerade vom neuen Potsdamer Platz? Gefällt er Ihnen denn? Sie haben doch wahrscheinlich noch auf dem von früher gestanden.»

«Sicher doch, junge Dame. Aber wie mir der neue Platz gefällt, kann ich nicht sagen, ich habe ihn ja noch gar nicht gesehen.»

«Ach, Sie sind erst auf dem Weg dorthin? Ich auch. Wollen wir ihn uns zusammen anschauen? Darf ich Ihre Reisebegleiterin sein?»

«Aber gerne, junge Dame. Wo wir uns jetzt schon so lange kennen. Wissen Sie, wenn Sie sich bei mir unterhaken, ist mir das eine große Stütze.»

Langsam schlendern wir am Reichspietschufer entlang bis zur Linkstraße. Hochhäuser dröhnen in dissonanten Farben zum Himmel, altrosa, orange, grün überpunktet. An ihren Fundamenten ein akkurat betonierter Wasserlauf mit rechtwinkligen Abstufungen und Sicherheitsgeländern. In seinem Wasser, in ihren Fensterfassaden spiegeln sich die Bauten von «Daimler-City» wie eitle Narzissen. Touristen recken die Hälse. Security-Personal langweilt sich. Wir biegen in die Linkstraße ab, benannt nach dem Botaniker Heinrich Link. Die alte Dame wiegt das Haupt. «Häuserschluchten wie in amerikanischen Krimis. Also bisher ist das nicht unbedingt nach meinem altmodischen Geschmack.»

«Wie sah denn das früher hier aus?»

«Junge Dame, ich erkenne hier nichts, aber auch gar nichts wieder. Der alte Potsdamer Platz, das war ja vor allem ein Verkehrsknotenpunkt. In seiner Mitte war der Turm mit der Normaluhr, ein beliebter Treffpunkt für Rendezvous. Drum herum ratterten, rollten, stauten sich Autos, Straßenbahnen, Fahrräder und Pferdegespanne. Da war ein Gewirr von Türmen und Schnörkeln, Zinnen und Stuck. Warenhäuser. Konditoreien. Berühmte Cafés. Im *Café Josty*, ach ja, da haben wir alle so gerne gesessen und Kuchen gegessen.» Meiner Begleiterin entringt sich ein kleiner Seufzer.

«Apropos Café. Haben Sie mal mit Vicki Baum, Helen Hessel und Dinah Nelken im *Café Jädicke* gesessen?»

«Woher wissen Sie das?» Ihre Eulenaugen sind noch größer geworden.

«Stimmt das etwa?» Jetzt bin ich die Erstaunte. «Ich dachte, ich hätte mir das nur so zusammenphantasiert.»

«Doch, doch, das stimmt. Es ist mir im Gedächtnis geblieben, weil es die einzige Runde von Journalistinnen war, der ich damals beiwohnte. Ich war ja sonst immer nur unter Männern.»

Inzwischen sind wir in die Eichhornstraße eingebogen. «Moment mal», wundert sich meine Begleiterin. «Emil Eichhorn, so hieß doch der linksradikale Berliner Polizeipräsident, dessen Absetzung Anfang 1919 den blutigen Spartakus-Aufstand auslöste?»

«Aber nach dem haben sie die Straße natürlich nicht benannt. Sondern nach Johann Eichhorn, einem langweiligen preußischen Staatsmann.»

«Warum gibt es eigentlich keine Dinah-Nelken-Straße? Keinen Helen-Hessel-Weg? Keine Vicki-Baum-Allee? Ist doch eigentlich ungerecht, dass ich als Einzige so geehrt werde. Wir waren allesamt Pionierinnen!»

Läden, Kneipen, Kinos, Dienstleistungsfilialen: Vor den Schaufenstern ein Stau der Sozialhilfeempfänger aus Berlin-Wedding und eine elfköpfige touristische Abteilung aus Tokio. Die Simulation von Luxus verbirgt die Gleichförmigkeit der ausliegenden Waren. Die Simulation von Fassaden verbirgt das klaffende Loch, das die Geschichte in das Stadtgefüge gerissen hat.

Die alte Dame schnuppert. «Ein bisschen zugig. Ein bisschen Bahnhofsvorplatz», stellt sie fest. «Welch ein Glück, dass die Gabriele-Tergit-Promenade nur ein Tangentchen ist. Genauso wie ich, eine kleine Tangente der Geschichte.»

«Tangente? Sie denken manchmal mathematisch, wie Ihr Sohn, nicht wahr?»

«Ja, vielleicht.» Sie seufzt. «Peter hatte eine große Karriere als Mathematiker vor sich. Sie wissen, dass ein herabrollender Stein in den Bergen ihn getötet hat? Er war gerade mal 35.»

«Ja, ich hab es gelesen.»

«Er war so klug. Hier in Berlin ist mir auch wieder eingefallen, wie er als Vierjähriger meine Verhaftung verhindern half. Am 4. März 1933 gegen fünf Uhr morgens hat die SA an unsere Wohnungstür in Tiergarten getrommelt. ‹Haftbefehl von Göring!› Mein Mann presste die Tür zu. Ich rief einen nationalsozialistischen Staatsanwalt an, den ich vom Gericht kannte. Der riet: ‹Rufen Sie ein Überfallkommando!›, und die Polizei war sofort da. Ein Polizist hat sich unsere Vögel und Kakteen angesehen und befand: ‹Das hier sind

Potsdamer Platz mit Blick zur Leipziger Straße und dem Kaufhaus Wertheim, im Mittelpunkt der berühmte Verkehrsturm, 1926

keine Kommunisten!› Unser vierjähriger Peter stand in seinem Bettchen im Kinderzimmer und befahl mit lauter Stimme: ‹Hier aber raus!› Und sie gingen! Sie zogen ab!»

«Da hatten Sie aber Glück.»

«Das sag ich Ihnen! Das war für mich das Zeichen zum Aufbruch. Dass es so frühzeitig kam, hat vielleicht unserer ganzen Familie das Leben gerettet. ‹Ich bleibe nicht›, sagte ich zu meinem Mann und türmte nach Prag. Ein paar Monate später kamen Heinz und Peter nach.»

«Und wie sind Sie dann nach London gekommen?»

«Mit einem kleinen Umweg 1935 über Palästina», lächelt sie. «Heinz hatte dort Bauaufträge, ich hatte dort Schreibaufträge, und ich arbeitete an meinem Roman *Effingers*. Die Villa, die in dieser Geschichte eine wichtige Rolle spielt, ist dem Haus der Großeltern meines Mannes nachempfunden. Das stand hier in der Nähe, da, wo heute die Philharmonie ihr dickes Hinterteil niedergelassen hat.»

«Die jüdischen *Buddenbrooks*, haben viele gesagt, als der Roman herauskam.»

«*Buddenbrooks* sind von Mann, *Effingers* von einem schwachen Weib», lächelt sie wieder. «Aber ich wollte Ihre Frage beantworten. Wir haben das Klima im Nahen Osten nicht vertragen. Alle drei wurden wir krank. Vielleicht war es letztlich nur Heimwehkrankheit, wer weiß. 1938 sind wir nach London übergesiedelt. 1939 brachte Heinz meine Eltern über London nach Guatemala, seine Mutter nach Jerusalem, seine Schwester und ihren Mann nach London. Alles in allem hatten wir Glück, viel Glück: eine neue Heimat. Ein Häuschen mit Garten. Was will man mehr? Ich bin eine Blumennärrin, wissen Sie. Zwei meiner meistverkauften Bücher sind Blumenbücher: *Kleine Kulturgeschichte der Blumen* und *Das Tulpenbüchlein*. Mit den üppigen Blumensträußen aus meinem Garten habe ich schon Freunde und Feinde erschlagen.»

Wir sind stehen geblieben und schauen gedankenverloren über blumenlosen Beton. «Wie schön, dass Sie nicht bitter sind. Berlin hat Sie immerhin ins Exil geschickt.»

«Ja, das Exil. Grillparzer hat einmal gesagt, ein exilierter Schriftsteller sei einer, der lebend hinter seiner eigenen Leiche hergeht. Das trifft es ganz gut, finde ich. Und ich selbst habe mal in einem Artikel behauptet, das war zum zehnjährigen Jubiläum der *Association of Jewish Refugees in Great Britain*, niemand hätte sich weniger zur Auswanderung geeignet als die deutschen Juden. Wir waren einfach nicht für den Kampf ums Dasein gerüstet. Viele von uns waren Ärzte. Künstler. Wissenschaftler. Wir hatten schöne Titel, die nun plötzlich weniger wert waren als ein Putzlappen. Gut, wir Frauen hatten es leichter. Es machte uns nicht so viel aus wie unseren Männern, zur Not eben auch putzen zu gehen. Aber die Frau als Verdienerin, während der hoch qualifizierte Mann grübelnd in der Stube sitzt – das hat viele Ehen zerrüttet.»

Ich schaue meine Begleiterin an. Sie spürt die Frage hinter meinen Blick. «Nein, meine Ehe nicht», lacht sie und ihre Augen sprühen. «Mein Mann war es ja schon aus Berlin gewöhnt, dass die Tergit eine Betriebsnudel ist. Und er fand es auch gut, dass ich später versucht habe, das Erlebnis des Exils produktiv zu wenden.»

«Sie meinen Ihre Arbeit für das *PEN-Zentrum deutschsprachiger Autoren im Ausland?*»

«Ja, genau. Ich war immerhin 24 Jahre lang die Sekretärin des PEN. Eine ehrenvolle Aufgabe für eine ehrenvolle Organisation. In den Exil-PEN, der 1934 gegründet worden war, durfte ja niemand hinein, der braune Flecken auf der Weste hatte. Da waren nur die Besten versammelt, jede Menge Nobelpreisträger: Thomas Mann, Nelly Sachs, Gabriele Tergit…»

«Wie…?»

Die alte Dame kichert. «Sie sind aber gutgläubig. Ich dachte, Sie seien eine ernsthafte Rechercheurin. Ich hab Ihnen doch schon gesagt, ich bin nur eine kleine Tangente.»

Wir setzen unseren Spaziergang fort. «Darf ich fragen, ob Sie jetzt das erste Mal wieder in Berlin sind?»

«Ich war schon mehrmals wieder hier, das erste Mal 1948. Ich wollte mein 700-Seiten-Manuskript *Effingers* verkaufen, immer-

Gabriele Tergit in ihrer Londoner Wohnung, 1977
Foto: Cornelius Meffert

hin das Hauptwerk meines Lebens. Damals habe ich Berlin kaum wieder erkannt: Das Tiergartenviertel sah aus wie Pompeji. Der ganze alte Westen, das Wohnviertel des begüterten Bürgertums der Kaiserzeit, war 1943 im Brandbombenhagel und Feuersturm vernichtet worden. Von der Gedächtniskirche bis zum Potsdamer Platz war grün bewachsene Wüste. Dieser Platz hier, der Mittelpunkt des alten Berlin, war nur noch ein Schutthaufen. Im halb zerstörten Columbiahaus, wo Menschen zu Tode gefoltert worden waren, hatte eine Gaststätte eröffnet: geschmacklos, fand ich. Das *Café Josty* bestand aus Bauschutt, der berühmte Wertheim-Bau glich einer Tropfsteinhöhle.»

Inzwischen sind wir im Zentrum des Zentrums angelangt: dem Marlene-Dietrich-Platz, Mittelpunkt des neuen Potsdamer Platzes. Ein Theater, eine Spielbank und vornehme Bars, dazwischen das betonierte graue Bächlein.

«Das ist nicht der Potsdamer Platz», schüttelt meine Begleiterin den Kopf. «Das ist eine Simulation aus dem Filmstudio Babelsberg.» Sie hebt ihr Schleiereulengesicht gen Himmel. «Liebe Marlene Dietrich, nicht nur ich mit meiner Sackgasse bin eine Geschlagene, sondern auch Sie. Ihr schöner Name für solch einen Platz! Sollen wir uns beschweren gehen?»

«Das kommt dabei heraus, wenn Berlin eine große Tochter ehren will. Sie müssten erst die Vorgeschichte hören!», berichte ich eifrig.

«Erzählen Sie. Aber erst, wenn wir eine Bank finden.»

«Hier gibt es Spielbanken und Volksbanken, aber keine Parkbänke. Wir können hier nur in eine Bar einkehren!»

Wir finden ein Plätzchen und setzen uns. Die alte Dame lehnt vorsichtig ihren Krückstock gegen den edel schimmernden Stahl. «Also, wie war das?»

«Sie wissen ja, die Dietrich hat Berlin 1930 Richtung Hollywood verlassen. Sie machte Weltkarriere, sie gab ihre Heimat auf, weil sie ihr, wie sie sagte, ‹Schande machte›, sie nahm die US-Staatsbürgerschaft an. Sie sorgte drei Jahre lang für gute Stimmung an der Front und marschierte mit der siegreichen US-Army im Rang eines Hauptmanns in Deutschland ein. Was meinen Sie, was sie dafür bei ihrer Deutschlandtournee 1960 alles zu hören bekam! Sie sei ein ‹Volksschädling›, hieß es in anonymen Briefen, eine ‹Kriegsverbrecherin›, die ‹gelyncht› gehöre, ‹das verkommenste Frauenzimmer›, das ‹bis heute gelebt hat›, eine ‹Vaterlandsverräterin›, die mitsamt ihren ‹jüdischen Hintermännern› in die ‹Kloake› gehöre.»

«Wenn ich das höre, weiß ich, warum ich in London lebe. Ist er denn nie auszurotten, der deutsche Antisemitismus?»

«Nicht doch, es gibt ja noch gute Menschen unter den Deutschen. Die besonders Guten leben in Marlenes Geburtsbezirk Schöneberg und sind mächtige Bezirkspolitiker. 1996, da war die Dietrich schon vier Jahre tot, in Paris gestorben und in Berlin begraben, 1996 also kamen sie auf die Idee, sich ritterlich vor der Geschichte zu zeigen. Sie wollten dem gefallenen blauen Engel wieder auf die Beine helfen. Die CDU schlug vor, den Platz vor dem Güterbahnhof Papestraße nach ihr zu benennen. Ich sag Ihnen, eine entzückende Brachlandschaft. Die Bündnisgrünen hingegen haben den Kaiser-Wilhelm-Platz favorisiert. Eine traumhaft gelegene Verkehrsinsel, die von linden Abgasen umweht wird. Und die SPD wollte den Tempelhofer Weg mit ihrem Namen schmücken. Eine reizende kleine Gasse mit Schrottplätzen und Ölpfützen. Bis dann der Baustadtrat und das Bezirksparlament von Tiergarten entschieden, den Marlene-Dietrich-Platz hier zu verwirklichen.»

«Eine kluge Entscheidung. Hier herrscht wenigstens Geschichtslosigkeit, hier kann sich niemand an nichts erinnern, auch an keine Schmähbriefe.» Die alte Dame seufzt ein wenig und nippt an ihrem Kaffee. Wir schweigen.

«Wissen Sie übrigens», fährt sie fort, «dass Dinah Nelken und Marlene Dietrich im selben Stückchen Erde liegen, im Stubenrauch-Friedhof von Wilmersdorf?»

«Sie sind aber gut informiert.»

«Nun ja, exilierte Autorinnen und Autoren sind die Spezialität einer PEN-Sekretärin.»

«Hat Frau Nelken eigentlich noch den Mauerfall erlebt? Sie war ja eine überzeugte Sozialistin, es wird sie nicht unbedingt gefreut haben.»

«Nein, sie starb Anfang 1989. Sie war Sozialistin, ja, aber auch überzeugte Hedonistin. Wäre sie nur das Erstere ohne das Letztere gewesen, ich alte Liberale hätte mich wohl nur mit ihr gezankt. Aber sie liebte die Liebe, das Leben, alle irdischen Genüsse. Sie hielt sich goldene Putten in ihrer Wohnung und schwelgte in barocker Sprache. Gusseiserne Heroen interessierten sie nicht. Ihre Autobiographie hieß ja nicht zufällig *Das angstvolle Heldenleben einer gewissen Fleur Lafontaine*. Sie selbst sei keine Heldin, sie sei nicht bereit gewesen, sich von der Gestapo zu Tode foltern zu lassen, sagte sie später über ihre Emigration.»

«Wann emigrierte sie denn?»

«Drei Jahre nach mir, 1936. Ihr Mann Heinrich Ohlenmacher war Aktivist der Kommunistischen Partei. Ein halbes Jahr hatten ihn die Nazis im KZ gequält, dann wurde er freigelassen. Die beiden flüchteten über Prag nach Wien. Ihr Bruder war schon dort, ihr Sohn war in England sicher. In Wien erschien 1936 ihr größter Erfolg, der Liebesbriefroman *Ich an dich*, gemeinsam produziert von den Geschwistern Dinah Nelken und Rolf Gero.»

«Klingt ein bisschen wie Inzest.»

«Na ja, die beiden hingen wirklich aneinander. Aber die Kriegszeit hat sie wieder auseinander gerissen. Nach dem ‹Anschluss› Österreichs flohen Dinah Nelken und ihr Mann weiter nach Jugoslawien, zu den Partisanen, auf die Insel Korčula. Die dortige Zeit hielt sie in einem Roman fest, *Geständnis einer Leidenschaft*. Als deutsche Truppen in Jugoslawien vorrückten, floh das Ehepaar weiter nach Italien. Bis 1950 blieben sie in Rom, ihr Mann arbeitete für Flüchtlingsorganisationen, sie gab Deutschunterricht und wollte das Schreiben nicht lassen. 1950 erst kehrte sie ins geteilte Berlin zurück und lebte fortan selbst geteilt: Sie hat im Westen gelebt und fast nur im Osten veröffentlicht.»

«Ein bisschen politisch orthodox war sie schon, nicht wahr?»

«Ja, sicher. Und dennoch nicht auf Linie zu bringen. Was mir an ihr immer imponierte, war ihr Selbstbewusstsein als Frau. Wir anderen Blüten des Journalismus hatten doch alle die weibliche Tugendhaftigkeit gelernt: Sei wie das Veilchen im Moose, bescheiden, sittsam und rein, und nicht wie die stolze Rose, die immer bewundert will sein. Dinah Nelken war die Einzige von uns, die keine Probleme hatte, Dinah Rosen zu sein.»

«Und Vicki Baum? Sie war doch damals schon eine Berühmtheit.»

«Die Baum war ein sittsames Veilchen. Das Schreckliche an dieser damaligen Erziehung zur weiblichen Bescheidenheit war doch, dass sie immer schief ging. Dass die Veilchen aus der Art schlugen, Neuröschen trieben oder Narzisschen wurden. Aber das soll kein Verdikt sein, ich habe Vicki Baums Produktivität sehr bewundert. Und dieser in sich selbst verknotete Narzissmus, das ist eine typisch weibliche Krankheit. Vor allem eine Krankheit der um die Jahrhundertwende geborenen Frauen. Ich nehme an, dass es den Frauen von heute viel leichter fällt, das auszuleben, was sie sind.»

«Und was ist mit Ihnen? Waren Sie auch ein Veilchen?»

«Aber ja. Ich wusste es auch nicht besser. Zu Beginn meiner Laufbahn als Gerichtsreporterin traute ich mich kein Wort mitzuschreiben, vor lauter Angst, irgendwie aufzufallen. Und als exakt sechzig Jahre später meine Autobiographie herauskam, da haben mich Freunde beschimpft, da sei zwar viel über sie nachzulesen, aber kaum etwas über mich selbst. Ich habe mich zu wenig wichtig genommen.» Sie schaut gedankenverloren über die bevölkerte Leere des Platzes.

«Aber Helen Hessel, die war doch kein Veilchen! So elegant, sportlich, selbstbewusst, wie sie war!»

«Das ist seltsam mit der Hessel», schüttelt meine Begleiterin ihr weißhaariges Haupt. «Das stimmt schon, sie war ihres Vaters Liebling gewesen, von Kind auf gewöhnt, immer im Mittelpunkt zu stehen. Aber wer hat literarisch überlebt? Ihre beiden Männer, nicht sie. Das lag nicht nur an der bösen Männerwelt, das lag auch an der Hessel selbst. Sie war, wie wir alle und noch mehr als wir, verrückt nach Leben, nach allen Extremen. So, als müsse sie in ihrer Person alles nachholen, was ganzen Frauengenerationen vor ihr verwehrt worden war. Wir alle haben das Korsett der uns zugeschriebenen weiblichen Rolle gesprengt, aber sie war dabei konsequenter, impulsiver und manchmal auch gewalttätiger zugange als wir anderen. Sie hatte schlicht keine Zeit, große Werke zu verfassen, und keinen Ehrgeiz, sich ihrer Nachwelt literarisch zu erhalten.»

Helen Hessel, 1942

Meine Begleiterin nippt an ihrem Kaffee. «Und ich weiß auch gar nicht genau, ob wir darüber traurig sein müssen. Sie hat intensiver gelebt als die meisten anderen ihrer Zeitgenossen. Und länger.»

«Länger? Wie lang denn?»

«Zu den hundert hat nicht mehr viel gefehlt. Geboren 1886 in Berlin, gestorben 1982 in Paris. Frankreich war ihre Wahlheimat geworden. In den

USA, wohin sie ihrem Diplomatensohn Stéphane 1947 gefolgt war, hielt sie es nur drei Jahre aus. Sie kehrte nach Paris zurück und zog in die Wohnung ihrer Freundin, der Malerin Anne-Marie Uhde. Sie übersetzte die *Lolita* von Nabokov, rauchte wie ein Schlot und ließ sich's gut gehn. Dreißig lange Jahre hat sie so noch gelebt.»

«Dreißig Jahre? Ihre Lebensbatterie muss groß gewesen sein.»

Dinah Nelken in den sechziger Jahren

«Sie war nicht die Einzige. Schauen Sie mich an! Und Marlene Dietrich wurde 91. Dinah Nelken 88. Früher bestand die Tragödie der Frauen darin, bereits im Kindbett zu sterben, heute besteht sie darin, dass sie ihre Männer, die ja sowieso die Zarteren sind, um so viele lange, einsame Jahre überleben. So ähnlich habe ich es übrigens mal in einem Feuilleton geschrieben. Vicki Baum war meines Wissens die Einzige unserer illustren Runde, die kürzer lebte als ihr Mann, sie wurde ‹bloß› 72.»

«Wann und wo starb sie denn?»

«1960 in Hollywood. Als sie verstarb, hatte sie über dreißig Bücher geschrieben und doppelt so viele weggeworfen. Auch ein enormes Lebenspensum. 1931 war sie von Hollywood eingeladen worden, Drehbücher zu schreiben. Eins übrigens auch für einen Film mit der Dietrich, aber er ist nie gedreht worden. Vicki Baum hat sich schon 1932 entschieden, ihre Familie unter den Arm zu klemmen und in die USA überzusiedeln, sie war instinktsicherer als so manche Intellektuellen gegenüber dem, was da in Deutschland kommen würde. Ihren Vater allerdings konnte sie nicht retten, er wurde von den Nazis erschlagen. Sie lebte in Hollywood als US-Staatsbürgerin wie ihre Fast-Nachbarin Dietrich, und sie züchtete dort Rosen wie ich als britische Staatsbürgerin in London.»

Ich muss lächeln. «Rosen!»

Meine Begleiterin lächelt auch. «Ja, im hohen Alter endlich wurden wir Veilchen gewissermaßen doch noch Rosen. Ist das nicht ein versöhnlicher Lebensschluss?»

«Wieso Lebensschluss? Sie sind doch noch quietschlebendig?»

«So? Ich muss gestehen, langsam fühle ich mich todmüde. So viel gelaufen und gesehen, so viel erzählt. Wissen Sie was? Ich lasse jetzt andere für mich arbeiten. Der Kellner soll mir ein Taxi bestellen, der Chauffeur soll mich zurück ins Hotel kutschieren. Die kleinen Luxurien des Alters. Sie sind mir doch nicht böse?»

«Nicht doch», wehre ich ab.

Und dann geht alles sehr schnell. Der Kellner kommt, das Taxi fährt vor, und noch ehe ich mich richtig besinnen kann, ist sie verschwunden. Nachdenklich trotte ich nach Hause. Dort blättere ich in meinen Aufzeichnungen: «Gabriele Tergit: geboren 1894 in Berlin. Gestorben 1982 in London.»

Gestorben 1982??

Literatur

AG Frauen in der Kunst in der NGBK (Hrsg.), *Künstlerinnen international 1877–1977*, Berlin 1977

Bach, Steven, *Marlene Dietrich. Die Legende, das Leben*, Düsseldorf/Wien/New York/Moskau 1993

Baum, Vicki, *Es war alles ganz anders. Erinnerungen*, Berlin 1962

Baum, Vicki, *Menschen im Hotel*, Berlin 1998

Baum, Vicki, *stud. chem. Helene Willfüer*, München 1951

Bemmann, Helga, *Claire Waldoff. Wer schmeißt denn da mit Lehm? Biographie*, Berlin 1994

Bemmann, Helga, *Marlene Dietrich. Ihr Weg zum Chanson*, Berlin 1987

Berlinische Galerie (Hrsg.), *Hannah Höch. Eine Lebenscollage. Archiv-Edition Band 1,1 und 1,2*, Berlin 1989; *Band 2,1 und 2,2*, Ostfildern-Ruit 1995

Böning, Holger, *Eine kapitale Ente*, «Die Zeit» vom 11. 3. 1999

Braun, Christina von, *Der nervöse Volkskörper*, «taz-Magazin» vom 15. 11. 1997

Budzinski, Klaus, *Die Muse mit der scharfen Zunge. Vom Cabaret zum Kabarett*, München 1961

Budzinski, Klaus/Hippen, Reinhard (Hrsg.), *Metzler Kabarett Lexikon*, Stuttgart 1996

Dech, Jula, *Hannah Höch. Schnitt mit dem Küchenmesser Dada durch die letzte Weimarer Bierbauchkulturepoche Deutschlands*, Frankfurt am Main 1989

Dietrich, Marlene, *Ich bin, Gott sei Dank, Berlinerin. Memoiren*, Berlin 1997

Die wilden Zwanziger. Weimar und die Welt 1919–1933. Ein BilderLeseBuch, Reinbek 1988

Fischer, Lothar, *Tanz zwischen Rausch und Tod. Anita Berber 1918–1928 in Berlin*, Berlin 1996

Flügge, Manfred, *Eine stürmische Affäre*, «Der Tagesspiegel» vom 3. 9. 1996

Flügge, Manfred, *Gesprungene Liebe. Die wahre Geschichte zu «Jules und Jim»*, Berlin 1993

Flügge, Manfred (Hrsg.), *Letzte Heimkehr nach Paris. Franz Hessel und die Seinen im Exil*, Berlin 1989

Forster, Rudolf, *Das Spiel mein Leben*, Berlin 1967

Frevert, Ute, *Frauen-Geschichte. Zwischen Bürgerlicher Verbesserung und Neuer Weiblichkeit*, Frankfurt am Main 1986

Friedrich, Otto, *Weltstadt Berlin. Größe und Untergang 1918–1933*, Berlin 1973

Gauglitz, Gerd O. (Hrsg.), *Wo hat eigentlich Fontane gewohnt? Künstler Literaten Stadtplan von Berlin*, Berlin 1998

Gerhard, Ute, *Unerhört. Die Geschichte der deutschen Frauenbewegung*, Reinbek 1990

Gert, Valeska, *Ich bin eine Hexe. Kaleidoskop meines Lebens*, München 1968

Greul, Heinz, *Bretter, die die Zeit bedeuten. Kulturgeschichte des Kabaretts*, Köln/Berlin 1967

Haefs, Gabriele, *Vicki Baum – von der Kritik gehaßt – von den Frauen geliebt*, Emma, Juni 1989

Hessel, Franz, *Alter Mann. Romanfragment*, Frankfurt am Main 1987

Hessel, Franz, *Ein Flaneur in Berlin*, Berlin 1984

Hessel, Franz, *Marlene Dietrich. Ein Porträt*, Berlin 1992

Hessel, Franz, *Pariser Romanze*, Frankfurt am Main 1985

Hessel, Stéphane, *Tanz mit dem Jahrhundert. Erinnerungen*, Zürich / Hamburg 1998

Hesterberg, Trude, *Was ich noch sagen wollte …*, Berlin 1971

Hildenbrandt, Fred, *… ich soll dich grüßen von Berlin. 1922–1932*, München 1979

Hirschbach, Denny (Hrsg.), *Zwischen Aufbruch und Verfolgung. Künstlerinnen der zwanziger und dreißiger Jahre*, Bremen 1993

Hösch, Rudolf, *Kabarett von gestern. Bd. 1: 1900–1933*, Berlin 1969

Jäschke, Bärbel, *Ein Gespräch mit Dinah Nelken*, SFB, «Zeit für Sie», 26. 1. 1981

Jochimsen, Luc (Hrsg.), *§ 218, Dokumentation eines 100jährigen Elends*, Hamburg 1971

Keun, Irmgard, *Gilgi – eine von uns*, Düsseldorf 1979

Kiaulehn, Walther, *Berlin – Schicksal einer Weltstadt*, München 1997

Köhler, Andrea, *Wie Pioniere im Roman des Lebens. Die wahre Geschichte von Jules und Jim*, «Stuttgarter Zeitung» vom 16. 4. 1994

Koreen, Maegie, *Immer feste druff. Das freche Leben der Kabarett-Königin Claire Waldoff*, Düsseldorf 1997

Korte, Hermann, *Die Dadaisten*, Reinbek 1994

Landshoff-Yorck, Ruth, *Klatsch, Ruhm und kleine Feuer. Biographische Impressionen*, Frankfurt am Main 1997

Lania, Leo, *Der Tanz ins Dunkel – Anita Berber*, Berlin 1929

Larsen, Egon, *Die Welt der Gabriele Tergit. Aus dem Leben einer ewig jungen Berlinerin*, München 1987

Literaturhaus Berlin (Hrsg.), *Franz Hessel – Nur was uns anschaut, sehen wir. Ausstellungskatalog*, Berlin 1998

Mendelssohn, Peter de, *Zeitungsstadt Berlin*, Berlin 1959

Meyer, Adele (Hrsg.), *Lila Nächte. Die Damenclubs im Berlin der 20er Jahre*, Köln 1981

Meyerinck, Hubert von, *Meine berühmten Freundinnen. Erinnerungen*, München 1969

Nelken, Dinah, *Das angstvolle Heldenleben einer gewissen Fleur Lafontaine*, Frankfurt am Main 1983

Nelken, Dinah, *Die ganze Zeit meines Lebens. Geschichten Gedichte Berichte*, Berlin 1982

Nelken, Dinah, *Geständnis einer Leidenschaft*, Berlin 1955

Ostwald, Hans, *Sittengeschichte der Inflation. Ein Kulturdokument aus den Jahren des Marktsturzes*, Berlin 1931

PEM (Pseudonym für Paul E. Marcus), *Heimweh nach dem Kurfürstendamm. Aus Berlins glanzvollsten Tagen und Nächten*, Berlin 1962

Rheinsberg, Anna, *Bubikopf. Aufbruch in den Zwanzigern*, Darmstadt 1988

Rinke, Moritz (Hrsg.), *An die Berlinerin. Eine literarische Liebeserklärung in Vers und Prosa*, Berlin 1998

Riva, Maria, *Meine Mutter Marlene*, München 1992

Rübsam, Jens, *Wie aus einer Hommage eine Blamage wird*, «taz» vom 11. 2. 1997; *Die Schöneberger lassen der Dietrich keine Ruhe*, «taz» vom 14. 6. 1997; *Andere Pläne mit Marlene*, «taz» vom 19. 7. 1997

Schebera, Jürgen, *Damals im Romanischen Café …*, Braunschweig 1990

Schmid, Jakob R., *Freiheitspädagogik, Schulreform und Schulrevolution in Deutschland*, Reinbek 1973

Schmidt-Beil, Ada, *Die Kultur der Frau*, Berlin 1931

Schulz, Berndt, *Marlene. Die Biographie einer Legende 1901–1992*, Bergisch Gladbach 1992

Soden, Kristine von, *Die Sexualberatungsstellen der Weimarer Republik 1919–1933*, Berlin 1988

Soden, Kristine von / Schmidt, Maruta (Hrsg.), *Neue Frauen. Die zwanziger Jahre. BilderLesebuch*, Berlin 1988

Spoto, Donald, *Marlene Dietrich. Biographie*, München 1992

Sudendorf, Werner (Hrsg.), *Marlene Dietrich. Dokumente, Essays, Filme*, Berlin 1980

Tergit, Gabriele, *Atem einer anderen Welt. Berliner Reportagen*, Hrsg. Jens Brüning, Frankfurt am Main 1994

Tergit, Gabriele, *Blüten der zwanziger Jahre. Gerichtsreportagen und Feuilletons 1923–1933*, Hrsg. Jens Brüning, Berlin 1984

Tergit, Gabriele, *Effingers*, Frankfurt am Main 1978

Tergit, Gabriele, *Etwas Seltenes überhaupt. Autobiographie*, Berlin 1983

Tergit, Gabriele, *Käsebier erobert den Kurfürstendamm*, Berlin 1996

Ungeheuer, Barbara, *Leben ist immer ein Übertreiben. Die wahre Geschichte von «Jules und Jim»*, «Die Zeit» vom 13. 3. 1992

Verein der Freunde eines schwulen Museums in Berlin e.V. (Hrsg.), *Eldorado. Homosexuelle Frauen und Männer in Berlin 1850–1950. Geschichte, Alltag und Kultur*, Berlin 1992

Waldoff, Claire, *Weeste noch …? Aus meinen Erinnerungen*, Berlin 1969

Wall, Renate, *Lexikon deutschsprachiger Schriftstellerinnen im Exil. 1933–45*, Freiburg 1995

Winkler, Heinrich August / Cammann, Alexander (Hrsg.), *Weimar. Ein Lesebuch zur deutschen Geschichte 1918–1933*, München 1997

Wolf, Friedrich, *Cyankali § 218*, Stuttgart 1983

Wolff, Charlotte, *Augenblicke verändern uns mehr als die Zeit. Eine Autobiographie*, Weinheim / Basel 1983

Zweig, Stefan, *Die Welt von gestern. Erinnerungen eines Europäers*, Frankfurt am Main 1994

Bildnachweise

Archiv für Kunst und Geschichte, Berlin: S. 59, S. 66

Archiv Peter Finckh, Ulm: S. 148

Berlinische Galerie. Landesmuseum für Moderne Kunst, Photographie und Architek-
tur: S. 11, S. 157, S. 163, S. 169

Bildarchiv der Österreichischen NationalBibliothek Wien: S. 17

Bildarchiv Preussischer Kulturbesitz: S. 140, S. 177

Jens Brüning, Berlin: S. 179

Carlton Lake Collection, Harry Ransom Humanities Research Center, The University
of Texas at Austin: S. 119, S. 123

Monika Faber, Wien: S. 91

S. Fischer Verlag, Frankfurt am Main: S. 49

Marianne Feilchenfeldt (Marianne Breslauer), Zürich: S. 52

Landesbildstelle Berlin: S. 63

Magnus-Hirschfeld-Gesellschaft e.V., Berlin: S. 101

Marlene Dietrich Collection, Stiftung Deutsche Kinemathek: S. 75

Agnes Nelken, Berlin: S. 107, S. 184

Sammlung Manfred Flügge, Berlin: S. 110, S. 137, S. 183

Stiftung Deutsche Kinemathek: S. 113

Ullstein Bilderdienst, Berlin: S. 22, S. 33, S. 39, S. 44, S. 81, S. 109, S. 127

Register

Selbstbewusstsein als Dame